课题基金项目：
1. 团中央中国青年创业就业基金重大项目（2023A01-05）
2. 湖南省教育学"十四五"规划2023年专项重点项目（XJK23AKS004）
3. 教育部产学合作协同育人项目2023年批次立项项目（230804484253042）

高校教师发展与能力提升艺术研究

傅建平　著

中国铁道出版社有限公司
CHINA RAILWAY PUBLISHING HOUSE CO., LTD.

图书在版编目（CIP）数据

高校教师发展与能力提升艺术研究 / 傅建平著.

北京：中国铁道出版社有限公司, 2024.12. -- ISBN
978-7-113-31524-5

Ⅰ. G645.12

中国国家版本馆CIP数据核字第2024PV9890号

书　　名：**高校教师发展与能力提升艺术研究**
GAOXIAO JIAOSHI FAZHAN YU NENGLI TISHENG YISHU YANJIU

作　　者：傅建平

责任编辑：冯彩茹　　　编辑部电话：（010）51873005
封面设计：文　亮
责任校对：安海燕
责任印制：赵星辰

出版发行：中国铁道出版社有限公司（100054，北京市西城区右安门西街8号）
网　　址：https://www.tdpress.com
印　　刷：北京铭成印刷有限公司
版　　次：2024 年12月第 1 版　2024 年12月第 1 次印刷
开　　本：710mm×1000 mm　1/16　印张：18.75　字数：326千
书　　号：ISBN 978-7-113-31524-5
定　　价：88.00 元

前　言

在知识的海洋中，高校教师是引航的灯塔，他们不仅承载着传道授业解惑的重任，更是塑造未来社会栋梁的关键力量。随着时代的进步和科技的飞速发展，高等教育的内涵与外延都在不断扩展，对高校教师的职业发展和能力提升也提出了更高的要求。

本书旨在深入探索高校教师发展的路径、方法和策略，以及能力提升的有效途径和模式。通过对高校教师发展现状的深入分析，结合国内外先进的教育理念和实践经验，期望能够为高校教师的发展和能力提升提供科学的指导和实践的参考。在开篇之际，衷心感谢所有关心和支持本研究的人士，包括专家学者、高校领导、教师同仁和学生朋友等。期待与读者共同探索高校教师发展与能力提升的艺术，共同为高等教育的繁荣和发展贡献力量。

在撰写本书过程中，参阅和引用了一些文献资料，谨向它们的作者表示感谢；也感谢一直以来支持、鼓励和鞭策我成长的师长和学界同仁。由于作者水平有限，书中难免存在疏漏之处，敬请广大学界同仁和读者批评指正。

傅建平

2024 年 6 月

傅建平，男，汉族，1979 年 10 月生，湖南省益阳市人，毕业于中南大学，哲学博士后，法学博士研究生学历，思想政治教育专业（博士学历专业）。现任职于中南大学马克思主义学院，硕士生导师，副教授，研究方向为思想政治教育方法与道德素养。主持并完成省部级项目 10 余项，发表论文 40 余篇。

目　录

第一章 高校教师发展的时代背景与意义

第一节 高校教师发展的国际视野与趋势

一、高校教师发展的主要趋势

（一）全球化背景下的教师国际化趋势

随着全球化的深入发展，高校教师发展正呈现出明显的国际化趋势。这一趋势不仅体现在教师队伍的构成上，更体现在教育理念、教学方法及科研合作等多个层面。

首先，教师队伍的国际化是这一趋势的显著标志。越来越多的高校开始积极引进海外优秀人才，充实教师队伍。这些来自不同国家和文化背景的教师，不仅带来了先进的教育理念和教学方法，也促进了不同文化之间的交流与融合。同时，许多高校还鼓励和支持本校教师到海外学习、访学或参与国际研究项目，以提升他们的国际化视野和跨文化交流能力。

其次，教育理念的国际化也是高校教师发展国际化趋势的重要体现。在全球化背景下，高校教师开始更加注重培养学生的全球意识和跨文化交流能力。他们尝试将国际元素融入课程教学，引导学生关注全球性问题，培养他们的国际视野和竞争力。

再次，教学方法的国际化也是高校教师发展国际化趋势的一个重要方面。许多教师开始尝试采用国际化的教学方法和手段，如案例教学、项目教学、在线教学等，以提高教学效果和培养学生的实践能力。这些教学方法不仅有助于激发学生的学习兴趣和积极性，也有助于提升他们的综合素质和创新能力。

最后，科研合作的国际化也是高校教师发展国际化趋势的一个重要表现。随着国际科研合作的日益加强，高校教师开始更加积极地参与国际科研项目和合作研究。这不仅有助于提升他们的科研水平和影响力，也有助于推动学科的发展和进步。

（二）教师专业素养与能力的持续提升

在国际高校教师发展的主要趋势中，教师专业素养与能力的持续提升占据着举足轻重的地位。随着知识经济的到来和高等教育的普及，社会对高校教师的要求日益提高，教师的专业素养和能力成为衡量其教学水平和科研实力的重要标准。

首先，教师专业素养的提升表现在知识结构的更新与拓展上。面对日新月异的科技发展和学科交叉融合的趋势，教师需要不断更新自己的专业知识，拓宽学术视野，以适应新时代的教学和科研需求。同时，教师还需要具备跨学科的知识背景，以便在跨学科研究中发挥更大的作用。

其次，教师能力的提升主要体现在教学方法和科研能力上。在教学方面，教师需要不断探索和创新教学方法，提高教学效果，培养学生的创新能力和实践能力。这要求教师不仅要掌握现代教学技术，还要关注学生的学习需求，因材施教，实现个性化教学。在科研方面，教师需要具备扎实的科研基础，能够独立开展科研项目，取得创新性成果。同时，教师还需要加强与国际同行的交流与合作，提升科研水平和影响力。

最后，教师专业素养与能力的提升还需要注重师德师风的建设。作为教育工作者，教师的言行举止对学生具有深远的影响。因此，教师需要具备高尚的师德师风，以身作则，为学生树立良好的榜样。这包括遵守学术道德，尊重知识产权，维护学术诚信等方面。

为了实现教师专业素养与能力的持续提升，高校需要采取一系列措施。例如，加强教师培训，提供丰富的学习资源和机会；建立激励机制，鼓励教师积极参与教学和科研活动；加强师德师风建设，营造良好的教育环境等。通过这些措施的实施，可以推动教师专业素养与能力的持续提升，为高校的发展提供有力的人才保障。

（三）教师科研与教学的深度融合

教师科研与教学的深度融合，已成为国际高校教师发展的重要趋势之一。这一趋势不仅有助于提升教师的教学水平和科研能力，更能推动高校的整体发展和创新能力的提升。

首先，教师科研与教学的深度融合有助于提升教学质量。教师在科研过程中，会不断接触新的学术观点和理论，这些新的知识和思想会自然地融入教学中，使教学内容更加丰富、前沿。同时，科研实践也为教师提供了更多的教学案例和实例，使教学更加生动、具体。此外，科研还能提升教师的教学方法和手段，使其更加符合学生的认知规律和学习需求，从而提高教学效果。

其次，教师科研与教学的深度融合有助于提升教师的科研能力。教学过程中的师生互动和反馈，能够为教师提供新的研究思路和灵感。同时，教学也能帮助教师更好地理解和把握学科的前沿动态和发展趋势，为其科研提供更加明确的方向和目标。此外，教学还能帮助教师积累更多的实践经验和数据，为其科研提供更加扎实的基础和支撑。

最后，教师科研与教学的深度融合有助于推动高校的整体发展。通过科研与教学的互动和融合，高校能够形成更加浓厚的学术氛围和创新文化，吸引更多的优秀人才和资源。同时，这种融合也能推动学科交叉和融合，促进新兴学科和交叉学科的发展，提升高校的学科竞争力和影响力。

然而，要实现教师科研与教学的深度融合，还需要克服一些困难和挑战。一方面，教师需要具备较高的科研和教学能力，才能有效地将科研与教学相结合。因此，高校需要加强对教师的培训和引导，提升其科研和教学水平。另一方面，高校需要建立相应的激励机制和评价体系，鼓励教师积极参与科研与教学的融合实践，并对其成果给予充分的认可和奖励。

（四）教师团队合作与跨学科研究的加强

教师团队合作与跨学科研究的加强，正逐渐成为国际高校教师发展的重要趋势。这一趋势不仅有助于提升教师个人的学术水平和教学能力，更能推动高校整体科研实力的提升和学科交叉融合的发展。

首先，教师团队合作是提升学术水平的有效途径。在团队合作中，教师可以共同分享学术资源、交流研究心得，相互借鉴、相互启发。这种合作不仅有助于扩大教师的学术视野，更能在集体智慧的碰撞中激发新的研究灵感和思路。同时，团队合作还能有效分担研究任务，提高工作效率，使教师在繁忙的教学工作中也能保持较高的学术产出。

其次，跨学科研究是推动学科交叉融合的重要手段。随着科学技术的发展，学科之间的界限逐渐模糊，跨学科研究已成为推动学术创新的重要途径。通过跨学科研究，教师可以突破传统学科的束缚，从全新的视角和领域探索学术问题，进而产生更具创新性和影响力的研究成果。同时，跨学科研究还能促进不同学科之间的交流与融合，推动新兴学科的产生和发展，为高校的学科建设注入新的活力。

最后，教师团队合作与跨学科研究的加强有助于提升高校的整体竞争力。一个拥有强大团队合作和跨学科研究能力的高校，往往能够在学术界和产业界中占据更高的地位，吸引更多的优秀人才和资源。这种竞争力不仅体现在高校的学术声誉和影响力上，更体现在其为社会经济发展提供智力支持和服务的能力上。

然而，要实现教师团队合作与跨学科研究的加强，还需要克服一些困难和挑战。例如，不同学科教师之间的知识背景和思维方式可能存在较大差异，需要通过有效的沟通和协调来克服；同时，跨学科研究往往需要投入更多的时间和精力，需要教师具备较高的学术素养和敬业精神。因此，高校需要建立相应的激励机制和保障措施，鼓励和支持教师积极参与团队合作和跨学科研究。

二、国际先进经验对我国教师发展的启示

（一）国外教师培养模式的借鉴与创新

在探索我国教师发展的过程中，借鉴国外的先进教师培养模式并结合本土实际进行创新，具有重大的意义。国外的教师培养模式通常注重实践能力的锻炼，如教育实习、临床教学等环节的强化，这些做法为我国提供了宝贵的经验。我国可以逐步建立起"理论学习＋实践锻炼"相结合的教师培养模式，确保教师在掌握扎实的专业知识的同时，也具备丰富的实践经验。此外，国外教师培养还强调教师的终身学习和专业发展。这启示我们，教师培养不应仅停留在职前阶段，而应贯穿于教师的整个职业生涯。因此，我国应建立起完善的教师职后培训机制，为教师提供持续的学习和发展机会，促进教师的专业成长。同时，借鉴国外教师培养模式的创新之处，如跨学科培养、案例教学等，也有助于我国教师培养模式的创新。通过引入这些先进的教育理念和方法，可以进一步提升我国教师培养的质量和效果。

（二）国际教师评价标准与认证体系的引入

国际教师评价标准与认证体系的引入，对提升我国教师的专业素养和教育教学水平具有重要意义。通过借鉴国际先进的教师评价标准，可以建立起更加科学、

合理的教师评价体系，为教师的专业发展提供明确的方向和目标。引入国际教师认证体系，可以推动我国教师教育的国际化进程。通过与国际接轨的认证标准，可以提升我国教师的国际竞争力，吸引更多的优秀人才投身教育事业。同时，国际认证体系也有助于我国教师教育的质量监控和提升，确保教师队伍的整体素质不断提高。当然，在引入国际教师评价标准与认证体系的过程中，也需要结合国情和教育实际，进行适当的调整和完善。这样才能确保这些标准和体系能够真正适应我国教师的专业发展需求，为我国教育事业的发展提供有力支持。

（三）国际交流与合作对教师发展的促进作用

国际交流与合作在促进教师发展方面发挥着举足轻重的作用。通过参与国际学术交流活动，教师可以拓宽学术视野，了解国际前沿的教育理念和教学方法，进而提升自身的专业素养和教育教学能力。此外，国际交流与合作也为教师提供了与同行学习、交流和合作的平台。在交流中，教师可以相互借鉴经验、分享资源，共同推动教育教学改革和创新。同时，合作也能促进不同文化背景下的教育理念的融合和创新，为教师的专业发展注入新的活力。为了充分发挥国际交流与合作对教师发展的促进作用，我国应加大对教师参与国际交流活动的支持力度，提供更多的机会和平台。同时，也应加强与国际先进教育机构的合作，引进优质教育资源，提升我国教师教育的整体水平。

（四）国际先进教育技术与方法的应用

随着信息技术的快速发展，国际先进教育技术与方法在教育教学中的应用越来越广泛。这些技术和方法不仅丰富了教学手段和内容，也提高了教学效率和质量。对我国教师发展而言，积极引进和应用国际先进教育技术与方法具有重要意义。通过学习和掌握这些新技术和新方法，教师可以更好地满足学生的个性化学习需求，提升学生的学习兴趣和积极性。同时，教育技术与方法的应用也有助于教师创新教学方式和手段，推动教育教学的改革和创新。为了促进国际先进教育技术与方法的应用，我国应加强相关培训和指导，提升教师的信息素养和技术应用能力。同时，也应加大对相关技术的研发和推广力度，为教师的教学创新提供有力的支持。

三、国际视野下我国教师发展的策略调整

（一）优化教师培养与培训体系

在国际教育的大潮中，优化教师培养与培训体系显得尤为迫切。这一策略调整不仅关乎我国教师队伍的整体素质，更关乎国家教育事业的未来。

首先，我们应重新审视教师培养的目标与定位。在信息化、全球化的时代背景下，教师不仅是知识的传递者，更是学生成长的引路人、创新思维的激发者。因此，应更加注重教师实践能力的培养和创新精神的激发，使教师在职前就能具备扎实的专业素养和丰富的实践经验。

其次，完善教师培训体系，实现终身学习。教师的专业发展是一个持续不断的过程，需要不断地学习新知识、掌握新技能。因此，应建立起完善的教师培训体系，为教师的在职学习提供有力的支持。同时，鼓励教师参加各种形式的学术交流活动，拓宽视野，提升水平。

最后，加强与国际先进教师培养机构的合作与交流，也是优化教师培养与培训体系的重要途径。通过引进国际先进的教育理念、教学方法和培训课程，可以推动我国教师培养与培训体系的现代化和国际化。

（二）加强教师科研与教学能力的综合提升

教师的科研与教学能力是其专业发展的两大支柱。在国际视野下，加强教师科研与教学能力的综合提升，对提高我国教师的整体水平具有重要意义。

首先，应建立科研与教学相互促进的机制。鼓励教师将科研成果转化为教学资源，丰富教学内容和教学方法；同时，将教学实践中的问题作为科研选题，推动科研工作的深入开展。这样不仅可以提升教师的教学水平，还可以推动科研工作的创新和发展。

其次，加强教师科研与教学能力的培训。通过举办学术研讨会、教学观摩活动等方式，提升教师的学术素养和教学技能。同时，建立激励机制，对在科研和教学中取得突出成绩的教师给予表彰和奖励，激发教师的积极性和创造力。

最后，推动跨学科研究与合作教学也是加强教师科研与教学能力综合提升的重要途径。通过打破学科壁垒，开展跨学科研究与合作教学，可以培养教师的综合素质和创新能力，推动教育教学改革和创新发展。

（三）推动教师团队的国际化建设

教师团队的国际化建设是提升我国教师整体水平的重要途径。在国际视野下，我们应积极推动教师团队的国际化建设，引进国际优秀人才，提升教师队伍的整体素质。

首先，加大海外引才力度。通过设立海外人才招聘计划、举办国际教师招聘会等方式，吸引更多具有国际化背景和丰富教学经验的优秀教师来华任教。这些优秀教师不仅可以带来先进的教育理念和教学方法，还可以为我国教师队伍注入新的活力和动力。

其次，加强与国际先进教育机构的合作与交流。通过教师互换访学、合作研究等方式，推动我国教师团队与国际先进教育机构的深度融合。同时，引进国际先进的教育理念和教学方法，提升我国教师的教育教学水平。

最后，建立国际化教师团队培养机制也是推动教师团队国际化建设的重要举措。通过设立国际化教师培养项目、提供国际化培训资源等方式，培养具有国际视野和跨文化交流能力的优秀教师团队。这些教师将能够更好地适应国际教育的需求和发展趋势，为我国的教育事业作出更大的贡献。

（四）构建与国际接轨的教师评价体系

构建与国际接轨的教师评价体系是提升我国教师发展水平的重要保障。这一策略调整的核心在于建立科学、公正、全面的教师评价标准和方法。

首先，明确评价目标和标准。以教师的专业素养、教学能力、科研水平等方面为评价重点，制定具体、可操作的评价标准。同时，注重评价结果的反馈和应用，为教师的专业发展提供明确的方向和目标。

其次，引入国际先进评价理念和方法。借鉴国际先进教师评价体系的经验，结合我国实际，构建具有中国特色的教师评价体系。注重过程性评价与结果性评价相结合，全面反映教师的教育教学水平和科研能力。

最后，加强评价结果的国际比较与交流也是构建与国际接轨的教师评价体系的重要一环。通过参与国际教师评价项目、开展国际评价研究等方式，了解我国教师在国际上的地位和水平，为提升我国教师的国际竞争力提供有力支持。同时，通过与国际先进评价体系的对比和交流，可以不断完善和优化我国的教师评价体系，使其更加科学、公正、有效。

第二节 我国高校教师发展的现状与挑战

一、当前高校教师发展的整体状况

（一）教师队伍规模与结构

1. 教师数量与分布

在当前高校教育环境中，教师队伍的数量与分布是衡量高校发展状况的重要指标之一。随着我国高等教育普及率的提升和高校扩招政策的实施，教师队伍的数量呈现出稳步增长的趋势。然而，这种增长并非毫无章法，而是与高校的学科布局、地域特色以及教育需求紧密相关。

从数量上看，高校教师总量持续增加，为高等教育提供了充足的人力资源保障。这种增长不仅体现在专职教师上，也包括了兼职教师、客座教授等多元化的教师类型。这种多元化的教师构成不仅丰富了教学内容，也为学生提供了更多的学习选择。

在分布上，高校教师的地域分布呈现出一定的不均衡性。一方面，一些地区的高校由于经济实力雄厚，能够吸引更多的优秀教师资源，从而形成了一定的教师资源优势。另一方面，一些位置偏远的高校则面临着教师资源短缺的困境，这在一定程度上影响了其教育质量和学科发展。

此外，高校教师的学科分布也呈现出一定的特点。一些热门学科，如计算机科学、经济学等，由于市场需求旺盛，吸引了大量的教师资源。而一些传统学科或冷门学科则可能面临教师资源不足的问题。这种学科分布的不均衡性也反映了高校教育与社会需求之间的紧密联系。

2. 学科结构与专业分布

高校教师的学科结构与专业分布是反映其整体素质和学术水平的重要指标。当前，我国高校教师队伍在学科结构上呈现多样化和专业化的特点，专业分布则日益精细和深入。

在学科结构方面，随着高等教育体系的不断完善，高校教师的学科背景日益丰富。从传统的文、理、工、农、医等学科领域，到新兴的信息技术、生命科学、新能源等交叉学科领域，都有大量的教师在从事教学和研究工作。这种多样化的学科结构不仅为高校教育提供了全面的学科支撑，也为学生提供了多样化的学习选择。

在专业分布上，高校教师的专业分布更加精细和深入。一方面，传统的优势学科领域仍然保持着强大的师资力量和学术实力；另一方面，随着社会的快速发展和科技的日新月异，新兴专业如人工智能、大数据、物联网等也逐渐崭露头角，吸引了大量的优秀教师加入。这些新兴专业的出现不仅丰富了高校的学科体系，也为社会培养了急需的专业人才。

然而，在学科结构与专业分布上，也存在一些值得关注的问题。一方面，部分高校在追求学科门类齐全的同时，忽视了学科的交叉融合和创新发展；另一方面，一些传统学科由于历史原因或现实需求不足，可能面临师资力量薄弱、学术水平不高等问题。

因此，高校在优化教师队伍的学科结构与专业分布时，应更加注重学科的交叉融合和创新发展，加强传统学科的改造和升级，同时积极引进和培养新兴专业的优秀教师，以形成更加合理、高效的教师资源配置格局。

（二）教师专业素养与能力

1. 学历与学位水平

高校教师的学历与学位水平是衡量其专业素养的重要标准之一。在当前的高等教育体系中，对教师学历的要求普遍较高，以确保其具备扎实的专业基础和较高的学术水平。

一般来说，高校教师的学历要求为硕士及以上学历，对于某些特殊专业，如理工科、医学等，甚至需要具备博士及以上学历。这一要求确保了教师在各自领域内具备深厚的专业知识和研究能力，能够为学生提供高质量的教学和指导。

此外，一些高校还会对教师的本科学校、专业进行限制，要求教师的本科学校为"985工程"或"211工程"高校等。这种限制旨在筛选出具有优秀学术背景和潜力的教师，进一步提升教师队伍的整体素质。

拥有高学历和学位的教师不仅具备丰富的知识储备，还能够通过不断学习和研究，更新自己的知识体系，跟上学科发展的前沿。他们能够将最新的研究成果和理论知识融入教学，为学生提供前沿、实用的教学内容，培养具有创新精神和实践能力的学生。

然而，学历和学位只是衡量教师专业素养的一个方面，实际的教学和科研能力同样重要。高校应综合考虑教师的学历、教学经验和科研成果等多个方面，以全面评估其专业素养和能力。

2. 教学与科研能力

教学与科研能力是高校教师专业素养的核心组成部分。在教学方面，高校教师应具备扎实的教育教学理论知识和实践经验，能够灵活运用各种教学方法和手段，激发学生的学习兴趣和潜能，培养学生的创新思维和实践能力。同时，教师还应关注学生的全面发展，注重培养学生的综合素质和社会责任感。

在科研方面，高校教师应具备较高的学术素养和研究能力，能够独立开展科学研究，取得创新性成果。教师应积极参与学术交流和合作，推动学科发展和学术进步。通过科研活动，教师可以不断提升自己的学术水平和实践能力，为教学提供更加丰富和深入的内容。

高校在选拔和培养教师时，应注重考察其教学和科研能力。通过设立教学奖励和科研基金等措施，激励教师不断提升自己的专业素养和能力水平。同时，高校还应加强教师培训和发展工作，为教师提供必要的支持和帮助，促进其专业成长和发展。

3. 国际化视野与跨文化交流能力

随着全球化的深入发展，国际化视野和跨文化交流能力已成为高校教师不可或缺的专业素养。具备这些能力的教师能够更好地适应国际学术环境，参与国际学术交流与合作，推动学校的国际化发展。

国际化视野要求教师具备全球意识和开放思维，关注国际学术前沿和发展趋势，了解不同国家和地区的文化背景和教育体系。这样，教师在教学和科研中就能融入国际元素，拓宽学生的国际视野，培养学生的全球竞争力。

跨文化交流能力则强调教师在与不同文化背景的人进行交流和合作时，能够尊重差异、理解多元，有效沟通并达成共识。这需要教师具备良好的语言能力和跨文化沟通技巧，能够在国际学术会议上发言、撰写学术论文和参与国际合作项目。

为了提升教师的国际化视野和跨文化交流能力，高校可以采取多种措施。例如，鼓励教师参加国际学术会议和访学项目，拓宽国际视野；加强与国际知名高校和研究机构的合作与交流，引进优质教育资源；开展跨文化培训活动，提高教师的跨文化意识和交流能力。

（三）教师发展机制与平台

1. 教师培养与培训体系

高校教师的培养与培训体系是确保教师队伍持续发展的关键环节。这一体系旨在通过系统的培训和培养，提升教师的教育教学能力、科研创新能力和专业素养，以适应高等教育改革和发展的需求。

在教师培养方面，高校注重新教师的入职培训，包括教育教学理论、教学方法、学科前沿知识等方面的学习。同时，针对在职教师，高校还开展定期的进修和学术交流活动，帮助教师更新知识、拓宽视野、提升能力。此外，一些高校还设立了教师发展中心或教师教育学院，专门负责教师的培养和发展工作。

在培训体系方面，高校建立了多层次的培训体系，包括岗前培训、在职培训、专项培训等。培训内容涵盖了教育教学、科研创新、师德师风等多个方面，旨在提升教师的综合素质和专业能力。同时，高校还注重培训形式的创新，采用线上线下相结合、理论与实践相结合的方式，增强培训效果。

2. 教师发展项目与平台

为了促进教师的专业发展，高校还积极搭建各种教师发展项目与平台。这些项目和平台为教师提供了展示才华、交流经验、合作研究的机会，有助于激发教师的创新精神和团队协作能力。一些高校设立了青年教师创新项目、教学改革项目等，鼓励教师参与科研和教学改革，提升创新能力。同时，高校还举办各种学术研讨会、教学比赛等活动，为教师提供展示和交流的平台。此外，高校还积极与企业、社会机构等合作，搭建产学研合作平台，推动教师将科研成果转化为实际应用。在平台建设方面，高校注重信息化手段的运用，建立了教师发展信息管理系统、在线教育平台等，方便教师获取资源、交流信息、开展学习。这些平台不仅提高了教师发展的效率和质量，也为教师的专业发展提供了有力支持。

3. 教师发展激励机制

为了激发教师的积极性和创造力，高校建立了完善的教师发展激励机制。这些机制包括物质激励和精神激励两个方面。

在物质激励方面，高校通过设立教学奖励、科研奖励、职称晋升等方式，对在教学和科研方面取得突出成绩的教师给予物质上的奖励。这些奖励不仅体现了对教师工作的认可和尊重，也激发了教师继续努力的动力。

在精神激励方面，高校注重营造良好的学术氛围和文化环境，为教师提供宽松自由的研究空间和发展机会。同时，高校还通过举办教师节庆祝活动、表彰优秀教师等方式，弘扬尊师重教的社会风尚，增强教师的职业荣誉感和归属感。

二、面临的主要挑战与问题

（一）教师职业发展路径不清晰

在当前的高校教育体系中，教师职业发展路径不清晰是一个较为普遍的问题，这主要体现在职称晋升、职业发展瓶颈以及教师职业生涯规划与支持不足等几个方面。

首先，职称晋升是教师职业发展的重要环节，但现行的职称评审制度往往存在一些问题。例如，评审标准不够明确和统一，导致教师难以明确自己的发展方向；评审过程不够透明和公正，使得一些优秀的教师因为各种非学术因素而无法获得应有的职称。这些问题不仅影响了教师的职业发展积极性，也制约了高校教师队伍的整体素质提升。

其次，职业发展瓶颈是教师面临的另一个重要问题。由于高校职位晋升的层次和数量有限，许多教师在达到一定的职称水平后，便难以再有更大的发展空间。这导致一些教师产生职业倦怠感，缺乏进一步发展的动力。

最后，教师职业生涯规划与支持不足也是导致职业发展路径不清晰的重要原因。许多高校缺乏对教师职业生涯规划的指导和支持，教师往往只能根据自己的理解和经验来规划自己的职业发展，这使得他们的职业发展具有很大的不确定性和盲目性。

为了解决这些问题，高校需要进一步完善职称评审制度，明确评审标准和过程，确保评审的公正性和透明度。同时，高校还应建立多元化的职业发展通道，为教师提供更多的发展空间和机会。此外，加强教师职业生涯规划的指导和支持也是必不可少的，高校可以通过设立专门的职业规划咨询机构或提供相关的培训和教育资源，帮助教师更好地规划自己的职业发展路径。

（二）教师教学能力与科研水平不均衡

在高校教育体系中，教师教学能力与科研水平的不均衡是一个普遍存在的问题，主要体现在教学创新不足与教学方法陈旧以及科研成果质量与影响力有限两个方面。

教学创新不足与教学方法陈旧是制约教师教学能力提升的关键因素。许多教师长期采用传统的教学方式，如灌输式教学、单一的课堂讲解等，忽视了学生的主体性和学习需求。同时，由于教学资源和条件的限制，以及教师自身创新意识和能力的不足，教学创新往往难以得到有效的推广和实践。这导致教学质量难以得到实质性提升，学生的学习积极性和兴趣也受到一定程度的抑制。

科研成果质量与影响力有限是科研水平不高的具体体现。一些教师在科研工作中缺乏深入的研究和探索，或者由于科研条件和资源的限制，导致研究成果缺乏创新性和实用性。此外，部分教师在科研过程中过于追求数量而忽视质量，导致论文发表虽多但质量不高，缺乏影响力。这些问题不仅影响了教师的学术声誉和职业发展，也制约了高校科研整体水平的提升。

为了解决这些问题，高校需要采取一系列措施来平衡教师的教学能力与科研水平。一方面，加强教学创新和教学方法的改革，鼓励教师尝试新的教学方式和手段，提高学生的学习兴趣和积极性。同时，加大对教学创新的支持和投入，为教师提供必要的教学资源和条件。另一方面，提升教师的科研能力和水平，加强科研管理和激励机制的建设，引导教师更加注重科研成果的质量和影响力。通过搭建科研平台、加强科研团队建设、提供科研指导和支持等方式，为教师提供更好的科研环境和条件。

（三）教师队伍建设投入不足

教师队伍建设投入不足是当前高等教育面临的一个重要问题，其中教师薪酬待遇与福利保障问题以及教师发展与培训资源短缺尤为突出。

尽管近年来高校教师的薪酬水平有所提升，但与其他一些行业相比，其整体薪酬水平仍然偏低，难以完全反映教师的劳动价值。此外，福利保障制度也存在不完善之处，如医疗保险、住房补贴等福利待遇难以满足教师的实际需求。这些问题不仅影响了教师的生活品质，也制约了教师的工作积极性和职业发展动力。

教师发展与培训资源短缺也是一个亟待解决的问题。随着教育改革的不断深入和学科知识的不断更新，教师需要不断提升自己的专业素养和教育教学能力。然而，许多高校在教师培训和发展方面的投入不足，导致教师缺乏必要的培训机会和资源。这不仅限制了教师的个人成长，也影响了学校整体的教学质量和科研水平。

为了解决这些问题，高校需要加大对教师队伍建设的投入力度。一方面，要提高教师的薪酬待遇和福利保障水平，确保教师的劳动价值得到充分体现，增强教师的职业认同感和归属感。另一方面，要加强教师培训和发展工作，为教师提供更多的学习和成长机会，帮助他们不断提升专业素养和教育教学能力。同时，高校还可以通过与社会企业、行业组织等合作，共同开发教师培训资源，实现资源共享和优势互补。

（四）教师国际交流与合作有限

在全球化的背景下，教师的国际交流与合作对提升教育质量和推动学术进步具有重要的作用。然而，目前许多高校在教师国际交流与合作方面仍然存在一些问题。

国际合作项目与平台的缺乏是一个较为普遍的问题。虽然一些高校已经开始了国际合作与交流的工作，但整体而言，合作项目数量有限，平台建设不够完善。这导致教师参与国际交流的机会不多，难以与国际同行建立有效的合作关系。同时，由于缺乏统一的协调和管理机制，国际合作项目往往难以持续开展，影响了合作效果。

教师国际视野与跨文化交流能力有限也是制约国际交流与合作的重要因素。许多教师长期在国内从事教学和科研工作，缺乏与国际同行交流的机会和经验，这导致他们在国际交流与合作中往往难以适应不同的文化背景和交流方式，难以有效地传达自己的思想和观点。同时，由于语言和文化差异的限制，一些教师在国际交流中可能会遇到沟通障碍，影响了合作的顺利进行。

为了解决这些问题，高校需要采取一系列措施来加强教师的国际交流与合作。

首先，高校应该积极寻求与国际知名高校和研究机构的合作机会，建立更多的国际合作项目和平台。通过参与国际合作项目，教师可以与国际同行进行深入的交流和合作，共同推动学术进步和教育发展。

其次，高校应该加强对教师的国际视野和跨文化交流能力的培养。可以通过举办国际交流研讨会、邀请国际知名学者来校讲学等方式，为教师提供更多的国际交流机会。同时，也可以开展跨文化交流培训，帮助教师提高语言能力和跨文化交流能力。

三、应对挑战的策略与措施

（一）完善教师职业发展体系

在当前的高等教育环境中，教师的职业发展体系扮演着至关重要的角色。然而，由于体系的不完善，许多教师在职业发展过程中遇到了诸多挑战。因此，完善教师职业发展体系，明确职业发展路径与晋升标准，加强职业生涯规划与指导，成为解决这一问题的关键。

首先，明确职业发展路径与晋升标准对教师的职业发展至关重要。高校应该建立清晰、明确的教师职业发展路径，为教师提供清晰的晋升渠道和发展方向。同时，制定合理的晋升标准，确保标准既具有挑战性又符合教师的实际能力水平。这些标准应该包括教学、科研、社会服务等多个方面，以全面反映教师的综合素质和能力。

在明确职业发展路径与晋升标准的过程中，高校需要关注教师的个体差异和需求。不同教师有不同的职业目标和发展需求，因此高校应该提供多样化的职业发展路径和晋升标准，以满足不同教师的需求。此外，高校还应该建立公平、透明的晋升评审机制，确保评审过程公正、公开，避免主观性和偏见的影响。

其次，加强职业生涯规划与指导对教师的职业发展同样具有重要意义。高校应该为教师提供个性化的职业生涯规划与指导服务，帮助教师明确自己的职业目标和发展方向。通过制定个性化的职业发展规划，教师可以更加有针对性地提升自己的能力和素质，实现个人职业发展目标。

在职业生涯规划与指导的过程中，高校可以邀请经验丰富的教师或职业规划专家为教师提供咨询和指导服务。这些专家可以根据教师的实际情况和需求，为教师提供具体的建议和指导，帮助教师解决职业发展过程中的问题。此外，高校还可以组织相关的培训和讲座，提升教师的职业规划意识和能力。

最后，完善教师职业发展体系还需要高校加强与其他高校、企业、行业组织等的合作与交流。通过合作与交流，高校可以了解更多的职业发展信息和资源，为教师提供更多的发展机会和平台。此外，合作与交流还可以促进教师之间的互相学习和借鉴，推动教师职业发展的共同进步。

需要注意的是，完善教师职业发展体系是一个长期而复杂的过程，需要高校领导的高度重视和大力支持。同时，高校还需要根据实际情况不断调整和优化职业发展体系，以适应不断变化的教育环境和社会需求。只有这样，才能确保教师在职业发展过程中不断取得新的进步和成就。

（二）提升教师教学能力与科研水平

提升教师教学能力与科研水平是高等教育发展的重要基石，对培养优秀人才、推动学科发展具有至关重要的作用。当前，随着教育改革的深入和科技的快速发展，对教师教学能力与科研水平的要求也日益提高。因此，高校需要采取一系列措施，加强教学创新与教学方法改革，加大科研投入与支持力度，并建立科研成果评价与激励机制，以全面提升教师的教学能力与科研水平。

首先，加强教学创新与教学方法改革是提升教师教学能力的关键。高校应该鼓励教师探索新的教学理念和方法，推动课堂教学模式的创新。具体而言，可以引入信息技术和现代教育技术手段，如在线教学、混合式教学等，以丰富教学手段和资源。同时，高校还可以组织教师参加教学研讨会、工作坊等活动，分享教学经验，交流教学方法，促进教师之间的教学合作与共享。通过这些措施，可以激发教师的教学创新热情，提升教学质量和效果。

其次，加大科研投入与支持力度是提升教师科研水平的重要保障。高校应该为教师提供良好的科研环境和条件，包括实验室建设、仪器设备更新、科研团队建设等。同时，高校还可以设立科研基金，为教师提供必要的科研经费支持，鼓励教师开展高水平的科研项目。此外，高校还可以与企业、行业组织等合作，共同开展科研项目，实现资源共享和优势互补。这些措施有助于激发教师的科研热情，提高教师的科研能力和水平。

最后，建立科研成果评价与激励机制是提升教师科研水平的重要手段。高校应该建立科学、合理的科研成果评价体系，综合考虑科研成果的创新性、实用性、影响力等因素，确保评价结果的客观性和公正性。同时，高校还可以设立科研成果奖励制度，对取得优秀科研成果的教师给予物质和精神上的奖励，以激励更多的教师投身于科研工作。此外，高校还可以将科研成果作为教师职称晋升、职务评聘的重要依据，进一步激发教师的科研积极性。

在提升教师教学能力与科研水平的过程中，高校还需要注重教师的专业发展需求。不同教师在教学和科研方面有着不同的兴趣和特长，高校应该为教师提供个性化的专业发展路径和机会。例如，可以针对不同教师的特点和需求，开展有针对性的培训和指导活动；可以建立教师交流平台，促进教师之间的合作与交流；还可以鼓励教师参与国内外学术会议和研讨活动，拓宽教师的学术视野和交流渠道。

（三）加大教师队伍建设投入

教师队伍建设是高等教育事业发展的核心要素，加大投入是提升教师队伍整体素质、保障教育质量的必由之路。针对当前教师队伍建设中存在的问题，可以从提高教师薪酬待遇与福利保障、增加教师发展与培训资源投入以及优化教师资源配置与管理三个方面着手，加大投入力度，推动教师队伍建设的全面发展。

首先，提高教师薪酬待遇与福利保障是激发教师工作积极性、稳定教师队伍的重要手段。高校应该根据教师的实际贡献和市场需求，合理确定教师的薪酬水平，确保教师的劳动价值得到充分体现。同时，完善教师的福利保障体系，包括提供优质的医疗保险、住房补贴等，解决教师的后顾之忧，让他们能够全身心地投入到教学和科研工作中。

其次，增加教师发展与培训资源投入是提升教师专业素养、推动教师职业发展的重要途径。高校应该加大对教师发展与培训的投入力度，为教师提供更多的学习和发展机会。这包括组织教师参加各类学术研讨会、进修课程等，帮助他们拓宽学术视野、更新知识结构。同时，鼓励教师参与国内外交流与合作项目，提升他们的国际视野和跨文化交流能力。

最后，优化教师资源配置与管理是提升教师队伍整体效能的关键。高校应该根据学科发展需求和教师个人特点，合理配置教师资源，确保每个岗位都有合适的人选。同时，建立完善的教师考核制度，对教师的教学、科研和社会服务等方面进行全面评价，激励教师积极投入工作。此外，加强教师之间的团队合作和沟通交流，形成良好的学术氛围和工作环境，提升教师队伍的凝聚力和创造力。

在加大教师队伍建设投入的过程中，高校还需要注重政策的引导和支持。政府应该出台相关政策，鼓励高校加大对教师队伍建设的投入力度，为教师队伍建设提供资金和政策保障。同时，高校也应该积极争取社会资源和合作机会，拓宽教师队伍建设的资金来源和渠道。

（四）拓展教师国际交流与合作

随着全球化进程的加速，高等教育国际化已成为一种必然趋势。在这一背景下，拓展教师国际交流与合作显得尤为重要。通过加强国际交流与合作，教师可以接触到更广阔的学术视野和先进的教育理念，从而不断提升自身的教学和科研水平。因此，高校应积极采取措施，拓展教师的国际交流与合作渠道。

首先，建立国际合作项目与平台是拓展教师国际交流与合作的基础。高校可以积极寻求与国际知名高校和研究机构的合作机会，共同开展合作项目，建立合作平台。这些合作项目可以涉及教学、科研、师资培养等多个方面，为教师提供与国际同行深入交流与合作的机会。同时，高校还可以利用国际合作平台，推动教师的学术成果在国际范围内的传播和认可。

其次，加强教师国际交流与访学是提升教师国际视野和跨文化交流能力的重要途径。高校可以设立专门的访学基金，支持教师赴国外知名高校和研究机构进行访学、交流和合作研究。通过访学，教师可以深入了解不同国家的教育体制、学术氛围和文化背景，拓宽自己的学术视野和思维方式。同时，访学还可以为教师提供与国际同行建立联系和合作的机会，促进学术资源的共享和交流。

最后，提升教师国际视野与跨文化交流能力也是拓展国际交流与合作的关键。高校可以通过举办国际交流研讨会、邀请国际知名学者来校讲学等方式，为教师提供更多的国际交流机会。同时，还可以开设跨文化交流培训课程，帮助教师提高外语水平、增强跨文化沟通能力。这些措施有助于教师在国际交流与合作中更好地适应不同的文化背景和交流方式，提高合作效果。

在拓展教师国际交流与合作的过程中，高校还需要注意以下几点：一是要建立健全管理机制，确保国际合作项目与平台的顺利实施；二是要注重教师的个人需求和意愿，为教师提供个性化的国际交流与合作机会；三是要加强与国际合作伙伴的沟通与协调，确保合作项目的顺利进行和取得实效。

第三节　教师能力提升对高校发展的重要性

一、教师能力对教学质量的影响分析

在探讨教育领域的核心问题时，教师能力对教学质量的影响无疑是一个至关重要的议题。教师的专业能力、教学技能以及不断更新教学方法的能力，都直接关系到学生的学习效果和整体的教学质量。因此，深入分析教师能力与教学水平的直接关联，对于提升教育质量具有深远的意义。

（一）教师能力与教学水平的直接关联

教师作为知识的传授者和学生成长的引导者，其能力水平的高低直接关系到教学质量的好坏。

首先，教师的专业知识与教学方法的更新对教学效果的促进具有显著作用。随着科技的飞速发展和知识的不断更新，教师需要不断学习和掌握新的专业知识，以便能够为学生提供最前沿、最准确的教学内容。同时，教学方法的更新也是提升教学效果的关键。传统的灌输式教学已经无法满足现代学生的需求，教师需要引入更多元化、更具互动性的教学方法，激发学生的学习兴趣和主动性。例如，利用信息技术手段开展多媒体教学、在线教育等，不仅可以提高教学效率，还能帮助学生更好地理解和掌握知识。

其次，教师教学技能的提升对学生学习成效的积极影响也不容忽视。教学技能包括课堂管理能力、师生互动能力、教学评价能力等多个方面。一个优秀的教师不仅要有扎实的专业知识，还要具备良好的教学技能。通过有效的课堂管理，教师可以营造出良好的学习氛围，使学生的注意力更加集中；通过积极的师生互动，教师可以更好地了解学生的学习情况，及时调整教学策略；通过科学的教学评价，教师可以客观地评估学生的学习效果，为后续的教学提供参考。

具体来说，教师具备高超的教学技能，能够根据学生的个性差异和学习需求，制订个性化的教学计划，因材施教。同时，教师还能够灵活运用各种教学手段和技巧，激发学生的学习兴趣和积极性，帮助学生更好地理解和掌握知识。此外，教师还能够通过及时的反馈和评价，帮助学生发现自身的不足和进步，促进学生的全面发展。

为了进一步提升教师能力与教学水平，可以从以下几个方面着手：一是加强教师的在职培训和继续教育工作，使他们能够不断更新专业知识和教学方法；二是鼓励教师开展教学研究和创新实践，探索更适合现代学生的教学模式和策略；三是建立完善的教师评价机制，激励教师不断提升自身的教学能力和水平。通过这些措施的实施，可以进一步提升教师能力与教学水平，为培养更多优秀人才作出更大的贡献。

（二）优秀教师的示范作用与带动效应

在教育领域，优秀教师不仅以其卓越的教学成果提升教学质量，更以其独特的教学模式对其他教师产生深刻的启示与影响。他们的存在和行动，如同灯塔一般，为整个教育团队指明前行的方向，从而推动教育质量的全面提升。

首先，优秀教师的教学成果对教学质量整体提升的贡献是不可估量的。这些教师凭借深厚的专业知识、精湛的教学技能和前瞻的教学理念，为学生提供了高质量的教学服务。他们的课堂生动有趣，充满智慧与激情，能够激发学生的学习兴趣和主动性。在他们的引导下，学生能够更好地掌握知识，提升能力，取得优异的成绩。同时，优秀教师的教学成果也在很大程度上提升了学校的声誉和影响力，吸引了更多的优质生源和教育资源。

其次，优秀教师的教学模式对其他教师具有深刻的启示与影响。他们敢于创新，勇于尝试新的教学方法和手段，不断探索适合学生的教学模式。这些新颖的教学模式不仅提高了教学效果，也为其他教师提供了宝贵的经验和借鉴。其他教师在观摩优秀教师的课堂、交流教学经验的过程中，可以学习到先进的教学理念和方法，提升自己的教学水平和能力。同时，优秀教师的教学模式还可以激发其他教师的创新精神和探索欲望，推动整个教学团队的不断进步和发展。

最后，优秀教师的示范作用还体现在他们的师德师风上。他们以身作则，用自己的言行诠释着教师的责任和使命。他们尊重每一个学生，关注每一个学生的成长，用心去教育、去引导。这种高尚的师德师风不仅赢得了学生的尊敬和爱戴，也赢得了其他教师的敬佩和学习。在优秀教师的带动下，整个教师团队会形成积极向上、团结进取的氛围，共同为提高教学质量而努力。

（三）教师能力对教学改革的支撑作用

在教学改革的浪潮中，教师能力无疑是支撑改革深入推进的关键因素。其中，教师创新教学方法与手段的能力以及在教学改革过程中的关键作用尤为突出。

首先，教师创新教学方法与手段的能力对教学改革的推动作用不可忽视。随着教育理念的更新和技术的进步，传统的教学方法与手段已无法满足现代教育的需求。在这样的背景下，教师需要具备创新教学方法与手段的能力，不断探索和实践新的教学模式，以适应教育改革的需求。这种创新能力不仅有助于激发学生的学习兴趣和主动性，还能提高教学效果，推动教学质量的提升。

具体来说，教师创新教学方法和手段的能力体现在多个方面。例如，利用信息技术手段开展多媒体教学、在线教育等，使教学更加生动、形象、直观；引入项目式学习、探究式学习等新型学习方式，培养学生的实践能力和创新精神；开展跨学科教学，拓宽学生的知识视野和思维方式等。这些创新实践不仅丰富了教学内容和形式，也提高了学生的学习兴趣和参与度，为教学改革的深入推进提供了有力支撑。

其次，教师在教学改革过程中的关键作用也十分重要。教学改革是一个系统工程，需要各方共同努力和配合。而教师作为教学改革的直接参与者和实践者，其能力水平的高低直接关系到改革的成败。在教学改革过程中，教师需要具备敏锐的洞察力和判断力，能够准确把握教育发展的趋势和改革的方向；同时，还需要具备坚定的信念和毅力，能够克服改革过程中的困难和挑战，持续推进改革进程。

最后，教师在教学改革中还扮演着引领者和示范者的角色。他们通过自身的实践和创新，为其他教师树立了榜样，提供了可借鉴的经验和做法。这种引领和示范作用有助于激发其他教师的改革热情和创新精神，推动整个教师团队的不断进步和发展。

二、教师能力对科研创新的推动作用

（一）教师科研能力对学科发展的引领

教师能力在科研创新中发挥着举足轻重的作用，尤其在引领学科发展方面，其科研能力和科研方向都具有不可忽视的影响力。

首先，教师的科研成果对学科前沿的拓展与贡献显著。教师通过深入研究，不断探索未知领域，发表高质量学术论文，为学科的发展提供了源源不断的动力。这些科研成果不仅丰富了学科知识库，还推动了学科理论的更新和完善。同时，教师的创新实践也为学科前沿的探索提供了宝贵的经验和启示。

其次，教师的科研方向对学科发展方向具有引领作用。教师凭借敏锐的洞察力和深厚的学术素养，能够准确把握学科发展的脉搏，确定具有前瞻性和创新性的研究方向。这些研究方向往往能够引领学科的整体发展，为学科的繁荣和进步指明方向。同时，通过跨学科研究，教师能够推动不同学科之间的交叉与融合，形成新的学科增长点，为学科的多元化发展注入活力。

最后，教师的科研能力还体现在其科研团队的建设和管理方面。一个优秀的科研团队需要具备高度的凝聚力和协作精神，而教师作为团队的核心成员，其领导能力和协调能力对于团队的发展至关重要。通过组建高效、和谐的科研团队，教师可以汇聚更多的智慧和力量，共同攻克科研难题，取得更多的创新成果。

（二）教师团队协作与科研创新关系

教师团队协作在科研创新中发挥着至关重要的作用，它不仅影响科研成果的质量与效率，更是推动学科进步和创新的关键力量。

首先，教师团队合作在科研创新中扮演着举足轻重的角色。在科研过程中，教师团队可以共享资源、经验和方法，从而加速研究进程。团队成员之间的深入交流和合作，能够产生更多的思维碰撞和灵感火花，为科研创新提供源源不断的动力。此外，通过分工合作，团队成员可以充分发挥各自的专业特长，实现优势互补，提高研究的专业性和深度。

其次，教师团队协作能力对科研成果的质量与效率具有显著影响。一个优秀的教师团队往往具备高度的凝聚力和协作精神，能够在面对困难和挑战时相互支持、共同应对。这种紧密的合作有助于确保研究工作的顺利进行，提高科研成果的可靠性。同时，团队协作还能有效避免重复劳动和资源浪费，提高研究效率。

在实际案例中，可以看到许多成功的教师团队通过协作实现了科研创新的突破。他们共同设计研究方案、共享实验数据、讨论分析结果，并在这一过程中不断完善和改进研究内容。这种紧密的合作关系不仅推动了科研成果的产生，还为学科发展作出了重要贡献。

（三）教师创新能力对科研突破的促进

教师创新能力在科研突破中发挥着至关重要的作用，它不仅是科研成果的源泉，更是推动学科发展的关键动力。

首先，教师的创新思维与方法在科研突破中起着关键的作用。拥有创新思维的教师能够跳出传统的研究框架，提出新颖的研究问题和视角，从而引领学科的发展方向。他们善于运用跨学科的知识和方法，打破学科壁垒，实现不同领域之间的融合与创新。同时，他们还能够灵活运用各种研究方法和手段，为解决问题提供新的思路和途径。

其次，教师的创新能力对提升科研成果的原创性与影响力具有重要意义。具备创新能力的教师能够深入研究问题的本质，提出独特的见解和解决方案，从而产出具有原创性的科研成果。这些成果不仅能够丰富学科知识体系，还能够推动学科理论的更新和发展。同时，通过发表高质量的学术论文、参与国际学术会议等方式，教师的创新成果能够得到更广泛的传播和认可，进一步提升其影响力。

最后，教师的创新能力还有助于培养创新型人才。通过引导学生参与科研项目、开展创新实验等方式，教师可以激发学生的创新精神和实践能力，为培养新一代科研人才奠定坚实基础。

三、教师能力提升与高校综合实力提升的关系

（一）教师能力作为高校核心竞争力的体现

教师能力作为高校核心竞争力的体现，与高校综合实力提升之间存在着密切的关系。这种关系不仅体现在教师能力在高校排名与声誉中的重要作用，更体现

在其对提升高校社会影响力与认可度的贡献上。

首先，教师能力在高校排名与声誉中扮演着至关重要的角色。高校的排名和声誉往往取决于其教学质量、科研成果、师资力量等多个方面，而教师能力则是这些方面的核心支撑。优秀的教师能够为学生提供高质量的教学服务，推动科研成果的产生，从而提升高校的学术水平和社会声誉。因此，在教师能力方面表现突出的高校，往往能够在排名和声誉上获得更高的评价。

其次，教师能力对提升高校社会影响力与认可度具有显著的贡献。高校的社会影响力和认可度不仅关系到自身的生存和发展，更影响着整个社会的教育和科研水平。具备高水平教师的高校能够吸引更多的优秀学生和学者，形成良性的学术生态，进而推动整个社会的进步和发展。同时，高校的社会影响力和认可度也能够吸引更多的社会资源投入，为高校的发展提供有力的支持。

要提升教师能力，高校可以采取多种措施。例如，加强教师培训和学术交流，提高教师的专业素养和创新能力；建立科学的评价和激励机制，激发教师的工作热情和积极性；加强师德师风建设，提升教师的道德水平和职业操守等。这些措施的实施将有助于提升教师能力，进而推动高校综合实力的提升。

（二）教师能力提升对高校整体发展的推动作用

教师能力的提升对高校的整体发展具有显著的推动作用，这种作用不仅体现在教学质量和科研水平的提升上，还深入到高校人才培养、社会服务以及文化传承等多个方面。

首先，教师能力的提升能够直接带动教学质量和科研水平的提升。优秀的教师具备深厚的学术功底和丰富的教学经验，能够为学生提供更高质量的教学服务，促进学生的学习效果和综合素质的提升。同时，教师能力的提升也能够推动科研工作的深入开展，产生更多高水平的科研成果，提升高校的学术地位和影响力。

其次，教师能力的提升有助于高校更好地履行人才培养的职能。高校作为人才培养的重要基地，其教育质量直接关系到国家的未来和民族的希望。教师能力的提升意味着教学方法和手段的更新，能够更好地满足学生的需求，培养出更多具有创新精神和实践能力的高素质人才。

最后，教师能力的提升还能够增强高校的社会服务能力。高校作为社会的重要组成部分，其社会服务功能日益凸显。教师能力的提升意味着他们能够更好地将科研成果转化为实际应用，为社会提供更多的技术支持和智力支持，推动社会的进步和发展。

最后，教师能力的提升还有助于高校更好地传承和弘扬文化。高校作为文化传承的重要载体，其文化传承功能不可忽视。教师作为文化传承的重要力量，他们的能力提升意味着能够更好地传播和弘扬传统文化，推动文化的创新和发展。

（三）高校对教师能力提升的支持与保障

高校作为培养和汇聚人才的重要基地，对教师能力的提升具有义不容辞的责任。为了确保教师能够不断提升自身能力，高校需要制定一系列政策与措施，并为教师提供必要的资源与平台。

首先，高校在教师能力提升方面制定了一系列政策与措施。这些政策旨在激励教师不断进取，提升教学水平和科研能力。例如，高校设立了教学奖励制度，对在教学工作中表现突出的教师进行表彰和奖励；同时，也建立了科研成果评价体系，鼓励教师积极投身科研工作，产出更多高质量的研究成果。此外，高校还推行了职称晋升与能力提升相结合的制度，将教师的职称晋升与教学能力、科研水平等紧密挂钩，从而激发教师提升自身能力的动力。

其次，高校为教师能力提升提供了丰富的资源与平台。这些资源包括教学设备、科研经费、学术交流机会等，旨在为教师创造一个良好的学术氛围和工作环境。例如，高校为教师配备了先进的教学设备，支持教师开展多媒体教学和网络教学；同时，也为教师提供了充足的科研经费，鼓励他们开展创新性的研究工作。此外，高校还积极组织各类学术交流活动，如学术研讨会、学术会议等，为教师提供与同行交流、学习的机会，拓宽他们的学术视野。

在具体实施上，高校可以采取多种策略来支持教师能力提升。例如，设立教师发展中心，为教师提供个性化的职业规划和发展建议；开展定期的培训和研讨会，帮助教师更新教育理念、提升教学方法；鼓励教师参与国内外学术交流与合作，提升学术影响力；优化教师评价体系，将能力提升作为教师考核的重要指标等。

第二章 高校教师教学理念的创新与实践

第一节 现代教育理念与高校教师角色的转变

一、现代教育理念的核心思想

（一）以学生为中心，构建个性化教育体系

现代教育理念的核心思想之一，是以学生为中心，构建个性化教育体系。这一思想强调教育应尊重每个学生的独特性，关注学生的个体差异，旨在满足他们的不同学习需求和发展潜力。

在传统的教育模式中，教师往往扮演着主导者的角色，而学生则处于被动接受的地位。然而，现代教育理念认为，每个学生都是具有独特性的个体，他们拥有不同的兴趣、特长和潜能。因此，教育应该注重培养学生的主动性、自主性和创造性，让他们成为学习的主体和参与者。

为了实现以学生为中心的教育理念，现代教育强调个性化教育的重要性。个性化教育要求教育者深入了解每个学生的特点，关注他们的学习需求和发展方向，为他们提供个性化的学习方案和教育资源。这包括为学生提供多样化的课程选择、灵活的教学方式以及丰富的学习资源，以满足他们的不同学习需求。

同时，以学生为中心的教育理念还强调学生的全面发展。教育不仅是传授知识，更是培养学生的综合素质和能力。因此，现代教育注重学生的身心健康、道德情操、审美素养等多方面的发展。学校通过开展各类活动、提供实践机会等方式，促进学生的全面发展，培养他们的创新精神和实践能力。

此外，以学生为中心的教育理念还强调教育过程中的师生互动和合作。教师和学生不再是简单的传授与接受关系，而是共同探索、共同成长的伙伴。教师需

要关注学生的情感需求和心理发展，为他们提供情感支持和心理疏导；学生也需要积极参与教育过程，与教师进行互动交流，共同构建良好的教育环境。

（二）实践导向，培养创新与实践能力

现代教育理念的另一核心思想是实践导向，即强调教育应紧密结合社会实践，以培养学生的创新能力和实践能力为目标。这一思想体现了对传统教育模式的深刻反思，也是对当今社会需求和学生发展特点的准确把握。

在传统教育中，往往过于注重理论知识的传授，而忽视了学生的实践能力和创新精神的培养。然而，现代社会对人才的需求已经发生了深刻的变化，不仅要求具备扎实的专业知识，更要求具备创新思维和实践能力。因此，现代教育理念强调教育应与实践相结合，让学生在实践中学习、在实践中成长。

实践导向的教育理念要求教育者将实践教学贯穿于整个教育过程。通过组织各类实践活动、实验、实训等方式，让学生在实践中感知知识、理解知识、运用知识。同时，教育者还应引导学生积极参与社会实践，了解社会现实和需求，培养他们的社会责任感和使命感。

此外，实践导向的教育理念还强调培养学生的创新能力。创新是现代社会发展的核心动力，也是学生未来发展的重要素质。因此，现代教育注重激发学生的创新思维和创造潜能，鼓励他们勇于尝试、敢于创新。教育者可以通过开展创新实验、组织创新竞赛等方式，为学生提供展示自己创新成果的平台和机会。

实践导向的教育理念还促进了学校与社会的紧密合作。学校可以与企业、社区等机构建立合作关系，共同开展实践教学和人才培养工作。通过校企合作、产学研结合等方式，学生可以更好地了解社会需求，提高自己的职业素养和就业竞争力。

（三）全面发展，注重综合素质提升

现代教育理念的第三个核心思想是全面发展，即注重学生的综合素质提升。这一思想突破了传统教育过分注重知识传授的局限，强调学生的身心健康、道德情操、审美素养等多方面的发展。

全面发展的教育理念要求教育者关注学生的个体差异和多元智能，提供多样化的教育资源和活动平台，以满足学生不同的发展需求。学校应该注重培养学生的创新思维和实践能力，通过开展各类实践活动和项目式学习，让学生在实践中学习和成长。同时，学校还应关注学生的身心健康，加强体育教育和心理健康教育，培养学生的健康意识和自我保健能力。

此外，全面发展的教育理念还强调德育的重要性。学校应该注重培养学生的道德情操和社会责任感，通过德育课程和实践活动，引导学生树立正确的价值观和道德观。同时，学校还应关注学生的审美素养，加强艺术教育，培养学生的审美能力和创造力。

全面发展的教育理念还体现在对评价体系的改革上。传统教育以单一的考试成绩作为评价学生的主要标准，而现代教育则倡导多元化的评价体系，关注学生的全面发展。学校应该采用多种评价方式，包括过程性评价、表现性评价等，全面了解学生的学习情况和成长过程，为他们提供更有针对性的指导和帮助。

二、教师角色在新时代背景下的转变

（一）从知识传授者到学习引导者的转变

在新时代背景下，教师的角色发生了显著的变化。传统的教师角色往往被定义为知识的传授者，而现代教师则逐渐转变为学习引导者。这一转变体现了教育理念的深刻变革，也是对学生主体地位的凸显。

作为学习引导者，教师的首要任务是激发学生的学习兴趣和主动性。他们不再仅仅是向学生灌输知识，而是通过各种教学方法和手段，引导学生主动探索、积极思考。教师需要根据学生的特点和需求，设计富有启发性的教学活动，让学生在轻松愉快的氛围中学习，从而提高学习效果。

此外，学习引导者还需要关注学生的全面发展。他们不仅要关心学生的学业成绩，更要关注学生的身心健康、道德情操和审美素养等方面的发展。教师需要通过与学生的互动交流，了解他们的思想动态和情感需求，为他们提供必要的指导和帮助。

为了实现从知识传授者到学习引导者的转变，教师需要不断提升自己的专业素养和教育能力。他们需要不断更新教育观念，掌握先进的教育方法，提高自己的教学水平和创新能力。同时，教师还需要加强与学生的沟通和合作，建立和谐融洽的师生关系，为学生的学习和成长创造良好的环境。

（二）从课堂管理者到学习伙伴的转变

在新时代背景下，教师的角色不再仅仅是课堂的管理者，而是逐渐转变为学生的学习伙伴。这一转变体现了对学生主体地位的进一步尊重，也是对教师角色定位的深刻调整。

作为学习伙伴，教师需要与学生建立平等、民主、和谐的关系。他们需要尊重学生的个性差异和多元智能，关注学生的情感需求和心理发展，为他们提供个性化的学习支持和帮助。教师需要倾听学生的声音，理解他们的想法和困惑，与他们共同探讨问题、解决问题。

此外，学习伙伴还需要与学生共同学习、共同成长。教师需要不断更新自己的知识和技能，与时俱进地了解社会发展和科技进步的最新动态，以便为学生提供更加精准、有效的学习指导。同时，教师还需要从学生的学习中汲取营养，反思自己的教学实践，不断提高自己的教育水平和专业能力。

这一转变要求教师必须放下身段，以更加开放、包容的心态面对学生。教师需要摒弃传统的权威主义观念，尊重学生的选择和决策，鼓励学生发表自己的观点和意见。同时，教师还需要具备团队合作和协调能力，与其他教师、家长和社会各界共同合作，为学生的全面发展提供有力的支持。

（三）从单一教育者到综合育人者的转变

在新时代背景下，教师的角色已经不再是单一的教育者，而是逐渐转变为综合育人者。这一转变意味着教师需要从更宽广的视角和更全面的维度来关注学生的成长和发展。这要求教师必须具备跨学科的知识和能力，能够整合各种教育资源，为学生提供多元化的学习体验和发展机会。

此外，综合育人者还需要具备创新意识和实践能力。他们需要不断探索新的教育方法和手段，以适应不断变化的社会需求和学生特点。同时，教师还需要积极参与社会实践和社区服务等活动，将教育与社会紧密结合起来，培养学生的社会责任感和使命感。

这一转变要求教师必须不断学习和提升自己的专业素养和综合能力。他们需要关注教育领域的最新动态和研究成果，不断更新自己的教育观念和教学方法。同时，教师还需要加强与其他领域专业人士的合作与交流，共同推动教育的创新和发展。

新时代背景下教师角色的转变体现了对学生主体地位的尊重和对教育全面发展的追求。从知识传授者到学习引导者、从课堂管理者到学习伙伴、从单一教育者到综合育人者的转变，不仅要求教师具备更高的专业素养和综合能力，也为其提供了更广阔的发展空间和更多的职业挑战。

三、新理念指导下教师角色的实践案例

（一）创新教学方式，引领学生主动学习

在新教育理念的指导下，教师们纷纷转变教学方式，从传统的单向传授转变为引导学生主动学习。其中，李老师的实践案例尤为突出。

李老师是一位大学语文教师，她深知传统的教学方式已经无法满足现代学生的需求。因此，她积极探索新的教学方式，通过设计富有启发性的教学活动，激发学生的学习兴趣和主动性。

在教授《红楼梦》这一经典文学作品时，李老师并没有按照传统的方式逐章讲解，而是采用了一种全新的教学方式。她首先组织学生进行小组讨论，让他们自主探讨书中的人物形象、情节发展以及主题思想。在小组讨论的过程中，李老师不断引导学生深入思考，鼓励他们提出自己的观点和见解。

除了小组讨论外，李老师还利用多媒体教学资源，为学生播放了相关的视频片段和音频资料。这些生动形象的资料不仅让学生更加深入了解了作品内容，还激发了他们的学习兴趣和热情。

通过李老师的创新教学方式，学生的学习态度发生了明显的变化。他们不再是被动地接受知识，而是积极主动地参与到学习过程中。这种教学方式不仅提高了学生的学习效果，还培养了他们的创新思维和实践能力。

（二）建立良好师生关系，促进学生全面发展

在新教育理念的指导下，教师不仅注重知识的传授，还关注学生的全面发展。张老师的实践案例充分展示了这一点。

张老师是一位数学教师，她非常注重与学生的沟通和交流。在她的课堂上，学生总是能够感受到一种轻松愉快的氛围。张老师经常与学生进行互动，鼓励他们发表自己的观点和意见。她还经常组织学生进行小组合作学习，让他们在合作中学会沟通和协作。

除了关注学生的学习成绩外，张老师还非常关心学生的身心健康。她经常利用课余时间与学生进行谈心，了解他们的思想动态和情感需求。对于学习困难的学生，张老师总是耐心地给予指导和帮助，让他们感受到教师的关爱和温暖。

在张老师的关心和引导下，学生不仅学习成绩稳步提升，还逐渐形成了良好的道德品质和行为习惯。他们学会了尊重他人、关心他人、乐于助人，成为品学兼优的好学生。

张老师还注重培养学生的创新能力和实践能力。她经常组织学生进行数学实践活动,让学生在实践中学习数学知识,培养他们的创新思维和实践能力。

(三)跨界合作,实现综合育人

在新教育理念的指导下,教师角色的转变也体现在跨界合作方面。通过与其他领域专业人士的合作,教师可以为学生提供更加丰富、多元的学习体验,实现综合育人的目标。

王老师是一位有机化学教师,她意识到科学教育不应局限于课堂,而应与社会实践相结合。因此,她积极与当地的科研机构合作,开展了一系列化学实践活动。

在这些活动中,王老师带领学生参观科研机构,了解最新的化学研究成果和技术应用。他们还与科研人员互动,亲自参与化学实验和研究。这些活动不仅让学生深刻体会到了化学的魅力,还激发了他们对化学研究的兴趣和热情。

除了与科研机构合作外,王老师还与社区、企业等合作,开展了一系列社会实践活动。例如,她组织学生参与环保活动,了解环保知识,培养他们的环保意识;她还带领学生参观企业生产线,了解工业生产流程和技术应用,增强他们的实践能力和社会责任感。

通过跨界合作,王老师成功地将化学教育与社会实践相结合,为学生提供了更加广阔的学习空间和更加丰富的学习体验。学生们在这些活动中不仅学到了知识,还培养了创新思维、实践能力和社会责任感等综合素质。

第二节　以学生为中心的教学设计与实施

一、以学生为中心的教学理念的具体内涵

(一)重塑教学主体

以学生为中心的教学理念强调将学生置于教学活动的中心位置,从学生的学习需求、兴趣和特点出发,设计教学活动和教学方法,以最大限度激发学生的潜能和创造力。这一理念是对传统以教师为中心的教学模式的深刻反思和颠覆,具有重要的理论和实践意义。

首先，以学生为中心的教学理念强调学生的主体性。在传统教学模式中，教师往往扮演着主导者的角色，而学生则处于被动接受知识的地位。然而，以学生为中心的教学理念认为学生是学习的主体，具有独立思考和自主学习的能力。因此，在教学过程中，教师应尊重学生的主体地位，关注学生的需求、兴趣和特点，引导他们积极参与教学活动，主动探索知识，培养他们的自主学习能力和创新精神。

其次，以学生为中心的教学理念注重个性化教学。每个学生都是独一无二的个体，他们具有不同的学习背景、兴趣爱好和学习能力。因此，在教学过程中，教师应深入了解每个学生的特点和需求，为他们提供个性化的学习资源和辅导。例如，教师可以根据学生的兴趣和特长设计不同的学习任务和项目，让他们在自己的领域内发挥优势，展示才华。同时，教师还应关注学生的学习进度和反馈，及时调整教学策略和方法，确保每个学生都能在适合自己的学习环境中取得进步。

再次，以学生为中心的教学理念还强调实践教学的重要性。知识来源于实践，只有通过实践才能真正理解和掌握知识。因此，在教学过程中，教师应注重理论与实践的结合，为学生提供丰富的实践机会和平台。例如，教师可以组织学生进行实地考察、社会调查或实验研究等活动，让他们在亲身参与中体验知识的形成和应用过程。这些实践活动不仅有助于培养学生的实践能力和创新精神，还能增强他们的社会责任感和公民意识。

最后，以学生为中心的教学理念关注学生的全面发展。教育不仅是传授知识，更重要的是培养学生的综合素质和能力。因此，在教学过程中，教师除了关注学生的知识学习外，还应注重培养他们的思想道德品质、情感态度和价值观等方面的发展。通过引导学生参与团队合作、社会服务等活动，培养他们的团队协作能力和社会责任感；通过关注学生的心理健康和情感变化，培养他们的情感表达能力和自我调节能力。

以学生为中心的教学理念的具体内涵包括强调学生的主体性、注重个性化教学、强调实践教学以及关注学生的全面发展等方面。这一理念的实施需要教师转变传统的教学观念和方法，关注学生的需求、兴趣和特点，为他们提供多样化的学习资源和机会。同时，学生也应积极参与教学活动，发挥自己的主动性和创造性，实现自我发展和成长。

（二）深入探索学生需求

以学生为中心的教学理念的核心在于深入探索学生的真实需求，并据此制定精准的教学策略，以实现教学效果的最大化。这一理念强调教学过程中的师生互动和共同参与，致力于构建一个充满活力、富有创造力的学习环境。

首先，深入了解学生的需求是实现精准教学的前提。在教学过程中，教师应通过多种方式了解学生的学习需求、兴趣点和困惑点。这包括但不限于与学生的日常交流、定期的学习反馈以及对学生作业和测试的分析等。通过这些途径，教师可以更加准确地把握学生的学习状况，为后续的教学设计提供有力依据。

其次，基于学生需求的教学设计是实现精准教学的关键。在了解学生需求的基础上，教师应针对学生的个体差异和学习特点，制定个性化的教学方案。例如，对于基础薄弱的学生，教师可以加强基础知识的讲解和练习；对于兴趣浓厚的学生，教师可以引导他们深入探究相关领域的前沿知识；对于实践能力强的学生，教师可以提供更多的实践机会和挑战。

再次，精准教学需要教师在教学过程中灵活调整教学策略。由于学生的学习需求可能会随着时间和情境的变化而变化，因此教师应保持敏锐的洞察力，及时发现学生的学习变化，并据此调整教学策略。例如，当发现学生对某一知识点存在普遍困惑时，教师可以及时组织专题讨论或提供额外的辅导材料；当发现学生的学习兴趣发生转移时，教师可以适时引入新的教学内容或活动，以激发学生的学习兴趣和积极性。

最后，精准教学需要教师注重教学效果的评估和反馈。通过定期的教学评估和反馈，教师可以了解教学效果是否达到预期目标，以及哪些教学环节需要进一步优化和改进。同时，学生也可以通过评估和反馈了解自己的学习情况和进步空间，从而调整自己的学习策略和方法。

以学生为中心的教学理念的具体内涵之一在于深入探索学生的真实需求，并实现精准教学。这需要教师具备敏锐的洞察力、丰富的教学经验和灵活的教学策略，以最大程度满足学生的学习需求并促进他们的全面发展。

（三）构建多元化评价体系

以学生为中心的教学理念强调构建多元化评价体系，旨在全面、客观地评价学生的学习成果和发展情况，从而促进学生全面发展。这一理念是对传统单一评价模式的革新和超越，有助于更加公正、科学地评价学生的综合素质和能力。

首先，多元化评价体系注重评价内容的多元化。除了传统的知识掌握程度评价外，还应包括学生的思维能力、创新能力、实践能力、情感态度和价值观等多方面的评价。这些评价内容涵盖了学生的知识、技能、情感、态度等多个层面，能够更全面地反映学生的综合素质和能力。

其次，多元化评价体系强调评价方式的多样化。传统的评价方式往往以单一的考试为主，难以全面评价学生的能力和潜力。因此，以学生为中心的教学理念提倡采用多种评价方式相结合的方法，如课堂观察、作品展示、项目实践、小组讨论等。这些评价方式能够更直观地展示学生的学习过程和能力表现，有助于教师更准确地评价学生的发展水平。

最后，多元化评价体系还注重评价主体的多元化。除了教师评价外，还应包括学生自评、学生相互评价、家长评价等方式。

二、基于学生需求的教学设计策略

（一）明确学生的学习目标和期望

在高等教育中，明确学生的学习目标和期望是教学成功的第一步。教师需要清晰地传达课程的学习目标，帮助学生了解通过课程学习他们将能够获得什么。这不仅包括具体的知识技能，还应涉及批判性思维、问题解决能力等软技能的培养。教师应根据学生的专业背景、兴趣和未来职业规划，精准设定学习目标。同时，教师需要确保学习目标是具体的、可衡量的，以便学生能够清楚地追踪自己的学习进度，并据此调整学习策略。通过明确学习目标和期望，教师可以更好地设计教学计划和评估方式，而学生也能更有目的地进行学习，从而达到更好的学习效果。

（二）分析学生的先验知识和技能

在教学前，教师需要深入了解学生的先验知识和技能。这包括学生之前学过的相关课程、掌握的基础知识以及他们的学习习惯和兴趣。教师可以通过课前调查、测验或面试等方式来评估学生的先验知识。了解这些信息有助于教师调整教学内容和方法，确保教学既不会过于简单也不会过于复杂，而是能够恰到好处地挑战和拓展学生的认知。此外，对学生的先验知识进行分析还有助于教师发现学生的学习难点和盲点，从而在教学过程中给予更多的指导和帮助。

（三）设计多样化的教学活动和方法

设计多样化的教学活动和方法对于提升学生的学习兴趣和效果至关重要。教师可以通过讲座、讨论、案例分析、实践操作、小组合作等多种形式来丰富教学手段。例如，在课堂上引入辩论、角色扮演或模拟实验等活动，不仅能激发学生的学习兴趣，还能帮助他们从不同角度理解和应用知识。同时，教师还可以利用现代技术，如多媒体教学、在线互动平台等，来增强教学的互动性和趣味性。多样化的教学活动有助于满足不同类型学生的学习需求和风格，从而提高整体的教学效果。

（四）提供及时有效的反馈和评价

在教学过程中，提供及时有效的反馈和评价对学生的学习至关重要。教师可以通过作业批改、课堂小测验、期中期末考试等方式来评估学生的学习进度和效果。同时，教师应定期与学生进行面对面的沟通，了解他们的学习困难和需求，并给予具体的指导和建议。及时有效的反馈能帮助学生认清自己的学习状况，发现自身的优点和不足，从而调整学习策略。此外，教师还可以鼓励学生进行自我评价和同伴评价，培养他们的自主学习能力和批判性思维。通过多元化的评价方式，教师可以更全面地了解学生的学习情况，为后续的教学提供参考。

三、以学生为中心的教学模式的实施与效果评估

（一）实施以学生为中心的教学模式

实施以学生为中心的教学模式是现代教育理念的重要体现，它强调学生在教学过程中的主体地位，鼓励学生主动参与、积极探究，以培养学生的创新精神和实践能力。在这种模式下，教师的教学设计和实施都以学生为中心，关注学生的需求、兴趣和发展。

首先，实施以学生为中心的教学模式需要教师转变传统的教学观念，从以教师为中心转向以学生为中心。教师需要充分了解学生的需求、兴趣和能力水平，根据学生的实际情况制订个性化的教学计划，以满足不同学生的学习需求。

其次，在教学过程中，教师应注重学生的参与和体验。通过设计具有挑战性和探究性的学习任务，激发学生的学习兴趣和动力，鼓励他们主动思考和解决问题。同时，教师还可以采用小组合作学习、角色扮演、案例分析等多样化的教学方法，让学生在互动和合作中掌握知识，提升能力。

再次，实施以学生为中心的教学模式还需要教师注重学生的反馈和评价。教师应及时收集学生的反馈意见，了解他们的学习情况和困难，以便及时调整教学策略，更好地满足学生的学习需求。同时，教师还应鼓励学生进行自我评价和同伴评价，培养他们的自主学习和批判性思维能力。

最后，实施以学生为中心的教学模式需要教师具备较高的专业素养和教育技能。教师需要不断更新教育观念，提高教学设计和实施能力，以便更好地引导学生主动学习、积极探究，实现教育教学的最大效益。

实施以学生为中心的教学模式是现代教育发展的必然趋势，它有助于激发学生的学习兴趣和动力，培养他们的创新精神和实践能力，为他们的全面发展奠定坚实基础。

（二）构建积极的学习环境

构建积极的学习环境对提升学生的学习效果和积极性至关重要。一个积极的学习环境能够激发学生的学习兴趣，使他们更加专注于学习，并鼓励他们主动参与和探索。

首先，为了构建积极的学习环境，教师需要创造一种开放、包容和尊重的课堂氛围。这意味着教师应该鼓励学生自由发表观点、提出问题，并尊重每个学生的想法和贡献。通过建立一个无威胁的学习环境，可以让学生感到安全和自信，从而更愿意参与课堂讨论和活动。

其次，教师应该提供丰富的学习资源和多样化的学习活动，以满足不同学生的学习风格和兴趣。通过使用多媒体、实验器材、互动软件等教学工具，可以增强学生的学习体验，使学习变得更加生动有趣。同时，教师还可以设计项目式学习、实地考察等实践活动，让学生在亲身体验中学习和成长。

再次，教师应该与学生建立良好的师生关系，关注学生的情感需求和学习动机。通过定期的个别辅导、小组讨论和谈心活动，教师可以更好地了解学生的内心世界，帮助他们解决学习和生活中的困惑。一个关爱学生、理解学生的教师，往往能够激发学生的学习兴趣和热情，使他们在学习上更加投入。

最后，教师应该注重培养学生的团队合作精神和自主学习能力。通过组织小组合作学习、角色扮演等互动活动，可以让学生学会相互协作、共同解决问题。同时，教师还可以引导学生制订学习计划、监控学习进度，培养他们的自主学习能力和时间管理能力。

构建积极的学习环境需要教师创造开放包容的课堂氛围，提供丰富多样的学习资源和活动，建立良好的师生关系，并注重培养学生的团队合作精神和自主学习能力。通过这些措施，教师可以为学生打造一个充满活力和创造力的学习环境，促进他们的全面发展。

（三）采用多元化的评价方式

在高等教育中，评价方式对于激励学生的学习、准确衡量他们的学习成果以及提供有针对性的反馈都至关重要。传统的以考试分数为主的评价方式往往过于单一，无法全面反映学生的综合能力。因此，采用多元化的评价方式成为教学改革的重要方向。

多元化的评价方式意味着不仅仅依赖于传统的笔试或期末考试来评判学生的学习成果。它包括多种评价方法和工具，如课堂参与、小组讨论、项目报告、实践操作、口头报告、论文撰写等。这些评价方式可以更全面地反映学生在知识理解、应用技能、创新思维、团队协作等多方面的能力。

首先，教师可以通过课堂参与和小组讨论来评价学生的主动性和团队协作能力。学生在课堂上的积极发言和讨论不仅能展示他们对知识的理解，还能培养他们的沟通能力和批判性思维。

其次，通过项目报告和实践操作可以评价学生将理论知识应用于实际情境的能力。通过完成具体的项目或实践任务，学生可以展示他们的问题解决能力、创新思维和动手能力。

最后，通过口头报告和论文撰写能评价学生的表达能力和逻辑思维。这些评价方式需要学生整合所学知识，进行有条理的分析和阐述，从而培养他们的学术素养和研究能力。

多元化的评价方式还能更好地适应不同学生的学习风格和兴趣。有的学生可能擅长记忆和应试，而有的学生则更善于实践和创新。通过多元化的评价，每个学生都能在适合自己的领域得到认可和激励，从而增强他们的学习动力。

采用多元化的评价方式不仅能更全面地评价学生的学习成果，还能激发他们的学习兴趣和动力，培养他们的综合能力和创新精神。这是现代教育理念下对学生评价方式的重要改进，有助于提高高等教育的质量和效果。

（四）效果评估与持续改进

在高等教育领域，效果评估与持续改进是提升教学质量和满足学生学习需求的关键环节。以下是对这两个方面的详细探讨：

（1）确定评估的具体目标。如学生的学习成果、教师的教学效果、课程设计的合理性等。这些目标应该是具体的、可衡量的，以便为后续评估提供明确的指导。

（2）制定评估指标。根据评估目标，制定合适的评估指标。例如，学生的学习成果可以通过考试成绩、作业质量、课堂参与度等来衡量；教师的教学效果可以通过学生满意度调查、同行评议等方式来评估。

（3）收集数据。通过问卷调查、访谈、观察等方式收集相关的数据。例如，可以向学生发放问卷，了解他们对课程内容和教师教学效果的看法；也可以与教师进行访谈，了解他们在教学中遇到的问题和挑战。

（4）分析数据。对收集到的数据进行统计分析，以得出客观、准确的评估结果。例如，可以对比不同班级或不同教师的教学效果，找出存在差异的原因和改进的方向。

（5）反馈与改进。将评估结果及时反馈给相关人员，以便他们了解自己的表现并作出改进。同时，学校或教学管理部门也可以根据评估结果对教学策略、课程设置等进行调整和优化。

（6）强化流程管理。通过优化教学和管理流程，降低教学过程中的不必要损耗，提高教学效率。例如，可以制订明确的教学计划和课程安排，确保每门课程都有充足的教学资源和时间。

（7）规范教学标准。建立统一的教学标准和要求，确保每位教师都明确自己的教学职责和目标。这有助于提高教学质量和保持教学的一致性。

（8）数据量化与可视化。通过数据量化和可视化的方式展示教学效果和学生的学习进步情况。这可以帮助教师更直观了解自己的教学效果，发现存在的问题并进行改进。

（9）提升教学效率。利用现代教学技术和工具提高教学效率。例如，可以使用在线教育平台进行远程授课、布置作业和进行考试；也可以利用大数据和人工智能技术对学生的学习情况进行分析和预测，以便更精准地进行教学干预。

（10）严谨细致的教学态度。教师应以严谨的态度对待教学工作，认真备课、授课和批改作业。同时，学校也应加强对教师教学质量的监督和考核，确保每位教师都能以高度的责任心投入教学工作中。

第三节 教学反思与持续改进的实践

一、教学反思的方法与技巧

（一）日志记录法

日志记录法是一种有效的教学效果跟踪与反思工具。通过日常记录教学过程中的关键事件、学生的反应、自身的教学方法和感受，教师可以更深入地了解课堂动态，反思教学实践，并据此调整教学策略。

在实施日志记录法时，教师需要留意课堂中的关键细节，如学生的参与度、提问的质量、互动的有效性等，并将这些观察结果记录下来。这种记录不限于文字描述，还可以包括学生的作品、课堂活动的照片或视频等多媒体资料。这些记录对后续的教学反思和改进具有极高的参考价值。

日志记录法的优势在于灵活性和即时性。教师可以随时记录教学中的点滴，不受时间和地点的限制。同时，通过回顾和分析日志，教师可以发现自己的教学盲点和需要改进的地方，从而不断提升教学质量。

然而，日志记录法也存在一定的局限性。首先，它需要教师投入一定的时间和精力进行记录和整理，这可能会增加教师的工作负担。其次，日志记录的主观性较强，可能受到教师个人偏见或情绪的影响。因此，在使用日志记录法时，教师应尽量保持客观中立的态度，并结合其他评估方法进行综合判断。

（二）同行观摩与交流

同行观摩与交流是提升教师教学水平的重要途径。通过观摩其他教师的教学过程，教师可以学习到不同的教学方法和策略，拓宽自己的教学视野。同时，与同行的交流可以促使教师对自己的教学实践进行深入的反思，发现自身存在的问题并寻求改进的方案。

在观摩过程中，教师应重点关注同行的教学策略、课堂管理、学生互动等方面，并尝试从中汲取灵感和经验。观摩后，与同行进行深入的交流和讨论，分享彼此的教学心得和体会，有助于教师之间的相互学习和共同成长。

此外，同行观摩与交流还可以促进教师之间的合作与资源共享。在教学过程中遇到难题时，可以向有经验的同行请教或共同探讨解决方案。这种合作模式不仅有利于提升教师的教学能力，还能增强教师团队的凝聚力和向心力。

然而，同行观摩与交流也可能存在一些挑战。例如，不同教师的教学风格和理念可能存在差异，观摩过程中需要保持开放和尊重的态度。同时，观摩和交流可能会占用教师的时间和精力，需要合理安排和协调。

（三）学生反馈法

学生反馈法是评估教学效果的关键手段之一。通过收集学生对教学过程的意见和建议，教师可以及时了解学生的学习需求和感受，从而调整教学方法和策略以满足学生的期望。

在实施学生反馈法时，教师可以采用问卷调查、小组讨论、个别访谈等多种形式收集学生的反馈意见。这些反馈意见可以帮助教师发现自己的教学优点和不足，为改进教学提供有力的依据。

学生反馈法的优点在于直接性和针对性。学生作为教学过程的直接参与者，他们的反馈往往能更真实地反映教学效果和学生的学习体验。同时，学生反馈还可以激发教师的教学热情和创新精神，促使教师不断改进和完善自己的教学方法。

但需要注意的是，学生反馈可能受到学生个体差异、情感因素等多种因素的影响，因此在收集和分析学生反馈时需要保持客观谨慎的态度，并结合其他评估方法进行综合考量。

日志记录法、同行观摩与交流以及学生反馈法都是提升教学质量和教师专业发展的重要途径。在实际教学过程中，教师应根据具体情况灵活选择和应用这些方法，以全面、客观地评估自己的教学效果并寻求持续改进的方案。同时，这些方法也可以相互补充和支持，共同构成一个完整、系统的教学效果评估与改进体系。

（四）视频回放分析

视频回放分析是一种重要的技术手段，广泛应用于多个领域，包括体育、监控、教学等。通过回放视频，可以深入观察、分析和理解事件或行为，从而作出更准确的判断和决策。以下是对视频回放分析的详细探讨：

1.应用领域

（1）体育领域。在体育比赛中，视频回放常用于慢动作重放精彩片段或争议事件。这有助于观众更全面地欣赏比赛亮点，也有助于裁判更准确地判断争议情况。例如，在足球、篮球等运动中，回放可以帮助确认进球、犯规等关键时刻的细节。

（2）监控领域。公共安全、商业和工业领域广泛应用监控视频回放技术。通过回放监控视频，可以还原事发过程，找到关键线索，助力犯罪调查、事故责任认定等。此外，在商业环境中，回放分析还可以用于了解客户行为、优化产品布局等。

（3）教学领域。在教育环境中，视频回放可以帮助学生和教师回顾课堂内容，加深理解和学习效果。教师也可以通过回放观察学生的课堂表现，以便提供更个性化的指导。

2.技术特点

（1）高清重放。现代视频回放技术通常支持高清甚至 4K 分辨率，确保回放画面的清晰度，便于捕捉和分析细节。

（2）慢速与逐帧播放。通过慢速播放或逐帧播放，观察者可以仔细分析每一瞬间的动作和细节，这对于需要精确判断的场景（如体育比赛中的争议判罚）至关重要。

（3）标注与测量工具。高级的视频回放系统还提供标注和测量工具，允许用户在视频上做标记、测量距离和角度等，以辅助分析。

3.未来发展趋势

（1）智能化分析。随着人工智能技术的发展，未来的视频回放系统可能集成更智能的分析功能，如自动识别关键事件、人物行为分析等。

（2）云存储与共享。云计算技术的应用将使得视频回放更容易存储、访问和共享，便于多方协作和远程分析。

（3）虚拟现实与增强现实融合。借助 VR 和 AR 技术，未来的视频回放可能提供更加沉浸式的观看体验，使得分析者能够更直观地理解事件或行为。

二、教学反思与改进

（一）教学反思的重要性

教学反思是教师专业成长和教学质量提升的关键环节。它不仅是对已完成的教学活动进行回顾和总结，更是一种批判性思考，旨在不断优化教学实践，实现教学效果的最大化。

首先，教学反思有助于教师深入理解教学过程。通过反思，教师可以审视自己的教学理念、方法和策略，分析学生在课堂上的反应和学习成效，从而更全面地了解教学活动的优缺点。这种深入的理解是改进教学的基础。

其次，教学反思能够提升教师的教学能力。在反思过程中，教师会不断发现自身存在的问题和不足，进而调整教学策略，改进教学方法。这种不断学习和调整过程，有助于教师逐步积累教学经验，提升教学技能。

最后，教学反思还有助于促进学生的学习。通过对教学活动的反思，教师可以更好地满足学生的学习需求，调整教学内容和方式，使之更加贴近学生的实际。这有助于提高学生的学习兴趣和积极性，进而促进学生的全面发展。

（二）教学反思的主要内容

教学反思的内容广泛而深入，主要包括以下几个方面：

（1）教学理念反思。教师需要审视自己的教学理念是否符合现代教育的发展趋势，能否满足学生的学习需求。例如，是否注重学生的主体性，是否关注学生的全面发展，是否重视创新能力和批判性思维的培养等。

（2）教学目标反思。教师应反思教学目标的设定是否合理、明确，并能够指导教学实践。同时，还需要考虑教学目标是否与学生的实际情况和学习需求相匹配。

（3）教学内容反思。教师需要反思教学内容的选择是否恰当，是否具有时代性、科学性和趣味性。同时，还需要关注教学内容的深度和广度是否适中，能否激发学生的学习兴趣和求知欲。

（4）教学方法反思。教师应审视自己采用的教学方法是否有效，能否促进学生的主动学习和探究。例如，是否运用了多样化的教学方法，如小组讨论、案例分析等，来提高学生的参与度和学习效果。

（5）教学评价反思。教师需要反思教学评价的方式和标准是否科学、合理，是否能够真实反映学生的学习成果和进步。同时，还需要关注评价结果的反馈和运用，以便及时调整教学策略，帮助学生改进学习。

（三）教学改进的措施与实践

基于教学反思的结果，教师需要采取切实有效的措施来改进教学实践。以下是一些建议和实践方法：

（1）更新教学理念。教师应关注现代教育的发展趋势，不断更新教学理念，注重学生的主体性、全面性和创新性发展。同时，还需要关注学生的个体差异和多元化需求，提供个性化的教学支持。

（2）优化教学目标。根据教学反思的结果，教师应调整教学目标，使之更加明确、具体和可操作。同时，还需要确保教学目标与学生的实际情况和学习需求相匹配，激发学生的学习动力和兴趣。

（3）丰富教学内容。教师应选择具有时代性、科学性和趣味性的教学内容，关注学生的兴趣和需求。同时，还可以通过引入实际案例、开展实践活动等方式，增强教学内容的实用性和可操作性。

（4）创新教学方法。教师应尝试运用多样化的教学方法，如项目式学习、翻转课堂等，来提高学生的参与度和学习效果。同时，还需要关注学生的学习风格和特点，提供个性化的学习支持和服务。

（5）完善教学评价。教师应建立科学、合理的教学评价体系，关注学生的全面发展。同时，还需要注重评价结果的反馈和运用，帮助学生认识自己的学习成果和不足，制订针对性的改进计划。

第四节　跨学科融合的教学实践分析

一、跨学科融合教学的理念与实践

（一）跨学科融合教学的核心理念

跨学科融合教学的核心理念是"整体观"。这种教学理念强调教师应从整体的角度来设计教学内容和活动，使学生能够把握学科的核心概念和基本原理，从而更好地理解和运用知识。它打破了传统学科教学的界限，不再只关注学科的细节和难点，而是将不同学科的知识和技能进行整合，形成一种更具综合性和应用性的学习体验。

（二）跨学科融合教学的实践意义

跨学科融合教学的实践意义主要体现在以下几个方面：

（1）提高学习效果。通过整合不同学科的学习内容，学生能够更全面地理解知识，从而提高学习效果。例如，在学习环境保护时，融合地理、生物、化学等多个学科的知识，可以帮助学生更深入地理解环境问题的本质和解决方案。

（2）增强解决问题的能力。跨学科融合教学能够让学生面对更复杂的问题，提高解决问题的能力和创新思维。学生会将不同学科的知识融合在一起，以更全面的视角分析和解决问题。

（3）培养综合素质。跨学科融合教学有助于培养学生的综合素质，使他们能够适应未来的发展需求。通过学习和实践，学生不仅掌握了自己专业领域的知识，还了解了其他学科的发展趋势和应用场景。

（4）促进不同领域的交流和合作。跨学科融合教学可以推动不同领域的交流和合作，为解决复杂的社会问题提供全面和综合的解决方案。这种教学模式有助于培养学生的团队协作精神，提高他们的沟通能力和协作能力。

（三）跨学科融合教学的实施策略

在实施跨学科融合教学时，可以采取以下策略：

（1）确定跨学科主题。选择能够连接不同学科知识和技能的跨学科主题，如环境保护、全球变暖等。这些主题应具有现实意义和探究价值，能激发学生的学习兴趣和探究欲望。

（2）设计综合性学习活动。围绕跨学科主题设计一系列综合性的学习活动，如实地考察、项目式学习、综合性实验等。这些活动应能帮助学生深入理解跨学科知识，并提高他们的实践能力。

（3）利用现代技术资源。积极利用现代技术资源，如在线协作平台、虚拟现实技术等，为跨学科教学提供丰富的资源和工具支持。这些技术可以帮助学生更好地进行探究学习，提高他们的学习效果。

（4）促进学科间的对话和合作。鼓励不同学科的教师之间进行对话和合作，共同设计和实施跨学科的教学计划。通过教师之间的交流和合作，可以打破学科壁垒，实现知识的有效整合。

（5）评估和反思。对跨学科融合教学进行持续的评估和反思，以确保教学活动能够有效地促进学生学习。教师可以通过观察、访谈、问卷调查等方式收集反馈信息，并根据这些信息及时调整教学策略。

（四）跨学科融合教学

跨学科融合教学是一种创新的教学策略，旨在通过整合不同学科的知识和技能来提高学生的综合素养和创新能力。这种教学模式要求教师从整体的角度来设计教学内容和活动，使学生能够全面理解知识并提高学习效果。同时，跨学科融合教学也有助于培养学生的批判性思维和创新能力，为他们未来的职业发展做好准备。

为了实施跨学科融合教学，教师需要掌握一定的教学策略和技巧。例如，教师可以利用项目式学习、情境创设、小组合作学习等方法来激发学生的学习兴趣和探究欲望。此外，教师还需要不断学习和更新自己的知识体系，以适应跨学科融合教学的需求。

在实施跨学科融合教学时，教师还需要注意以下几点：首先，要确保所选的跨学科主题具有现实意义和探究价值；其次，要设计综合性学习活动，帮助学生深入理解跨学科知识；最后，要对教学活动进行持续的评估和反思，以确保教学效果的有效性。

二、典型跨学科教学创新分析

（一）STEM 教育理念下的跨学科教学

STEM 教育是将科学（science）、技术（technology）、工程（engineering）和数学（mathematics）相结合的教育理念，以问题解决为导向，通过跨学科的教学方式，培养学生的创新思维和实践能力。在 STEM 教育理念下，跨学科教学成为一种重要的教学模式。

跨学科教学在 STEM 教育理念中扮演着至关重要的角色。通过将不同学科的知识进行整合，学生能够在解决实际问题时，综合运用各种知识和技能，从而提高解决问题的能力。例如，在科学课程中，学生可以通过实验和探究，理解科学原理；在技术课程中，学生可以学习如何运用技术工具解决问题；在工程课程中，学生可以了解如何设计和制造产品；在数学课程中，学生可以掌握数学知识和方法。这些不同学科的知识和技能在跨学科教学中得到了有机的结合，使学生能够更全面地理解世界，提高解决问题的效率。

（二）艺术与科技的跨学科结合

艺术与科技的跨学科结合是当代社会发展的一个趋势。艺术与科技相互促进，共同推动了人类文明的进步。在艺术领域，科技为艺术创作提供了更多的可能性和手段。例如，数字艺术、虚拟现实艺术等新兴艺术形式，都是科技与艺术结合的产物。这些艺术形式不仅丰富了艺术的表现手法，还为观众带来了全新的体验。

同时，艺术也对科技的发展产生了积极的影响。艺术的想象力和创造力为科技创新提供了灵感和动力。许多科学家和工程师都从艺术作品中汲取灵感，将艺术的元素融入科技产品中，使科技产品更加人性化和美观。

艺术与科技的跨学科结合不仅推动了艺术与科技领域的发展，还对社会产生了深远的影响。这种结合使得艺术与科技更加贴近人们的生活，提高了人们的生活质量。

（三）人文与社会科学的跨学科整合

人文与社会科学是研究人类社会、文化、历史、政治、经济等方面的学科。这些学科之间有着密切的联系并相互影响。跨学科整合人文与社会科学，有助于学生更全面地理解人类社会的发展和演变。

在人文与社会科学的跨学科整合中，不同学科之间的交叉和融合是非常重要的。例如，历史学可以与政治学、社会学等学科进行整合，探讨历史事件背后的政治、经济和社会因素；文学可以与心理学、哲学等学科进行整合，分析文学作品中的心理现象和哲学思想。这种跨学科整合不仅有助于学生更深入地理解人文与社会科学的各个领域，还能为学生提供更广阔的视野和思考问题的角度。

（四）环境与可持续发展的跨学科研究

环境与可持续发展是当前社会面临的重要问题之一。跨学科研究在解决环境问题和实现可持续发展方面具有重要意义。环境问题涉及自然科学、社会科学、经济学等多个领域，需要不同学科的知识和方法进行综合研究。

在环境与可持续发展的跨学科研究中，自然科学可以提供环境问题的成因和解决方案；社会科学可以分析环境问题与社会发展的关系；经济学可以评估环境保护与经济发展的平衡问题。这些不同学科的知识和方法在跨学科研究中得到了充分的利用和发挥，为解决环境问题和实现可持续发展提供了有力的支持。

三、跨学科融合教学的挑战与对策

（一）跨学科融合教学的障碍：学科壁垒的挑战

跨学科融合教学虽然理念先进，但在实际操作中却面临着学科壁垒的挑战。这些壁垒主要来自传统的学科划分和教育体制。在长期的教育实践中，学科之间形成了明确的界限，每个学科都有其独特的理论体系和研究方法。这种划分虽然有利于学科的深入发展，但也造成了学科之间的隔阂，使得不同学科的教师和学生难以进行有效的交流和合作。

学科壁垒的存在，使得跨学科融合教学的实施变得困难重重。首先，不同学科的教师往往对自己的学科有着深厚的情感和认同感，他们可能不愿意打破自己的学科界限，不愿意与其他学科进行融合。其次，即使教师愿意尝试跨学科教学，他们也可能缺乏对其他学科的了解和认识，难以找到合适的融合点。最后，学生在长期接受分科教学后，也可能难以适应跨学科的学习方式，需要时间来调整。

（二）资源整合难题：跨学科教学的资源困境

除了学科壁垒外，跨学科融合教学还面临着资源整合的难题。跨学科教学需要大量的教学资源，包括教材、实验设备、教学软件等。然而，由于学科之间的差异和隔阂，这些资源往往分散在各个学科领域中，难以进行有效的整合和利用。

同时，跨学科教学还需要教师具备跨学科的知识和技能。然而，目前的教育体制和师资培养模式还难以完全满足这一需求。许多教师只熟悉自己所学的专业领域，对其他学科的知识和技能了解有限，这也给跨学科教学的资源整合带来了困难。

（三）师资力量不足：跨学科教学面临的专业挑战

跨学科融合教学的实施需要教师具备跨学科的知识和能力。然而，目前具备这种能力的教师相对较少，这成为跨学科教学面临的一个重要挑战。传统的师资培养和评价体系往往侧重于单一学科的知识和技能，导致许多教师缺乏跨学科的教学经验和实践能力。

此外，跨学科教学还需要教师具备创新精神和开放思维，能够不断探索和尝试新的教学方法和手段。然而，由于教育体制的限制和传统观念的束缚，许多教师可能缺乏这种创新精神，难以适应跨学科教学的需求。

（四）应对策略探讨：如何有效推进跨学科融合教学

有效推进跨学科融合教学可以从以下几个方面入手：

（1）打破学科壁垒，促进学科交流和合作。学校和教育部门应该鼓励不同学科之间的交流和合作，为教师提供跨学科的学习和培训机会，帮助他们了解其他学科的知识和教学方法。同时，学校还可以设立跨学科的研究项目和教学团队，促进不同学科之间的深度合作。

（2）加强资源整合，建立共享资源平台。学校和教育部门应该加强资源整合，建立跨学科的教学资源库和共享平台。通过集中采购、统一管理和共享使用的方式，提高教学资源的利用效率。同时，还可以利用现代信息技术手段，如云计算、大数据等，实现教学资源的在线共享和协作。

（3）加强师资队伍建设，提高教师的跨学科能力。学校和教育部门应该加强师资队伍建设，培养一批具备跨学科知识和能力的优秀教师。可以通过定期的培训、研讨和交流活动，提高教师的跨学科素养和实践能力。同时，还可以建立激励机制，鼓励教师积极参与跨学科的教学和研究工作。

（4）改革教育体制和评价机制。为了从根本上解决跨学科融合教学的障碍，还需要改革现有的教育体制和评价机制。应该建立更加灵活和开放的教育体系，允许和鼓励教师进行跨学科的教学和研究工作。同时，还应该建立科学的评价机制，对教师的跨学科教学成果给予充分的认可和奖励。

第五节　信息化技术在教学中的应用与探索

一、信息化教学技术的现状与趋势

（一）信息化教学技术：当前状态与未来方向

随着信息技术的迅猛发展，信息化教学技术已成为教育领域的重要变革力量。目前，信息化教学技术已经渗透到教育教学的各个环节，极大地丰富了教学手段，提高了教学效果。从多媒体课件到在线课程，从虚拟实验室到智能教学系统，信息化教学技术为学生提供了更加生动、形象、直观的学习体验。

然而，当前信息化教学技术的发展也存在一些问题。首先，技术应用的不平衡性仍然突出，一些地区和学校由于经济条件、师资力量等因素的限制，信息化教学技术的应用程度并不高。其次，信息化教学资源的整合与共享机制尚不完善，导致大量优质资源无法得到充分利用。最后，随着技术的不断更新换代，教师需要不断学习和适应新技术，这无疑增加了他们的教学负担。

面对这些问题，未来信息化教学技术的发展方向应聚焦于以下几个方面：加强技术的普及与推广，努力消除技术应用的不平衡性；建立完善的资源整合与共享机制，促进优质教学资源的有效利用；提高教师的技术应用能力，通过培训、实践等方式帮助他们更好地运用信息化教学技术；不断探索和创新信息化教学手段和方法，以适应新时代教育的需求。

（二）数字化浪潮下的教学技术革新

在数字化浪潮的推动下，教学技术正经历着前所未有的革新。数字化技术的引入不仅改变了传统的教学方式，还为教育带来了更多的可能性和创新空间。

数字化浪潮下的教学技术革新主要体现在以下几个方面：首先，多媒体技术的应用使得教学内容更加生动、形象，提高了学生的学习兴趣和积极性。例如，通过动画、视频等形式展示抽象的概念和原理，有助于学生更好地理解和掌握。其次，在线教学平台的兴起打破了时间和空间的限制，使得学生可以随时随地进行学习。这种灵活的学习方式不仅方便了学生，也提高了教学资源的利用效率。此外，VR 和 AR 等技术的引入，为学生提供了更加真实、沉浸式的学习体验。通过这些技术，学生可以更加直观地了解知识背后的原理和实际应用，从而加深对知识的理解。

然而，数字化浪潮下的教学技术革新也面临一些挑战。例如，如何保证在线教学的质量和效果、如何平衡技术与人文教育的关系等都是需要深入思考的问题。因此，在推进数字化教学技术革新的同时，也需要关注这些挑战并积极寻求解决方案。

（三）信息化教学技术的最新发展动态

信息化教学技术近年来呈现出多种新的发展动态，这些发展不仅推动了教育的创新和进步，还为教师和学生提供了更为丰富、多样的学习工具和方法。

人工智能技术在教学中的应用日益广泛。智能辅助教学系统能够根据学生的学习情况提供个性化的学习建议和反馈，帮助学生更有效地掌握知识。同时，虚拟现实和增强现实技术也在教育领域展现出巨大的潜力。这些技术能够为学生创造出身临其境的学习环境，提高学习的趣味性和实效性。

在线教育和远程学习已经成为新的趋势。在线教育平台不仅提供了丰富的教学资源，还能让学生随时随地进行学习，打破了时间和空间的限制。

此外，大数据和云计算等技术也在推动教育信息化的发展。通过收集和分析学生的学习数据，教师可以更准确地了解学生的学习情况，从而进行更有针对性的教学。

（四）从现状看未来：信息化教学技术趋势分析

基于当前信息化教学技术的发展现状，对未来趋势进行如下分析：

（1）个性化教学将更加普及。随着大数据和人工智能技术的不断发展，未来信息化教学将更加注重个性化。系统能够根据学生的学习历史、能力、兴趣等多维度数据，为每个学生提供定制化的学习路径和资源，从而实现真正的因材施教。

（2）混合式学习模式将成主流。结合线上和线下的教学方式，使学生在任何环境下都能进行有效学习。未来，这种混合式学习模式将更加普遍，学生可以在课堂上进行面对面的学习和讨论，同时利用在线资源进行自主学习和巩固。

（3）虚拟现实和增强现实技术广泛应用。VR 和 AR 技术能够为学生提供沉浸式的学习体验，帮助他们更好地理解和掌握复杂的概念。未来，这些技术将在更多学科领域得到应用，成为提升教学效果的重要工具。

（4）智能教育机器人辅助教学。智能教育机器人能够为学生提供个性化的辅导和学习支持。未来，这些机器人将更加智能化和人性化，成为学生学习过程中的得力助手。

（5）全球教育资源共享。借助互联网的力量，全球优质的教育资源将被更加广泛地共享和利用。学生可以跨越地域限制，接触到世界各地的优秀课程和教师，从而拓宽学习视野。

信息化教学技术的未来发展将更加注重个性化，混合式学习、虚拟现实和增强现实技术的应用、智能教育机器人的辅助以及全球教育资源的共享，将为教育领域带来更多的创新和可能性，为学生的全面发展提供有力支持。

二、信息化技术在课堂教学中的应用实例

（一）信息化技术赋能课堂：应用实例解析

在科技日新月异的今天,信息化技术已经深刻改变了人们的生活和工作方式,教育领域也不例外。信息化技术的引入,不仅让课堂教学更加生动有趣,还极大地提高了教学效率和质量。下面通过几个应用实例,来解析信息化技术是如何赋能课堂的。

实例一：多媒体辅助教学。在课堂教学中,教师可以通过使用多媒体课件,将文字、图片、视频等多种信息形式融合在一起,使得抽象的知识点变得生动且易于理解。例如,在地理课上,教师可以通过展示地理景观的图片和视频,让学生更加直观地了解地形地貌;在历史课上,教师可以通过播放历史事件的影像资料,让学生更加深入地了解历史背景和人物故事。

实例二：在线互动学习平台。借助在线学习平台,教师可以发布学习任务、作业和测试,学生则可以在线提交作业、查看成绩和反馈。这种平台不仅方便了教师的教学管理,也使得学生的学习更加灵活自主。同时,平台上的在线讨论功能还可以促进学生之间的交流和合作,营造良好的学习氛围。

实例三：VR 技术在课堂中的应用。VR 技术可以为学生创造出身临其境的学习环境,让他们在虚拟的空间中进行实践操作和探究学习。例如,在科学课上,教师可以利用 VR 技术模拟实验操作过程,让学生在虚拟实验室中进行科学探究;在历史课上,教师可以利用 VR 技术重现历史事件场景,让学生在虚拟的历史环境中感受历史的魅力。

通过这些实例,可以看到信息化技术在课堂教学中的巨大潜力。它不仅丰富了教学手段和资源,还提高了学生的学习兴趣和积极性。未来,随着技术的不断进步和应用场景的拓展,信息化技术将在课堂教学中发挥更加重要的作用。

（二）课堂教学中信息化技术的实战案例

在现代课堂教学中,信息化技术的应用已经成为提升教学效果和学生学习体验的重要手段。以下几个实战案例展示了信息化技术如何在具体的课堂教学场景中发挥作用。

案例一：在物理课堂上,教师利用交互式电子白板进行授课。通过电子白板,教师能够实时展示物理实验的动态过程,让学生在观察中学习物理原理和公式。

同时，教师还可以利用电子白板的批注和编辑功能，对重点内容进行强调和解释，帮助学生更好地理解和掌握。

案例二：在英语课堂上，教师利用智能语音助手进行口语练习。智能语音助手能够识别学生的发音并给出反馈，帮助学生纠正发音错误，提高口语表达能力。此外，教师还可以通过智能语音助手发布口语作业，让学生在家里也能进行口语练习，巩固课堂所学知识。

案例三：在数学课堂上，教师使用在线教育平台进行数学教学。通过平台上的互动游戏和在线练习题，教师能够激发学生的学习兴趣，让他们在轻松愉快的氛围中学习数学。同时，平台还能够实时记录学生的学习进度和成绩，帮助教师及时了解学生的学习情况，进行针对性的指导。

这些实战案例表明，信息化技术在课堂教学中具有广泛的应用前景。通过合理利用这些技术，教师能够创造出生动有趣的学习环境，提高学生的学习兴趣和积极性，从而提升教学效果。

（三）信息化技术在课堂：创新教学实践

随着信息化技术的不断发展，其在教育领域的应用也日益广泛。在课堂教学中，信息化技术为创新教学实践提供了有力支持，使得教学方式更加多样化、个性化。

一方面，信息化技术为课堂教学提供了丰富的教学资源和工具。例如，教师可以通过网络资源获取各种教学素材，利用多媒体教学软件制作生动的课件，从而激发学生的学习兴趣。此外，教师还可以利用在线测试和作业系统，及时了解学生的学习情况，调整教学策略。

另一方面，信息化技术也为课堂教学带来了全新的互动模式。例如，利用电子白板、触摸屏等设备，教师可以与学生进行实时互动，提高学生的参与度和学习效果。同时，教师还可以利用网络平台，组织学生进行在线讨论和协作，培养学生的团队合作精神和自主学习能力。

在创新教学实践中，教师需要不断学习和掌握新的信息化技术，将其巧妙地融入课堂教学中。例如，教师可以尝试利用虚拟现实技术为学生创建逼真的学习环境，让他们通过亲身体验来加深对知识的理解。此外，教师还可以利用大数据和人工智能技术，对学生的学习数据进行分析和挖掘，为每个学生提供个性化的学习建议和资源。

（四）数字课堂新体验：信息化技术应用案例

在数字课堂的新时代背景下，信息化技术为学生带来了前所未有的学习体验。以下应用案例展示了信息化技术如何改变我们的学习方式。

案例一：智能语音识别技术在语言学习中的应用。在英语、语文等语言类课程中，智能语音识别技术能够实时识别学生的发音，并给予准确的反馈。这不仅帮助学生及时纠正发音错误，还能让他们更加自信地开口说话。通过与系统的互动，学生在轻松愉快的氛围中提高了语言表达能力。

案例二：虚拟现实技术在科学课程中的应用。在科学课上，VR 技术为学生创造了一个身临其境的虚拟实验室。学生可以通过头戴设备进入这个虚拟世界，亲手进行各种科学实验，观察化学反应、物理现象等。这种沉浸式的学习方式让学生更加直观地理解科学原理，提高了学习效果和兴趣。

案例三：在线协作工具在团队项目中的应用。在一些需要团队合作的课程项目中，学生可以利用在线协作工具进行实时沟通和文件共享。这些工具不仅提高了团队之间的沟通效率，还能让学生随时随地参与到项目中来，打破了时间和空间的限制。通过这种方式，学生不仅提升了团队协作能力，还培养了跨文化沟通的技巧。

这些案例展示了信息化技术在数字课堂中的广泛应用和深远影响。随着技术的不断进步和创新，未来的数字课堂将会更加智能化、个性化，为学生提供更加丰富多彩的学习体验。

三、信息化教学技术创新与效果评估

（一）信息化教学技术创新路径与效果探索

随着信息技术的迅猛发展，信息化教学技术已成为教育领域的重要创新力量。为了有效提升教学质量，众多教育工作者和技术专家不断探索信息化教学技术的创新路径，并对其效果进行深入分析。

在创新路径上，可以从多个维度进行探索。

首先，教学理念的创新。将信息技术与教学深度融合，打破传统的教学模式，实现以学生为中心的教学理念。

其次，教学资源的创新。利用信息技术整合全球优质教学资源，为学生提供丰富、多样的学习内容。

最后，教学手段的创新。借助多媒体、网络等技术手段，实现教学的互动性和趣味性，提高学生的学习兴趣和参与度。

在效果探索方面，信息化教学技术的创新带来了显著的教学效果提升。

首先，学生的学习积极性得到显著提高。信息技术的引入使得学习变得更加生动、有趣，激发了学生的学习热情。

其次，学生的自主学习能力得到提升。信息技术为学生提供了自主学习的平台和资源，培养了学生的自主学习能力。

最后，学生的创新意识和实践能力得到增强。信息技术的运用鼓励学生进行探索和创新，提高了学生的创新意识和实践能力。

（二）创新实践下的信息化教学效果评估

随着信息化教学技术的不断创新与实践，对其教学效果的评估显得尤为重要。科学的评估体系不仅有助于了解技术的实际应用效果，还能为教育决策者提供有力的数据支持，进一步推动教育信息化的发展。

在创新实践下，信息化教学效果的评估可以从两个维度进行。首先是学生的学习成绩提升情况。通过对比使用信息化教学技术前后的学生成绩变化，可以直观地反映出技术的教学效果。其次是学生的学习态度和兴趣变化。通过观察学生对待学习的积极性和参与度，以及他们在课堂上的表现，可以评估信息化教学技术对学生学习态度和兴趣的影响。

除了以上两个维度，还可以从教师的教学体验、教学资源的利用效率以及技术应用的广泛性和可持续性等方面进行评估。例如，通过调查问卷、访谈等方式收集教师对信息化教学技术的使用体验和反馈，了解技术在教学中的实际效果和存在的问题。同时，对教学资源的利用效率进行评估，可以判断信息化教学技术是否真正提高了教学资源的利用率，避免了资源的浪费。

（三）信息化教学技术创新及其影响力评价

信息化教学技术创新是推动现代教育发展的重要动力之一。随着科技的不断进步，这些创新不仅改变了教学方式，还提高了教学效果，对学生、教师乃至整个教育系统产生了深远的影响。

近年来，信息化教学技术创新层出不穷，如智能教学系统、在线教育平台、虚拟现实和增强现实技术教学应用等。这些技术创新为教学提供了更多可能性，使得教学更加个性化，互动性和趣味性更强。

对于信息化教学技术创新的影响力评价，可以从多个方面展开。首先，对学生而言，这些创新提高了学习效果和学习兴趣。例如，通过智能教学系统，学生可以更高效地获取知识，提升自主学习能力。其次，对教师而言，信息化教学技术创新减轻了教学负担，提高了教学效率。教师可以通过在线教育平台进行远程授课，扩大教学范围，同时利用大数据和人工智能技术来分析学生的学习情况，提供更有针对性的指导。

此外，信息化教学技术创新还对整个教育系统产生了积极影响。它促进了教育资源的共享和均衡分配，推动了教育的公平性和普及性。同时，这些创新也引发了教育理念和教学方法的变革，推动了教育系统的持续进步和发展。

（四）技术革新与评估：信息化教学的双赢策略

在信息化教学的浪潮中，技术革新与评估成为推动教育质量和效果不断提升的关键要素。这两者相辅相成，构成了一种双赢的策略。

技术革新为信息化教学提供了强大的动力。多媒体技术的引入使得教学内容更加生动丰富，网络技术的应用则打破了时间和空间的限制，实现了远程教学和资源共享。而人工智能、大数据等新兴技术的融入，更是为个性化教学和精准评估提供了可能。这些技术革新不仅提升了教学的趣味性和互动性，也大大提高了教学效果和学习体验。

与此同时，对信息化教学效果的评估也是至关重要的。科学的评估体系能够帮助我们全面、客观地了解教学的实际效果，发现存在的问题和不足，从而指导我们进行针对性的改进。评估的过程也是对教师教学能力和学生学习成果的检验，有助于提升教与学的质量。

技术革新与评估的紧密结合，形成了一种良性的循环。技术革新推动教学效果的提升，而评估则为我们提供了改进的方向和目标。这种双赢策略不仅促进了信息化教学的深入发展，也为培养高素质人才奠定了坚实的基础。在未来，我们将继续探索这种策略的实施路径，以期在信息化教学的道路上走得更远、更稳。

第三章　高校教师科研能力的提升策略

第一节　科研能力与教师职业发展的关系

一、科研能力对教师个人成长的影响

（一）科研能力：教师个人成长的助推器

在当今的教育环境中，教师的科研能力日益成为个人成长的重要助推器。科研能力，简而言之，就是教师进行科学研究的能力，它涵盖了发现问题、提出问题、分析问题和解决问题的能力。对教师而言，具备科研能力意味着能够更好地理解教育内容，更深入地探索教育规律，更有效地解决教育实践中遇到的问题。

首先，科研能力有助于教师形成系统的教育理念。在教育科研的过程中，教师需要对教育现象进行深入观察和思考，这有助于他们形成对教育问题的独到见解，进而构建出符合自己教学实践的教育理念。

其次，科研能力能够提升教师的教学水平。通过科研，教师可以更深入地了解学科知识，掌握教学规律，从而提升自己的教学效果。同时，科研还能帮助教师不断优化教学方法，使教学更加符合学生的学习需求。

最后，科研能力还能促进教师的自我更新和持续发展。在教育科研的过程中，教师需要不断学习新知识、新技能，以适应不断变化的教育环境。这种持续的学习过程有助于教师保持敏锐的教育触觉，不断提升自己的专业素养。

（二）科研助力教师专业素养的提升

教师的专业素养是其职业生涯发展的基石，而科研活动则是提升这一素养的重要途径。通过参与科研工作，教师可以更深入地了解学科前沿动态，拓宽知识视野，从而提高教学质量和水平。

首先，科研活动能够促使教师不断更新知识结构，紧跟学科发展步伐。在教育科研的过程中，教师需要关注最新的研究成果和教育理念，这有助于他们及时将新知识、新观点融入自己的教学，使教学内容更加丰富多彩、更具时代感。

其次，科研活动能够提升教师的教学研究能力。通过参与课题研究、撰写学术论文等活动，教师可以学会如何运用科学的方法来分析教学问题、总结教学经验，并将这些成果转化为实际的教学策略和方法。这不仅有助于提高教学质量，还能为教师的职业发展奠定坚实的基础。

最后，科研活动还能增强教师的创新意识和实践能力。在教育科研的过程中，教师需要不断探索新的研究领域、提出新的研究问题，并尝试用创新性的方法来解决这些问题。这种创新意识和实践能力对教师的专业素养提升具有重要意义。

（三）教师在科研中锻炼解决问题的能力

科研活动不仅是探索未知领域的过程，更是锻炼教师解决问题能力的重要途径。在科研过程中，教师会遇到各种问题，如实验设计的合理性、数据收集的可靠性、研究结果的解释等。面对这些问题，教师需要运用自己的专业知识和科研技能，寻找解决问题的策略和方法。

首先，科研活动能够帮助教师提高分析问题的能力。在科研过程中，教师需要对研究问题进行深入分析和思考，明确问题的本质和关键要素。这种分析问题的能力不仅有助于教师更好地理解研究问题，还能为解决问题提供有力的支持。

其次，科研活动能够锻炼教师的实践能力。在解决问题的过程中，教师需要运用各种科研方法和技能进行实际操作和实践。这种实践能力不仅有助于教师解决当前的问题，还能为未来的教学和科研工作积累宝贵的经验。

最后，科研活动还能培养教师的团队合作精神和沟通协调能力。在科研过程中，教师需要与团队成员进行有效的沟通和协作，共同解决问题。这种团队合作精神和沟通协调能力对教师未来的职业发展具有重要意义。

（四）科研活动对教师创新精神的培育作用

科研活动作为教师职业发展的重要组成部分，对培育教师的创新精神具有显著作用。创新精神是现代教育所倡导的核心素养之一，它要求教师能够勇于探索未知领域，敢于挑战传统观念，以新的视角和方法来解决问题。

首先，科研活动为教师提供了一个广阔的创新平台。在这个平台上，教师可以自由选择研究方向、设计实验方案、探索新的教育方法和手段。这种自主性和灵活性有助于激发教师的创新思维和创造力。

其次，科研活动鼓励教师不断尝试和迭代自己的想法。在科研过程中，教师会遇到各种挑战和困难，但正是这些挑战和困难促使他们不断思考、尝试和改进。这种不断迭代的过程有助于培养教师的创新意识和实践能力。

最后，科研活动的成果展示和交流也能激发教师的创新精神。当教师将自己的研究成果展示给同行或学生时，他们会收到来自不同角度的反馈和建议。这些反馈和建议有助于教师拓宽思路、发现新的研究点和创新方向。

二、科研能力与教师职称晋升的关联

（一）科研能力：教师职称晋升的关键因素

在教师职称晋升的评审中，科研能力被看作衡量一个教师专业素养和综合能力的重要指标。随着教育改革的不断深化，教师的科研能力越来越被重视，它已经成为教师职称晋升的关键因素。

教师的科研能力主要体现在发现问题、分析问题和解决问题的能力上。一个具有强科研能力的教师，能够敏锐地捕捉到教育实践中的问题，运用科学的方法进行深入的研究，最终提出有针对性的解决方案。这种能力不仅有助于提升教师的教学质量，还能够推动学校的教育教学改革。

在教师职称晋升的评审中，评委们通常会关注教师在科研方面的成果和贡献。如果教师能够在科研领域取得显著的成果，如发表学术论文、参与课题研究、获得科研奖励等，无疑会大大增加其在职称晋升中的竞争力。

因此，对于希望在职称上有所晋升的教师来说，提升自身的科研能力是至关重要的。教师应该积极参与科研项目，不断积累研究经验，提高自己的科研素养，为职称晋升打下坚实的基础。

（二）科研成果在教师职称评审中的重要性

在教师职称评审中，科研成果的重要性不言而喻。科研成果不仅体现了教师的专业能力和学术水平，更是评审专家们衡量教师是否具备晋升资格的重要依据。

首先，科研成果是教师学术能力的直接体现。教师通过开展科学研究，能够深入探索教育领域的问题，提出新的理论或实践方法，从而推动学科的发展。这些研究成果以学术论文、专著、专利等形式呈现，充分展示了教师在专业领域内的造诣。

其次，科研成果在教师职称评审中具有明确的量化指标。评审专家们通常会根据教师发表的论文数量、质量以及被引用次数等来衡量其科研水平。这些量化指标为教师职称评审提供了客观、可操作的依据。

最后，科研成果还能够反映教师对学术界的贡献。教师通过分享自己的研究成果，能够为同行提供有益的参考和借鉴，推动整个学术领域的进步。这种贡献也是评审专家们所看重的。

（三）如何通过科研提升专业水平以获得职称晋升

科研不仅是教师探索未知领域、推动学科发展的重要途径，也是提升教师自身专业水平、获得职称晋升的关键因素。那么，如何通过科研来提升专业水平以获得职称晋升呢？

首先，教师需要选定适合自己的研究方向。这通常需要教师对自己的专业领域有深入的了解，能够发现并解决该领域中的实际问题。研究方向的选择应基于教师的兴趣和专业背景，同时也要考虑其实际应用价值和发展前景。

其次，教师应积极参与科研项目和课题研究。通过实践，教师可以更深入地理解学科知识，掌握科研方法，积累研究经验。此外，参与科研项目还有助于教师与同行建立联系，拓宽学术视野，提升学术影响力。

再次，教师应注重科研成果的转化和应用。科研成果不仅应体现在学术论文的发表上，更应转化为实际的教学策略或方法，以提升自己的教学质量和效果。同时，教师还可以通过专利申请、技术转化等方式，将自己的科研成果应用于实际生产，推动社会进步。

最后，教师应不断提升自己的科研素养。这包括掌握科研方法、熟悉学术规范、了解学科前沿动态等。通过不断学习和实践，教师可以提高自己的科研能力，为职称晋升奠定坚实的基础。

（四）科研与教学相长：职称晋升的双赢策略

科研与教学是教师职业发展的两大支柱，二者相辅相成，共同促进教师的专业成长。在职称晋升的过程中，科研与教学的相互促进更是成为一种双赢的策略。

首先，科研能够提升教学质量。通过深入研究学科领域的前沿问题，教师可以不断更新自己的知识体系，从而将最新的学术成果和思想观念引入课堂教学。这不仅能够激发学生的学习兴趣，还能培养他们的创新思维和实践能力。同时，科研过程中培养的问题分析、解决能力以及创新思维，也会潜移默化地影响教师的教学方式，使教学更加生动、有趣和具有启发性。

其次，教学能反哺科研工作。教师在教学过程中积累的丰富经验，可以为科研工作提供宝贵的实践素材和灵感来源。同时，与学生的互动交流也能激发教师对学术问题的新思考和新发现。因此，教学和科研是相辅相成的，二者可以互相促进、共同提升。

在职称晋升的过程中，教师应该充分利用科研与教学的相互关系，形成双赢的策略。通过不断提升自己的科研能力和教学水平，教师可以在职称评审中展现出更强的竞争力。同时，这种双赢策略也有助于教师在专业领域内取得更广泛的认可和影响力，为未来的职业发展奠定坚实的基础。

三、科研能力对学术声誉的提升作用

（一）科研能力：塑造教师学术声誉的基石

在学术界，教师的科研能力是塑造其学术声誉的基石。一个教师的科研能力，不仅体现在其发表的论文数量或者参与的项目多少，更在于其研究的质量、深度和影响力。这种能力是教师进行学术研究的基础，也是他们能够在学术界立足的根本。

教师的科研能力包括发现问题的能力、分析问题和解决问题的能力，以及将研究成果转化为实际应用的能力。这些能力共同构成了教师的科研素养，决定了他们在学术研究中的表现和成就。一个具备强大科研能力的教师，能够敏锐地捕捉到学术领域的热点和难点问题，提出有针对性的解决方案，并通过科学的方法进行研究，最终得出有价值的结论。

同时，教师的科研能力还体现在其跨学科的研究视野和团队合作能力上。在现代科学研究中，跨学科的研究已经成为一种趋势。一个优秀的教师应当具备跨学科的知识背景和视野，能够与其他领域的专家进行有效的合作和交流，共同推动学术研究的进步。

（二）高质量学术成果对提升学术声誉的影响

在学术领域，高质量学术成果是衡量一个教师科研能力的重要标准，同时也是提升其学术声誉的关键因素。学术成果不仅展示了教师的专业素养和研究能力，更代表了其在学术界的地位和影响力。

高质量学术成果能够对教师的学术声誉产生深远影响。首先，发表在高影响力学术期刊上的论文，能够引起同行的广泛关注，从而提升教师在学术界的知名度。其次，具有创新性和实用性的研究成果，能够推动学科的发展，为学术界带来新的视角和思考，进而增强教师在学术界的权威性。最后，持续的、高水平的学术产出，有助于教师建立稳定的学术形象，使其成为某一研究领域的领军人物。

因此，对于教师而言，要想提升学术声誉，必须重视高质量学术成果的产出。这需要教师具备扎实的专业素养、敏锐的研究洞察力和不懈的科研精神。同时，教师还应注重与同行的交流与合作，共同推动学术研究的进步，从而进一步提升自己的学术声誉。

（三）参与重要课题研究：提升学术地位的关键

参与重要课题研究是教师提升学术地位的关键途径之一。重要课题通常具有前沿性、创新性和实用性，能够吸引大量学术资源和关注，为教师提供展示自己科研能力的舞台。通过参与这些课题研究，教师不仅可以积累丰富的科研经验，还能够与顶尖的学术团队进行交流和合作，从而提升自身的学术水平和影响力。

在参与重要课题研究的过程中，教师需要承担更多的责任和挑战，但同时也能够获得更多的机会和资源。这些课题的研究成果往往能够在学术界产生广泛的影响，甚至推动学科的发展。因此，对有志于提升学术地位的教师来说，积极参与重要课题研究是一条有效的途径。

此外，通过参与重要课题研究，教师还可以拓宽自己的学术视野，了解最新的研究动态和方法，为自己的科研工作注入新的活力和灵感。这种经验和知识的积累将有助于教师在未来的学术生涯中取得更大的成就。

（四）科研权威形象与教师学术声誉的构建

在教师学术声誉的构建过程中，塑造科研权威形象是一个重要的环节。科研权威形象不仅体现了教师在某一研究领域的专业性和影响力，更是其学术声誉的重要组成部分。

要构建科研权威形象，教师需要在多个方面做出努力。

首先，持续产出高质量的学术成果是必不可少的。这包括在高水平学术期刊上发表论文、参与或主持重大科研项目、获得重要的学术奖励等。这些成果能够证明教师在其研究领域的专业素养和实力。

其次，教师需要积极参与学术交流与合作。通过参加国内外学术会议、研讨会等活动，与同行进行深入的交流和讨论，分享自己的研究成果和经验。这不仅能够提升教师的知名度，还能够加强其在学术界的影响力。

最后，教师还可以通过担任学术期刊编委、参与学术评价等方式来提升自己的科研权威形象。这些角色需要教师具备深厚的学术功底和独到的学术见解，能够进一步增强其在学术界的权威性和话语权。

第二节　科研选题与项目申报的技巧

一、科研选题的原则与策略

（一）科研选题的基本原则概述

科研选题是科学研究活动的起始步骤，也是决定研究成功与否的关键因素之一。一个好的科研选题不仅能够引领科学研究的方向，还能为研究者提供持续的动力和明确的目标。在选择科研题目时，需要遵循以下基本原则：

（1）科学性原则。科研选题必须具备科学依据，符合科学发展的方向和趋势。选题应基于现有的科学理论和实践经验，避免盲目性和主观臆断。

（2）创新性原则。选题应体现创新精神，追求新的发现、新的理论和新的技术。要避免重复已有的研究，力求在前人工作的基础上有所突破。

（3）实用性原则。科研选题应考虑其实用价值和社会意义。选题应紧密结合社会经济发展的需要，解决实际问题，推动科技进步。

（4）可行性原则。选题应考虑研究的可行性和研究条件，包括研究者的能力、实验设备的可获得性、研究经费的保障等。不可盲目追求高大上的课题而忽视实际操作的可行性。

（5）兴趣性原则。选题应符合研究者的兴趣和专长。兴趣是最好的导师，只有对研究题目充满热情，研究者才能持之以恒、深入挖掘。

（二）策略性科研选题的关键要素

在进行策略性科研选题时，需要综合考虑多个关键要素，以确保选题的科学性、创新性和实用性。以下是一些关键要素：

（1）研究热点与前沿动态。密切关注当前科学研究的热点问题和前沿动态，选择与之相关的课题进行研究。这有助于保证研究的领先性和时效性。

（2）研究基础与资源条件。充分利用现有的研究基础和资源条件进行选题。考虑实验室的设备、技术水平和人才队伍，选择与之相匹配的课题。

（3）团队协作与学术交流。加强团队协作，集思广益，共同讨论选题方向。同时，积极参与学术交流活动，了解同行的研究进展，避免重复劳动。

（4）风险评估与调整策略。对选题进行风险评估，预测可能遇到的问题和挑战。制订灵活的研究计划和调整策略，以应对不可预见的情况。

（5）成果转化与应用前景。在选题时考虑研究成果的转化和应用前景。优先选择具有广阔市场前景和实际应用价值的课题进行研究。

（三）科研选题的实践指导与案例分析

科研选题是一个复杂而细致的过程，需要综合运用理论与实践经验。以下是一些实践指导和案例分析：

（1）明确研究目标。在开始选题之前，首先要明确自己的研究目标。研究目标是解决实际问题、推动科技进步，还是探索新的科学理论？明确目标后，才能有针对性地选择合适的课题。

（2）文献调研与实地考察。通过查阅相关文献和实地考察，了解国内外在该领域的研究现状和发展趋势。这有助于确定选题的独特性和创新性。

（3）案例分析。以某农业科研项目为例，该项目旨在提高某种作物的产量和品质。通过深入研究作物生长的生理机制，结合现代农业技术，最终实现作物的高产优质。这个案例展示了如何从实际问题出发，通过科学研究解决实际问题。

（4）跨学科合作与交流。鼓励跨学科的合作与交流，以拓宽选题思路和方法。通过与其他学科的专家合作，可以引入新的研究方法和视角，提高研究的深度和广度。

（四）如何结合实际需求进行科研选题

科研选题不仅要考虑科学性和创新性，还要紧密结合实际需求。以下是一些建议：

（1）关注社会问题与市场需求。选题时要关注当前社会面临的问题和市场需求。例如，环境保护、资源利用、能源开发等领域都是当前社会的热点问题，也是科研选题的重要方向。

（2）与产业界合作。与产业界保持紧密联系，了解他们的技术需求和发展方向。通过与产业界的合作，可以确保选题具有实际应用价值，并加速科研成果的转化。

（3）政策导向与资金支持。关注政府政策和资金支持方向，选择与国家政策相符合的课题进行研究。这不仅可以获得政策支持和资金资助，还有助于推动科研成果的应用和推广。

科研选题是一个综合性的过程，需要综合考虑科学性、创新性、实用性和可行性等多个方面。通过明确研究目标、进行文献调研、实地考察以及与产业界和政策制定者的紧密合作，可以选择出既有科学价值又有实用意义的科研课题。

二、项目申报的流程与要点

（一）项目申报的详细流程解析

（1）项目准备阶段。明确项目的目标和内容，进行市场调研，搜集相关资料，并评估项目的可行性和创新性。

（2）项目申报阶段。

①填写申报表格，确保信息的准确性和完整性，包括项目的基本信息、预算和申请资金、项目实施计划等。

②提交申报材料，包括填写完整的申报表格和相关资料，按照要求进行分类整理，并在封面上标明清晰的项目名称和申请单位信息。

（3）项目评审阶段。

①初审，对提交的申报材料进行初步审核，评估材料的齐全性和合规性。

②专家评审，对项目的技术方案、预算报告、市场前景等进行综合评估，确定项目的可行性和创新性。

（4）项目立项阶段。收到立项通知后，与相关部门或机构签订合同。

（5）结题验收阶段。项目完成后，按照要求进行结题验收，确保项目达到预期目标。

（二）项目申报材料准备的关键要点

（1）真实性。所有申报材料必须真实可靠，不得有虚假内容。

（2）完整性。申报材料应完整齐全，包括项目申报书、相关证明文件等。

（3）规范性。材料的格式、排版等应符合申报指南的要求。

（4）针对性。申报材料应针对项目的特点和申报要求，突出项目的优势和创新点。

（三）如何优化项目申报书的撰写

（1）明确研究问题和目的。清晰阐述研究领域、研究问题以及研究目的，确保评审人员能够快速识别研究内容的重要性。

（2）合理安排研究计划。结合前期研究成果及后续研究计划，合理安排研究的进展时间表、完成时间等。

（3）注重质量和独创性。突出研究成果的实际意义、质量、新颖性和独创性。

（4）明确研究方法和技术。详细阐述使用的具体方法和技术，并表明其可行性和优越性。

（5）结合预算和计划。在申报书中合理结合经费预算和时间计划，确保资源的合理使用和高效完成任务。

（四）项目申报过程中的注意事项

（1）仔细阅读申报指南。确保申报材料符合政府部门的要求，包括格式、内容、提交截止日期等。

（2）清晰阐述项目目标。在申报材料中明确项目的目标、预期成果和对行业／领域的贡献。

（3）合理编制预算。确保预算的合理性和经济性，避免因预算不合理而影响评审结果。

（4）语言和表述。确保申报材料语言清晰、逻辑严密、表述准确，避免使用模糊或夸张的词汇。

（5）校对和审查。在提交前进行多轮校对和审查，确保材料无错别字、语法错误，并邀请同行或专家进行审阅，提高申报材料的整体质量。

（6）保密性。如申报材料包含商业秘密或敏感信息，应按规定进行保密处理，避免信息泄露。

项目申报是一个复杂而严谨的过程，需要申报者精心准备、规范操作，并注重申报书的优化和申报过程中的细节处理，以提高申报成功率。

三、提高项目申报成功率的技巧

（一）深入了解项目申报要求与评审标准

要提高项目申报的成功率，需要深入了解项目申报的具体要求和评审标准。

这包括对项目的选题方向、研究内容、预期目标、实施方案、经费预算等各个方面的具体要求。同时，要仔细研究评审标准，了解评审专家在评审过程中关注的重点，以便在项目申报材料中突出这些重点，增加项目的吸引力。通过深入了解申报要求和评审标准，可以更好地把握申报的方向和重点，从而提高申报成功率。

在项目申报前，应详细阅读相关的项目指南、通知或公告，了解项目类型、支持领域、申请条件、评审标准等信息。这些信息对于制定申报策略和准备申报材料至关重要。此外，可以参考往年的申报成功案例，从中汲取经验和教训，为自己的项目申报提供有益的借鉴。

（二）精心策划与撰写项目申报材料

项目申报材料是评审专家了解项目的主要途径，因此其质量直接关系到项目申报的成功与否。在策划和撰写申报材料时，应做到以下几点：

（1）突出创新性和实用性。在申报材料中，要充分展示项目的创新性和实用性。创新性是项目获得支持的重要因素之一，因此要重点阐述项目在技术、方法或应用等方面的创新点。同时，要明确说明项目的实用价值和社会意义，以体现项目的现实意义和可行性。

（2）逻辑清晰、条理分明。申报材料应逻辑清晰、条理分明，以便评审专家能够快速准确地了解项目的主要内容和目标。可以采用清晰的结构和明确的标题来组织材料，使得整个申报材料易于阅读和理解。

（3）数据翔实、论证充分。在申报材料中，要提供充分的数据支持和论证，以证明项目的可行性和价值。这包括技术数据、市场调研数据、经济效益分析等。通过数据和事实说话，可以增加项目的可信度和说服力。

（三）加强团队协作与资源整合

在项目申报过程中，团队协作与资源整合的重要性不言而喻。一个优秀的团队能够集思广益，共同解决申报过程中遇到的问题，而有效的资源整合则能为项目提供更强大的支持，从而提高项目申报的成功率。

1.建立高效协作团队

（1）明确分工与责任。在项目申报之初，团队成员之间应明确各自的分工和责任，确保每个环节都有专人负责，避免出现工作重叠或遗漏。

（2）建立有效沟通机制。团队成员之间应保持畅通的沟通渠道，定期召开会议，分享进展、讨论问题，确保信息在团队内部得到及时、准确的传递。

（3）培养团队协作精神。通过共同的目标和愿景，激发团队成员的归属感和责任感，形成团结、协作的工作氛围。

2. 资源整合策略

（1）内部资源整合。对项目组内部的技术、人力、物资等资源进行合理配置，确保资源的有效利用。例如，可以根据团队成员的专长进行任务分配，以充分发挥各自的优势。

（2）外部资源拓展。积极寻求与外部机构、企业的合作，争取获得更多的支持和资源。这包括但不限于技术合作、资金支持、市场推广等方面的合作。

（3）政策与信息资源利用。密切关注政府政策动态和行业发展趋势，及时调整项目方向和策略，以确保项目与政策导向和市场需求保持一致。

3. 团队协作与资源整合的实践

（1）案例分享与经验交流。定期组织团队成员分享各自在项目申报过程中的经验和教训，以及资源整合的成功案例，以促进团队成员之间的相互学习和进步。

（2）建立资源共享平台。搭建团队内部的资源共享平台，鼓励团队成员分享自己的资源、经验和知识，以便其他成员能够快速获取所需资源，提高工作效率。

（3）持续改进与优化。在项目申报过程中，不断总结经验，持续优化团队协作和资源整合的策略和方法，以适应不断变化的市场环境和政策要求。

加强团队协作与资源整合是提高项目申报成功率的关键环节。通过建立高效协作的团队、制定合理的资源整合策略以及不断实践和改进，可以显著提升项目申报的竞争力和成功率。

（四）注重项目包装与推广

项目包装与推广在提高项目申报成功率中扮演着至关重要的角色。一个精心包装和有效推广的项目，不仅能够吸引评审专家的注意，还能在更大范围内提升项目的知名度和影响力，从而增加项目申报的竞争力。以下是注重项目包装与推广的几个关键方面：

1. 突出项目独特价值

（1）在项目包装中，应明确展示项目的核心优势和独特卖点。这包括但不限于技术创新、市场前景、社会效益等。

（2）通过对比分析和市场调研，强调项目与竞争对手的区别和优势，使项目在众多申报中脱颖而出。

2. 精准定位与推广策略

（1）在推广前进行充分的目标受众分析，了解他们的需求和关注点，以便制定更具针对性的推广策略。

（2）选择合适的推广渠道，如专业展会、学术会议、行业论坛等，以高效触达目标受众。

3. 信息真实性与透明度

（1）在项目包装和推广过程中，确保提供的信息准确、真实，避免夸大或虚假宣传。

（2）潜在合作伙伴和评审专家通常会进行尽职调查，因此信息的真实性对建立信任和项目成功至关重要。

4. 利用数字化媒体推广

（1）充分利用互联网和社交媒体平台，如官网、微信公众号、行业网站等，进行项目推广。

（2）制作高质量的项目介绍视频、宣传册等多媒体材料，提升项目的吸引力和可视化程度。

5. 建立合作关系与联盟

（1）积极寻求与相关机构、组织、媒体等建立合作关系，以获得更多的曝光度和宣传机会。

（2）通过合作推广、联合活动等方式，扩大项目的影响力和市场认知度。

6. 持续监测与优化

（1）在推广过程中，持续监测和分析推广效果，通过统计数据、用户反馈等方式了解市场反应。

（2）根据反馈及时调整推广策略，优化包装方案，以提高推广效率和效果。

第三节 科研团队建设与协作机制

一、科研团队建设

（一）科研团队建设的重要性及其意义

科研团队建设对于推动科学研究的进展和提高科研效率具有至关重要的作用。具体来说，其重要性及意义体现在以下几个方面：

（1）集中优势资源。科研团队能够汇聚各领域的专业人才，通过集中优势资源共同攻克科学难题，避免科研人员在各自为战中的重复劳动和资源浪费。

（2）促进合作交流。团队成员之间的经验分享、思想交流和互相启发，有助于激发创新思维和知识共享，从而提升科研的整体水平。

（3）培养与吸引人才。科研团队不仅为年轻人提供了一个学习和成长的平台，通过导师制度和团队合作培养优秀人才，同时也能够吸引更多外部优秀人才加入，增强组织在学术领域的竞争力。

（4）提升科研效率。高效的团队合作能够显著提高科研项目的执行速度和质量，从而加快科研成果的产出。

（二）构建高效科研团队的基本原则

构建高效科研团队应遵循以下基本原则：

（1）明确团队目标。团队成员需要清楚地知道他们的研究目标以及追求的科学问题，以确保团队的努力方向一致。

（2）优化团队结构。团队的组织架构应合理优化，以适应具体的研究项目和目标，确保任务分工合理，避免资源浪费。

（3）建立明确的沟通渠道。高效的沟通是团队管理中不可或缺的一环，应建立明确的沟通渠道，如定期会议、电子邮件等，以确保团队成员及时了解团队动态。

（4）激励团队成员。适当的认可和奖励能够激发团队成员的积极性和工作动力，促进团队内部的合作和协作。

（5）培养团队合作意识。每个成员应意识到自己的工作是整体中的一部分，个人的成功与团队的成功紧密相关。

（6）提供良好的工作环境。这包括可靠的实验设备和仪器、良好的办公条件和舒适的工作空间，以支持团队成员进行高效的研究工作。

（三）科研团队建设与科研创新能力的关系

科研团队建设与科研创新能力之间存在相互促进的关系。一个高效的科研团队能够提供一个开放、协作和创新的环境，这种环境有利于科研创新能力的培养和提升。同时，团队成员之间的多样性和互补性也能够激发新的思维火花和创新灵感。

科研创新能力的提升也会反过来促进科研团队的建设。当团队成员在科研创新能力上取得突破时，他们会更有动力和信心投入到新的科研项目中，从而进一步巩固和加强团队的凝聚力和合作意愿。

（四）以团队力量推动科研发展的策略

科研团队是推动科学发展的关键力量，通过有效的团队合作和策略，可以显著促进科研的进展和创新。以下是以团队力量推动科研发展的具体策略：

（1）明确共同目标与愿景。科研团队应首先确立清晰、具体的研究目标和愿景，使所有成员都明确知道团队的努力方向，从而形成共同的价值观和行动力。

（2）强化跨学科合作。鼓励团队成员之间的跨学科交流和合作，利用各自的专业知识和技能共同解决问题。这种交叉融合有助于产生新的科研思路和方法。

（3）优化资源配置。合理分配和利用团队内部的资源，包括资金、设备、人力等，确保每个成员都能得到所需的支持，以最大限度地发挥他们的潜力。

（4）建立知识共享机制。通过定期的研讨会、工作坊或在线平台，促进团队成员之间的知识共享和经验交流。这有助于加速科研进展，并避免不必要的重复工作。

（5）培养团队合作精神与文化。通过团队建设活动和培训，增强团队成员之间的信任和合作精神。同时，建立一种鼓励创新、包容失败、相互尊重和支持的团队文化。

（6）激励机制与成果共享。设立合理的激励机制，如奖励制度、晋升机会等，以激发团队成员的积极性和创造力。同时，确保科研成果能够公平、合理地被团队成员共享。

（7）加强外部合作与交流。积极寻求与其他科研机构、高校或企业的合作机会，共同开展研究项目或技术转化。这不仅可以拓宽团队的视野和资源，还有助于提升团队的影响力和竞争力。

（8）注重团队成员的个人发展。鼓励团队成员参与专业培训、学术交流等活动，提升他们的专业素养和创新能力。同时，为他们提供职业发展规划和指导，帮助他们实现个人目标与团队目标的双赢。

（9）持续改进与反思。定期评估团队的工作进展和成果，及时调整研究策略和方向。同时，鼓励团队成员对团队运作和项目管理进行反思和建议，以不断完善和提高团队效能。

通过以上策略的实施，科研团队可以更好地发挥集体智慧和力量，推动科研工作的快速发展和创新突破。

二、团队内部协作机制的构建

（一）建立有效的团队内部沟通与协作机制

（1）明确沟通渠道。建立明确的沟通渠道，如定期的团队会议、电子邮件、即时通信工具等，确保信息能够迅速、准确地传达给每个团队成员。

（2）设定沟通规范。规定团队成员在沟通时的基本礼仪和规则，如倾听他人意见、尊重不同观点、避免冲突等，以营造良好的沟通氛围。

（3）使用协作工具。利用现代科技工具，如项目管理软件、在线协作平台等，提高团队成员之间的协作效率。

（4）及时反馈机制。建立及时反馈机制，确保团队成员在执行任务过程中能够及时调整方向、纠正错误，并相互支持和鼓励。

（二）协作机制对科研团队效率的影响

（1）提高工作效率。良好的协作机制能够减少团队成员之间的信息壁垒，避免重复劳动，从而提高工作效率。

（2）促进创新思维。团队成员间的相互交流和合作有助于激发新的科研思路和方法，推动科研创新。

（3）增强团队凝聚力。协作机制能够加强团队成员之间的联系和信任，提高团队凝聚力和执行力。

（4）提升科研成果质量。通过协作和相互审查，团队成员可以共同发现并解决问题，从而提升科研成果的质量和可靠性。

（三）促进团队成员间协同工作的策略

（1）明确角色与责任。确保每个团队成员都清楚自己的角色和责任，以便更好地协同工作。

（2）建立信任与尊重。通过团队建设活动和日常互动，增进团队成员之间的了解和信任，营造尊重和支持的工作氛围。

（3）设定共同目标。为团队设定明确、可衡量的共同目标，激发团队成员的积极性和合作精神。

（4）鼓励开放交流。倡导开放、坦诚的交流氛围，让团队成员敢于表达自己的想法和意见，共同解决问题。

（5）提供必要的支持。为团队成员提供所需的资源和支持，如培训、指导、资金等，以确保他们能够顺利完成任务。

（6）庆祝成功与认可贡献。当团队取得成就时，及时庆祝并认可每个团队成员的贡献，以增强团队的凝聚力和向心力。

三、高效科研团队分析

（一）高效科研团队的特征与优势分析

高效科研团队通常具备以下特征和优势：

（1）共同的价值追求。团队成员之间形成共同的目标和价值观，这是团队凝聚力的基础。

（2）厚实的创新素养。团队成员具备深厚的专业素养和创新能力，能够持续产出高质量的科研成果。

（3）清新的治学学风。团队内部倡导学术自由、包容失败的环境，有利于创新思维的产生。

（4）高效的沟通与协作。团队成员之间沟通顺畅，协作紧密，能够迅速响应和解决问题。

这些特征和优势使得高效的科研团队在科研项目的执行、创新成果的产出以及团队成员的个人成长等方面都表现出色。

（二）成功科研团队的案例研究与启示

通过研究成功的科研团队案例，可以得到以下启示：

（1）明确目标与定位。成功的团队通常都有清晰的研究方向和定位，这有助于集中资源和精力进行深入研究。

（2）激励机制与人才引进。合理的激励机制能够激发团队成员的积极性和创造力，同时吸引更多优秀人才加入团队。

（3）创新研究环境的构建。提供优越的办公条件和实验设备，鼓励团队成员参与学术交流和合作，有助于提升团队的学术氛围和创新能力。

（三）如何评估和提升科研团队的效率

评估科研团队的效率可以从以下几个方面进行：

（1）科研成果产出。考察团队的科研项目完成情况、论文发表数量和质量等指标。

（2）团队协作与沟通。观察团队成员之间的协作紧密程度和沟通效率。

（3）资源利用效率。评估团队在资金、设备、人力等资源方面的利用效率。

提升科研团队的效率可以采取以下措施：

（1）优化团队结构。根据研究项目和目标合理调整团队成员的专业背景和技能搭配。

（2）加强团队建设。通过定期的团队活动、培训等方式提升团队成员的协作能力和创新意识。

（3）完善激励机制。设立合理的奖励制度，激发团队成员的积极性和创造力。

（四）高效的科研团队建设经验与教训

在建设高效科研团队的过程中，有一些经验和教训。

值得借鉴的经验如下：

（1）明确团队目标和定位是团队建设的基础。

（2）注重引进和培养优秀人才，提升团队的整体实力。

（3）建立良好的沟通和协作机制，确保团队内部的顺畅运转。

（4）营造积极向上的团队氛围，激发团队成员的创造力和创新精神。

应吸取的教训如下：

（1）避免目标不明确或定位不准确导致的资源浪费和团队内部矛盾。

（2）注意激励机制的合理性，避免因为激励不当导致的团队内部不公和人才流失。

（3）加强团队内部的沟通和协作训练，防止因为沟通不畅导致的误解和冲突。

第四节　科研成果的转化

一、科研成果转化

（一）从实验室到市场的桥梁

科研成果的市场化之路是一个复杂且多阶段的过程，涉及从实验室研发到最终消费者手中产品的转变。这一转变不仅是技术上的转化，更是涉及商业模式、市场策略、消费者需求等多个层面的综合过程。

首先，实验室中的研发工作是这一过程的起点。在这个阶段，科研人员通过深入研究，开发出具有潜在市场价值的新技术、新产品或新服务。这些成果在实验室环境中经过初步验证，证明了其可行性和有效性。

其次，这些科研成果需要经历从技术到产品的转化过程。这涉及技术的进一步完善、产品的原型设计和制造以及相关的测试和验证工作。在这一阶段，科研机构和企业需要密切合作，共同推动成果的商业化进程。随着产品的成熟，市场推广和销售工作开始展开。企业需要制定合适的市场策略，通过广告宣传、促销活动等方式吸引消费者的关注。同时，企业还需要关注消费者的反馈和需求，对产品进行持续改进和优化，以满足市场的不断变化。

最后，当产品成功进入市场并被消费者接受时，科研成果的市场化之路才算真正完成。此时，企业可以通过销售产品获得收益，进一步推动科研工作的持续开展和创新。

在整个过程中，政策环境、资金支持、合作模式等因素都会对科研成果的市场化产生重要影响。政府可以通过制定相关政策来引导和支持科研成果的转化和商业化，促进科技与经济的深度融合。同时，金融机构和资本市场也可以为科研成果的转化提供必要的资金支持，降低创新风险。

此外，产学研合作是推动科研成果市场化的重要途径。通过加强科研机构、高校和企业之间的合作与交流，可以实现资源共享、优势互补，加速科研成果的转化和应用。

（二）实验室成果如何跨越到商业应用

实验室成果跨越到商业应用是一个复杂而富有挑战性的过程，涉及多个关键步骤和策略。以下是一些建议，有助于实验室成果成功转化为商业应用：

首先，对市场需求进行深入分析是至关重要的。实验室成果需要满足市场上的实际需求才能成功商业化。因此，科研人员需要与潜在用户、行业专家和市场营销人员紧密合作，了解市场需求和趋势，确保研发方向与市场需求相匹配。

其次，制订详细的商业计划是必要的。商业计划应包括目标市场、产品定位、竞争分析、营销策略、预期收益等内容。这有助于为实验室成果的商业应用提供清晰的路线图，并吸引潜在的投资者和合作伙伴。

在资金方面，寻求多元化的资金来源是关键。实验室成果的商业化往往需要大量的资金投入，因此科研人员需要积极寻求政府资助、风险投资、企业合作等多种资金来源。同时，建立良好的财务管理体系，确保资金的合理使用和回报。

技术转移和合作也是推动实验室成果商业化的重要手段。科研人员可以与产业界、投资机构等建立合作关系，共同推动成果的商业化进程。通过技术许可、合作研发、共同推广等方式，实现实验室成果与市场的有效对接。

再次，知识产权保护也是不可忽视的一环。在商业化过程中，科研人员应确保实验室成果的知识产权得到充分保护，防止侵权行为的发生。通过申请专利、商标等方式，为实验室成果的商业应用提供法律保障。

最后，持续改进和优化是确保实验室成果商业应用成功的关键。在商业化过程中，科研人员需要密切关注市场反馈和用户需求，及时对产品和服务进行改进和优化，以满足市场的不断变化。

（三）科研成果转化的桥梁：理论与实践的结合

科研成果转化是一个将科学研究的理论成果转变为实际应用的过程，而这个过程的核心就是理论与实践的结合。这种结合不仅要求科研人员具备深厚的理论知识，还需要他们具备将这些知识应用于实际问题的能力。在这个过程中，理论与实践的桥梁作用显得尤为重要。

首先，理论是科研成果转化的基础。科研人员通过深入的理论研究，可以探索出新的科学原理和方法，为后续的技术开发和应用提供理论支撑。没有深厚的理论基础，科研成果的转化就会成为无源之水、无本之木。

其次，实践是检验科研成果转化的关键。只有将科研成果应用到实际中，才能验证其可行性和有效性。通过实践，科研人员可以发现理论中存在的问题和不足，进而对理论进行修正和完善。同时，实践还可以为科研成果的推广和应用提供有力的支撑。

再次，在科研成果转化的过程中，理论与实践的结合需要科研人员具备跨学科的知识和能力。他们需要既懂得理论知识，又了解实际应用的需求和限制。只有这样，他们才能有效地将科研成果转化为实际应用，并推动科技进步和社会发展。

最后，政府、企业和科研机构等也应该加强合作，共同推动科研成果的转化。政府可以提供政策支持和资金扶持，企业可以提供市场需求和应用场景，科研机构则可以提供科研成果和技术支持。通过这种多方合作的方式，可以更好地实现理论与实践的结合，推动科研成果的转化和应用。

二、科研成果转化策略：拓宽应用领域的关键

市场化视角下的科研成果转化路径是一个涉及多方参与和复杂机制的过程。科研成果转化不仅关乎科技进步，也直接影响经济发展和社会进步。以下从市场化角度探讨科研成果转化的主要路径。

（一）市场需求驱动转化

市场化的核心是市场供需关系的平衡与调整。在科研成果转化中，市场需求应成为推动转化的首要动力。科研机构和高校需要密切关注市场动态，了解行业发展趋势和消费者需求，将科研成果与市场需求紧密结合，确保转化成果具有市场竞争力。

（二）产学研深度融合

产学研合作是科研成果转化的重要途径。通过加强科研机构、高校和企业之间的合作，可以实现资源共享、优势互补，推动科研成果的商业化进程。这种深度融合有助于缩短科研与产业之间的距离，加速科研成果的转化和应用。

（三）技术转移与交易平台建设

技术转移中心和交易平台是科研成果转化的重要载体。这些机构可以为科研成果提供展示、交易和推广的平台，促进科研成果与市场的对接。同时，技术

转移机构还可以提供技术评估、法律咨询等服务，帮助科研成果顺利转化为实际应用。

（四）金融资本支持

科研成果转化需要大量的资金投入，金融资本的支持至关重要。政府可以通过设立专项基金、提供贷款担保等方式，为科研成果转化提供资金支持。此外，风险投资、天使投资等社会资本也可以为科研成果转化提供资金支持，推动科技成果的商业化进程。

（五）知识产权保护

知识产权保护是科研成果转化的重要保障。在市场化进程中，科研成果的知识产权需要得到充分保护，以防止侵权行为的发生。加强知识产权宣传教育，提高科研人员的知识产权保护意识，建立健全知识产权管理和保护机制，为科研成果的转化提供法律保障。

三、科研成果转化的政策环境与机制保障

科研成果转化的政策环境与机制保障在推动科技创新和经济发展中起着至关重要的作用。以下是对当前政策环境与机制保障的详细分析：

（一）政策环境分析

（1）政策导向与支持。政府出台了一系列支持科研成果转化的政策，包括减税、补贴、奖励等，以鼓励企业和研究机构积极投入科技成果转化工作。这些政策不仅降低了创新成本，还提高了创新积极性。

（2）法律法规完善。政府加强了知识产权保护，制定了一系列法律法规，保护科研机构和企业的科技成果独立权益。这不仅提高了科技成果的市场竞争力，还推动了科技成果的转化和商业化。

（3）国际合作与交流。政府也积极扩大国际科技交流合作，营造具有全球竞争力的开放创新生态。通过参与国际科研项目、建立国际合作平台等方式，加强与国际先进科技力量的合作与交流，推动科研成果的国际化转化。

（二）机制保障分析

（1）产学研合作机制。政府推动建立产学研合作机制，鼓励科研机构、高校与企业之间建立紧密的合作关系。通过联合研发、资源共享、人才培养等方式，

实现科技成果的快速转化和应用。

（2）技术转移机制。政府支持建立技术转移机构，帮助科研机构和企业之间进行科技成果转化。这些机构提供技术评估、技术转让、技术咨询等服务，促进科技成果的产业化和商业化。

（3）资金保障机制。政府设立科技成果转化专项资金，支持科技成果转化的研发、试验、推广和市场化。同时，吸引社会资本投入，形成多元化的资金保障机制，降低创新风险。

（三）挑战与展望

尽管政策环境与机制保障在不断完善，但仍面临一些挑战。例如，政策更新可能跟不上科技发展的步伐，导致新兴领域和新兴模式得不到及时有效的政策支持。因此，政府需要深化对科技创新的理解，提高政策适应性，加强与企业和科研机构的沟通，确保政策始终与科技创新的最前沿保持同步。

展望未来，政府应继续优化政策环境，简化实施流程，降低企业和科研机构的运营成本。同时，加强科技创新的顶层设计和统筹协调，形成更加完善的科研成果转化体系。

（四）政府如何助力科研成果的转化与应用

政府在科研成果的转化与应用中扮演着至关重要的角色。为了有效推动这一过程，政府可以从以下几个方面进行助力：

（1）政策引导与支持。政府可以通过制定一系列政策来引导和支持科研成果的转化。例如，设立科技成果转化专项资金，用于支持科研机构和企业进行技术转移和产业化。同时，减税、补贴和奖励等政策也可以激励企业和机构更积极地参与科技成果转化工作。

（2）完善法律法规。政府应完善知识产权法律法规，保护科研机构和企业的科技成果独立权益。通过强化知识产权保护，可以有效降低科技成果转化的风险，提高科研人员和企业的创新积极性。

（3）搭建服务平台。政府可以搭建全国统一的科技成果转化服务平台，提供技术评估、技术转让、技术咨询等一站式服务。这有助于降低科研机构和企业进行成果转化的难度和成本，提高转化效率。

（4）促进产学研合作。政府可以积极推动产学研合作，鼓励科研机构、高校和企业之间建立紧密的合作关系。通过联合研发、资源共享、人才培养等方式，实现科技成果的快速转化和应用。

（5）加强国际科技合作与交流。政府应积极推动国际科技合作与交流，鼓励科研机构和企业参与国际科技项目，引进国外先进的科技成果和转化经验。同时，也可以借助国际合作平台，推动国内科技成果的国际化转化。

（6）优化创新环境。政府可以通过优化创新环境，为科研成果的转化与应用提供更好的条件。例如，加大对科研机构和企业的研发投入，提供优质的科研设施和服务，吸引更多的创新人才和团队。

第五节　科研伦理与学术诚信的维护

一、科研伦理的基本原则与要求

（一）科研成果的市场化之路：实验室到消费者的转变

科研成果的市场化之路，即从实验室到消费者的转变过程，涉及多个关键环节。首先，科研团队需要在实验室中取得创新性成果，这是市场化的起点。其次，这些成果需要通过一系列评估和优化，确保其在实际应用中的可行性和可靠性。再次，与市场需求和消费者偏好相结合，对成果进行商业化改造，以适应市场竞争。最后，通过有效的营销策略和渠道，将科研成果推广给消费者，实现其市场价值。

在这个过程中，与政府、企业和投资者的合作也至关重要，他们可以为市场化提供资金、资源和渠道支持。同时，保护知识产权，确保科研成果的合法权益也是不可忽视的环节。

（二）实验室成果如何跨越到商业应用

实验室成果跨越到商业应用是一个复杂的过程，需要多方面的努力和协作。以下是一些关键步骤：

（1）市场调研与需求分析。在将实验室成果推向市场之前，进行深入的市场调研和需求分析至关重要。这有助于了解潜在用户的意见和反馈，以及市场对产品的真实需求。

（2）技术评估与优化。对实验室成果进行技术评估，确保其在实际应用中的稳定性和效率。根据评估结果，对成果进行优化和改进，以满足市场需求。

（3）寻找合作伙伴与资金支持。与政府、企业或投资者建立合作关系，寻求资金支持和资源共享。这些合作伙伴可以提供必要的资金、设备、技术支持和市场渠道，推动实验室成果的商业化进程。

（4）产品开发与市场推广。根据市场需求和消费者偏好，将实验室成果转化为实际的产品或服务。制定有效的市场推广策略，通过广告、宣传、销售渠道等手段，将产品推向市场并吸引消费者关注。

（5）持续改进与迭代。根据市场反馈和用户意见，对产品进行持续改进和迭代，以满足不断变化的市场需求。同时，关注行业动态和技术发展趋势，及时调整产品方向和策略。

（三）科研成果转化的桥梁：理论与实践的结合

理论与实践的结合在科研成果转化中起着至关重要的作用。理论是科研的基石，为实验室研究提供指导和方向；而实践则是将理论应用于实际问题的关键步骤，也是检验理论正确性和有效性的重要手段。

在科研成果转化过程中，理论与实践的紧密结合可以确保科研成果的实际应用价值。通过实践验证和优化理论模型，可以提高成果的可行性和可靠性。同时，实践中的问题和挑战也可以为理论研究提供新的思路和方向，推动科研工作的深入发展。

为了实现理论与实践的结合，科研团队需要加强与产业界的合作与交流，了解市场需求和行业动态。同时，积极参与各类科研项目和实践活动，积累实践经验并不断完善理论体系。只有这样，才能确保科研成果顺利转化为具有市场竞争力的产品或服务。

（四）科研活动中的伦理审查与监督

科研活动中的伦理审查与监督是确保科研活动合法、合规和道德的重要环节。以下是对此的详细分析：

1. 伦理审查的重要性

伦理审查可以确保科研项目符合伦理道德规范，保护受试者的权益和安全，同时维护科研的公信力和社会的信任。

2. 伦理审查的流程

（1）编写伦理申请。研究人员需详细描述研究内容、目的、方法及可能对受试者产生的影响。

（2）提交伦理申请。将申请书提交给相关伦理委员会。

（3）伦理委员会审查。委员会评估研究是否符合伦理规范和法律法规要求。

（4）审查结果与建议。委员会根据审查结果提出建议或要求修改。

（5）最终决定。委员会根据审查结果决定是否批准该研究。

3.科学道德监管的原则

（1）诚实守信。研究人员应诚实地进行研究，不夸大或隐瞒结果。

（2）尊重受试者权益。确保受试者的知情权和自主选择权，保护其隐私和安全。

（3）遵守知识产权和学术规范。不侵犯他人知识产权，不进行学术不端行为。

（4）公开透明。及时向相关机构和学术界公开研究成果。

4.监督与落实

（1）科研机构应设立专门的伦理审查委员会或机构，负责监督研究活动的伦理合规性。

（2）对于涉及人体或动物的研究，应特别注意获取受试者的知情同意，并遵守相关法律和伦理准则。

（3）学术期刊和科研机构应推动伦理规范的落实，对不符合伦理要求的研究不予发表或支持。

5.法律责任与处罚

（1）违反伦理规范的研究人员或机构应承担相应的法律责任，包括警告、罚款、撤销项目等。

（2）严重违规行为可能构成犯罪，应依法追究刑事责任。

6.持续改进与教育

（1）科研机构应定期对研究人员进行伦理教育和培训，提高其伦理意识和道德素养。

（2）通过定期的伦理评估与监测，检查各项伦理规定的执行情况，及时发现问题并采取改进措施。

科研活动中的伦理审查与监督是保障科学研究合法性、可靠性和可信度的关键环节。通过严格的伦理审查和持续的科学道德监管，可以确保科研活动的合规性，保护受试者的权益，并促进科学研究的健康发展。

二、学术诚信的重要性与维护机制

（一）学术诚信：科研工作的生命线

学术诚信是科学研究的核心价值观，它要求科研人员在研究过程中保持诚实、公正和负责任的态度。学术诚信是科研工作的生命线，因为它关系到科研成果的真实性、可靠性和有效性，直接影响科学知识的传播和科技进步的步伐。在科研工作中，坚持学术诚信意味着科研人员要严格遵守研究规范，不得捏造、篡改数据，不得抄袭、剽窃他人成果，同时要真实、准确地报告研究结果。

（二）维护学术诚信的机制与制度建设

为了维护学术诚信，需要建立一套完善的机制和制度。这包括：

（1）制定明确的学术诚信规范和学术不端行为的界定标准，为科研人员提供清晰的指导。

（2）设立专门的学术诚信监管机构，负责监督和管理科研活动，确保研究过程的合规性。

（3）建立严格的学术评价和审核机制，对科研成果进行公正、客观的评价，防止学术腐败和权力寻租。

（4）加强学术诚信教育，提高科研人员的道德素质和自律意识，培养他们对学术诚信的认同感和责任感。

（三）学术不端行为的危害及预防措施

学术不端行为严重损害了科研的公信力和学术界的声誉，其危害不容忽视。为了防止学术不端行为的发生，可以采取以下预防措施：

（1）加强科研人员的道德教育，提高他们的职业素养和道德观念。

（2）建立完善的科研管理制度，对研究过程进行全程监控，确保数据的真实性和可靠性。

（3）鼓励科研人员之间的相互监督和举报机制，及时发现和纠正学术不端行为。

（4）加大对学术不端行为的惩罚力度，以儆效尤。

（四）培养学术诚信意识，促进科研健康发展

培养学术诚信意识是推动科研健康发展的关键。为此，可以从以下几个方面

人手：

（1）加强学术诚信教育，将诚信教育纳入科研人员的培训体系，提高他们的诚信意识。

（2）营造良好的学术氛围，鼓励科研人员之间的交流与合作，共同推动科研进步。

（3）建立科研人员的信用档案，记录他们的学术行为和诚信记录，作为评价和奖励的重要依据。

（4）倡导正确的科研导向，以解决实际问题和创新为目标，避免过度追求短期效益和急功近利的行为。

三、科研不端行为的防范与处理

（一）科研不端行为的类型与识别方法

科研不端行为的类型多样，主要包括：

（1）篡改数据。故意改动研究材料、设备或过程，导致研究结果不能准确呈现。

（2）剽窃。未经许可使用他人的研究计划、观点或成果，而未注明出处。

（3）伪造数据。在研究报告或论文中提供虚假数据或信息。

（4）一稿多投和重复发表。将同一研究内容多次投稿或在不同期刊上发表。

识别科研不端行为的方法包括：

（1）对比检查。将研究成果与已有文献进行对比，检查是否存在抄袭。

（2）数据验证。通过实验复现或第三方验证来检查数据的真实性。

（3）同行评审。邀请同行专家对研究过程和结果进行评审。

（二）建立健全科研不端行为的防范机制

建立健全的防范机制包括：

（1）加强科研道德教育。从科研人员的入门培训开始，强调科研诚信的重要性。

（2）完善科研评价体系。推动以"质量导向"替代"数量导向"，减少不端行为的诱因。

（3）强化期刊审核。学术期刊应建立严格的论文审核流程，包括查重和同行评审。

（4）建立举报和奖惩机制。鼓励对科研不端行为的举报，并对不端行为进行严厉处罚。

（三）科研不端行为的处理程序与规范

科研不端行为的处理程序包括：

（1）接到举报后，及时进行初步调查核实。

（2）确认不端行为后，进行深入调查和立案处理。

（3）对已经确认的科研不端行为进行处罚，包括行政处分、撤销项目、追回经费等。

（4）公开处理结果，以警示他人。

第四章　高校教师教学技能的精进与拓展

第一节　教学技能与教学效果的提升

一、教学技能的核心要素分析

（一）教学技能构成要素解析

教学技能主要由以下几个要素构成：

（1）教学设计能力。这包括课程规划和课时计划。课程规划是指根据教学目标和学生需求，合理安排教学内容、进度和资源。课时计划则是针对每一节课的具体内容，制定详细的教案和活动安排。

（2）教学组织能力。这涉及管理课堂秩序和组织教学活动两个方面。教师需要建立良好的课堂氛围，确保教学活动有序进行，同时设计并实施各种教学活动，激发学生的学习兴趣和积极性。

（二）核心教学技能对教学效果的影响

核心教学技能对教学效果有着显著的影响。首先，良好的教学设计能够确保教学内容的连贯性和完整性，使学生能够系统地学习知识。其次，优秀的教学组织能力可以维持课堂秩序，创造有利于学习的环境，并通过丰富多样的教学活动提高学生的参与度。这些核心教学技能共同作用于教学过程，有助于提高学生的学习效果和满意度。

（三）教学技能培养的重点与难点分析

在教学技能培养过程中，重点应放在提高教师的教学设计和教学组织能力上。为此，教师需要不断更新教育观念，学习新的教学方法和手段。

教学技能培养的难点主要体现在以下几个方面：

（1）需求分析。确定学员的实际需求并制订符合其需求的培训计划可能是一个挑战，因为不同学员有不同的学习目标和背景。

（2）教学内容设计。如何平衡理论知识和实践应用，确保教学内容的完整性和有效性是一个难题。

（3）教学方法选择。不同的培训目标和学员特点需要选择不同的教学方法，如何选择合适的教学方法以激发学员的学习兴趣和参与度是一个需要仔细考虑的问题。

（四）如何评估和提升教师的教学技能

1. 评估方法

（1）教学质量评估。通过观察教师的教学过程和学生的反馈来评估教师的教学效果和质量。

（2）教学方案评估。对教师的教学方案进行详细的评估，包括教学内容、方法和手段等方面。

（3）教学方法评估。深入分析教师的教学方法，发现并解决其不足之处。

2. 提升途径

（1）加强教学理论学习。教师需要掌握最新的教育教学理论和研究成果，不断更新教学观念。

（2）提高教学实践能力。通过参与课程设计、教学实践以及共建共享教学资源等活动，提高教师的教学实践能力。

（3）参加教师职业培训。教师可以通过参加各种教育教学理论培训、课程设计和教学实践等培训活动，提升自己的教学技能。同时，也可以通过与同行交流、分享教学经验等方式，不断提高自己的教学水平。

二、提升教学技能的有效途径

（一）专业培训：提升教学技能的必经之路

教学技能的提升，对每一位致力于教育事业的教师而言，都是其职业生涯中的核心任务。在当今这个知识更新迅速、教育方法和理念不断创新的时代，教师如何保持与时俱进、不断提升自身的教学技能，就显得尤为重要。而专业培训，无疑是这条提升之路上的必经之路。

专业培训能够为教师提供系统、全面的知识和技能更新。教育领域的专业知识在不断发展，新的教学方法和技巧层出不穷，通过专业培训，教师可以及时了解到最新的教育理念和教学实践，从而更新自己的知识体系，掌握更多的教学技能。

此外，专业培训还能够帮助教师解决实际教学中遇到的问题。在培训过程中，教师可以与同行交流经验，共同探讨解决方案，这种互动式的学习不仅能够加深教师对问题的理解，还能够激发其创新思维，提高解决问题的能力。

更为重要的是，专业培训能够提升教师的专业素养和教育情怀。通过与教育专家的交流和学习，教师可以更加深刻地理解教育的本质和意义，从而更加热爱教育事业，更加致力于为学生的成长和发展贡献自己的力量。

（二）教学实践：在实战中锻炼教学技能

教学实践是提升教学技能不可或缺的一环。理论知识的学习固然重要，但真正的教学技能往往需要在实战中不断磨炼和完善。只有在真实的教学环境中，教师才能深切体会到学生的需求，才能根据实际情况灵活调整自己的教学方法和策略。

在教学实践中，教师会遇到各种预料之外的情况，如学生的学习障碍、课堂纪律问题等。这些情况的处理，不仅需要教师具备丰富的知识储备，更需要其具备敏锐的观察力和灵活的应变能力。通过不断实践，教师可以逐渐学会如何在不同情境下有效地引导学生，激发学生的学习兴趣，提高教学效果。

此外，教学实践还能帮助教师更深入地了解学生的心理和学习特点。每个学生都是独一无二的个体，他们的学习方式、速度和兴趣点都有所不同。通过实践，教师可以更好地把握学生的差异，从而制定更加个性化的教学方案，满足不同学生的需求。

教学实践还能为教师提供宝贵的反馈。学生的反应、课堂的氛围以及教学后的评估，都是对教师教学效果的直接反映。教师可以通过这些反馈，及时调整自己的教学方法和节奏，使自己的教学更加符合学生的期望和需求。

（三）教学反思：不断改进，追求卓越

教学反思是教师专业成长中至关重要的环节，它不仅是对教学实践的回顾和总结，更是一个不断改进、追求卓越的过程。通过深入反思自己的教学实践，教师可以及时发现问题，分析原因，并寻求有效的改进策略，从而持续提升自己的

教学能力。

首先,教学反思能够帮助教师清晰地认识到自己在教学中的优点和不足。每一堂课结束后,教师应该静下心来回顾整个教学过程,思考哪些环节进行得顺利,哪些部分存在问题。这种自我剖析有助于教师更准确地把握自己的教学水平,为后续的改进提供明确的方向。

其次,教学反思是一个不断追求卓越的过程。通过对教学实践的深入反思,教师可以发现自己在教学理念、方法、技巧等方面的不足,进而产生改进的动力和行动。这种追求卓越的态度是推动教师不断进步的动力源泉。

在进行教学反思时,教师应该注重以下几个方面:一是要客观公正地评价自己的教学效果,既不夸大成绩,也不回避问题;二是要深入分析问题的根源,找到解决问题的有效方法;三是要善于总结经验教训,将反思的成果转化为实际的教学改进行动。

(四)教师间的交流与合作:共同成长与进步

教师间的交流与合作在教育领域中具有不可替代的作用,它不仅是教师专业发展的重要途径,也是推动教育质量提升的关键因素。通过交流与合作,教师可以共享教育资源、教学经验以及解决教学中遇到的问题,从而实现共同成长与进步。

首先,交流与合作能够促进教育资源的共享。每个教师都有自己的教学资源和经验,通过交流与合作,这些宝贵的资源可以被更多的教师所共享。这不仅可以丰富教学内容,提升教学效果,还能够避免资源的浪费和重复劳动。

其次,教师间的交流与合作有助于解决教学中的问题。在教学过程中,教师难免会遇到各种问题和挑战,通过交流与合作,可以集思广益,共同探讨解决问题的方法,从而更快地找到有效的解决方案。这种集体的智慧不仅能够提升教师的教学能力,还能够提高教学效果,使学生受益。

再次,交流与合作还能够促进教师之间的互相学习和借鉴。每个教师都有自己的教学风格和特色,通过交流与合作,可以了解和学习其他教师的教学方法和策略,从而拓宽自己的教学视野,提升自己的教学水平。

最后,教师间的交流与合作有助于营造良好的教育氛围。在教育工作中,教师需要相互支持、相互鼓励,共同面对教育中的挑战。通过交流与合作,可以增进教师之间的了解和信任,建立紧密的合作关系,为教育事业的共同发展贡献力量。

三、教学技能提升与教学效果的关联分析

（一）教学技能提升对教学效果的促进作用

教学技能的提升对教学效果有着显著的促进作用。教学技能涵盖了教学设计、课堂管理、教学方法、学生互动等多个方面，每一个方面的提升都直接影响到学生的学习体验和成果。

首先，教学设计技能的提升能够使课程结构更加合理、内容更加丰富，从而吸引学生的注意力，提高他们的学习兴趣。一个精心设计的课程能够确保学生在有限的课堂时间内获得最大的学习收益。

其次，课堂管理技能的提升有助于创造一个有序、积极的学习环境。在这样的环境中，学生能够更好地专注于学习，减少分心，从而提高学习效率。

再次，教学方法的多样化和灵活性也是教学技能提升的重要体现。教师能够根据学生的需求和特点选择合适的教学方法，如项目式学习、小组合作学习等，这些创新的教学方法有助于培养学生的自主学习能力、批判性思维和创新精神。

最后，学生互动技能的提升能够增强教师与学生之间的沟通，使教师能够及时了解学生的学习情况和需求，进而调整教学策略，提供更有针对性的指导。同时，良好的师生互动还能够增强学生的归属感和自信心，对他们的全面发展产生积极影响。

（二）教学效果反馈与教学技能的调整优化

教学效果反馈与教学技能的调整优化在高校教师发展中占据重要地位。这两者相辅相成，共同推动教师的专业成长和教学质量的提升。

首先，教学效果反馈是教学技能调整优化的基础。通过及时、准确地获取学生对教学的反馈意见，教师可以了解到自身在教学过程中的优点和不足，从而有针对性地调整教学策略和方法。这种反馈可以来自多个渠道，如学生评教、同行评议、观摩教学等，每种方式都有其独特的价值和作用。

其次，教学技能的调整优化是提升教学效果的关键。基于教学效果的反馈，教师可以对自己的教学技能进行深入的反思和分析，找出存在的问题和不足之处，并制定相应的改进措施。例如，针对教学方法单一的问题，教师可以尝试引入更多的互动式和探究式教学方法，以激发学生的学习兴趣和积极性；针对课堂管理不善的问题，教师可以学习更有效的课堂管理技巧，确保教学秩序井然有序。

在调整优化教学技能的过程中，教师还需要注重与时俱进，关注教育领域的最新动态和趋势。随着教育技术的不断发展，新的教学工具和平台不断涌现，教师需要保持开放的心态，积极学习并尝试将这些新技术应用于教学中。这不仅可以提升教学的效率和效果，还能增强学生的学习体验和满意度。

此外，教师之间的交流和合作也是提升教学技能的重要途径。通过参加教学研讨会、工作坊等活动，教师可以与同行分享教学经验、探讨教学问题、共同寻求解决方案。这种交流和合作不仅有助于教师个人的成长和发展，还能推动整个教学团队的进步和提升。

（三）教学技能与教学效果的量化分析研究

教学技能与教学效果的量化分析研究，对高校教师发展与能力提升具有重要意义。量化分析可以帮助教师更准确地评估自己的教学技能水平，发现存在的问题，从而进行有针对性的改进。同时，量化分析也有助于提高教学效果评价的客观性和科学性，为教学质量的持续提升提供有力支持。

首先，进行教学技能与教学效果的量化分析，需要确定合适的量化指标。这些指标可以包括教师的课堂教学表现、学生的学习成果、教学满意度等多个方面。例如，可以通过观察教师的课堂互动、教学方法的运用等方面来评估其教学技能；通过学生的考试成绩、作业完成情况等来衡量学生的学习成果；通过学生评教、同行评议等方式来了解教学满意度。

其次，运用统计分析方法对量化数据进行处理和分析。通过对大量数据的统计和分析，可以找出教学技能与教学效果之间的关系，发现影响教学效果的关键因素。这有助于教师识别自己的教学优势和不足，制定针对性的改进策略。

最后，还可以借助现代教育技术手段进行量化分析。例如，利用教学平台收集学生的学习数据，分析学生的学习行为和学习效果；利用数据挖掘技术挖掘教学过程中的潜在问题，为教学改进提供有力支持。

需要注意的是，量化分析虽然具有客观性和科学性的优势，但也存在一定的局限性。因此，在进行量化分析时，应结合实际情况，充分考虑各种因素的影响，避免过度依赖量化数据而忽视其他重要的教学因素。

（四）构建以教学技能为核心的教学效果评价体系

构建以教学技能为核心的教学效果评价体系对高校教师发展与能力提升至关重要。这一体系旨在全面、客观地评价教师的教学技能水平及其对教学效果的影响，从而为教师提供有针对性的反馈和改进建议。

首先，明确评价目标是构建评价体系的基础。评价目标应聚焦于教师的教学技能，包括教学设计、课堂管理、学生互动、教学创新等方面。同时，也要关注这些技能如何影响学生的学习效果和满意度。

其次，设计科学的评价指标是评价体系的关键。这些指标应能够量化或定性描述教师的教学技能水平。例如，可以通过观摩教学、学生评教、同行评议等方式收集数据，从教学方法的多样性、课堂互动的频率和质量、学生学习成果的提升等多个维度评价教师的教学技能。

再次，建立多元化的评价方法是确保评价体系全面性的重要手段。除了传统的课堂教学评价外，还可以引入学生作业分析、教学案例研究、教学反思等方法，以更全面地了解教师的教学实践和教学技能。

然后，评价体系还应注重信息化支持。利用现代教育技术，如在线评价平台、数据分析工具等，可以方便、高效地收集、处理和分析评价数据，提高评价的准确性和效率。

最后，确保评价结果的公正性和有效性是构建评价体系的最终目标。评价过程应公开透明，避免主观臆断和偏见。评价结果应及时反馈给教师，并为他们提供具体的改进建议，以帮助他们不断提升教学技能水平。

第二节　互动式教学方法的探索与实践

一、互动式教学的理念与特点

（一）互动式教学：以学生为中心的教学理念

互动式教学，作为一种以学生为中心的教学理念，强调在教学过程中，通过师生间的积极互动与合作，激发学生的主动性、创造性和批判性思维能力，从而达到更好的教学效果。这种教学理念的核心在于将传统的以教师为中心的讲授式教学转变为以学生为中心的参与式、合作式学习。

在互动式教学中，教师不再是单纯的知识传授者，而是成为学生学习过程的引导者和促进者。教师需要通过设计富有启发性的问题、组织小组讨论、开展实践活动等方式，激发学生的思考兴趣和探索欲望，引导他们主动参与到学习过程中来。同时，教师还需要关注学生的个体差异，提供个性化的指导和帮助，确保每个学生都能在教学过程中得到充分的发展和提升。

（二）互动式教学的特点与优势分析

互动式教学作为一种现代教学理念，具有一系列鲜明的特点和优势，这些特点与优势共同促进了教学效果的提升和学生学习体验的改善。

1. 互动式教学的特点

首先，突出学生的主体性。在这种教学模式下，学生不再是被动的知识接受者，而是成为主动的学习者和探索者。教师则扮演着引导者和促进者的角色，通过设计富有启发性的教学活动，引导学生积极参与、主动思考，激发他们的学习兴趣和潜能。

其次，强调师生之间的平等与合作。在传统的讲授式教学中，教师往往处于权威地位，学生则处于被动地位。而在互动式教学中，师生之间的关系变得更加平等和民主，教师和学生之间可以进行平等的交流和讨论，共同探索问题的答案。这种平等的师生关系有助于营造一个开放、包容的学习氛围，使学生敢于表达自己的想法和观点，增强他们的自信心和表达能力。

再次，互动式教学还具有多样性和灵活性的特点。教师可以根据学科特点和教学目标，设计多种形式的互动活动，如小组讨论、角色扮演、案例分析等，使教学活动更加丰富多彩。

最后，注重因材施教。根据学生的学习特点和需求，提供个性化的教学指导，使每个学生都能得到适合自己的发展。

2. 互动式教学的优势

首先，提高教学效果。通过师生之间的积极互动，学生能够更深入地理解和掌握知识，提高学习效率和效果。同时，互动式教学也有助于培养学生的思维能力、沟通能力和合作能力，为他们未来的发展奠定坚实的基础。

其次，提升学生的学习兴趣和积极性。互动式教学注重激发学生的学习兴趣和好奇心，使他们能够积极参与学习过程，享受学习的乐趣。这种积极的学习态度有助于培养学生的自主学习能力和终身学习的习惯。

最后，促进师生关系的和谐发展。互动式教学有助于建立和谐的师生关系，增强师生之间的信任和尊重。在这种氛围下，学生可以更加信任教师，愿意向教师请教问题，教师也更容易了解学生的学习情况和需求，从而更好地指导学生的学习。

（三）互动式教学与传统教学的比较分析

互动式教学与传统教学在教学理念、教学方式和教学效果等方面存在显著差异。以下是对这两种教学方式的比较分析：

（1）传统教学理念通常以教师为中心，注重知识的单向传授，学生往往处于被动接受的状态。而互动式教学则以学生为中心，强调学生的主体性和主动性，鼓励学生积极参与教学过程，通过与教师、同学的互动来建构知识和提升能力。

（2）传统教学中，教师通常处于权威地位，学生往往不敢或不愿质疑和挑战教师的观点。而在互动式教学中，师生关系更为平等和民主，鼓励学生提出自己的观点和疑问，与教师进行平等的交流和讨论。

（3）传统教学注重知识的记忆和应试能力，但往往忽视了学生的兴趣、情感和实践能力。互动式教学则更注重学生的全面发展，通过多样化的教学方式激发学生的学习兴趣，培养学生的创新思维、批判性思维和团队协作能力。

（四）互动式教学的理论基础与实践意义

互动式教学的理论基础主要来源于建构主义心理学。建构主义认为，学习不是简单地由外部信息向内部知识的传递和转移，而是学习者主动建构自己知识经验的过程。在这一过程中，学习者需要基于原有的知识经验，通过新经验与原有知识经验的反复、双向的作用，来充实、丰富和改造自己的知识体系。这种建构离不开教师的教，但也不能完全由教师代替。

互动式教学的实践意义在于，它极大地改变了传统教学中教师单方面讲授、学生被动听讲的教学模式。通过营造民主、平等、开放的教学氛围，激发学生的学习兴趣，调动教师的教学热情，使双方都能达到最佳状态。互动式教学注重学生的积极参与，这不仅有利于改变学生被动听讲的消极态度，还能提高他们的动口、动手和动脑能力，为其学习和发展打下坚实的基础。此外，互动式教学还更加注重学生创新精神和创新能力的培养，这有助于学生在未来的学习和工作中更好地应对挑战。

在具体实践中，教师可以通过多种方式实现互动式教学，如巧妙地提问、组织小组讨论、引导学生进行案例分析等。这些活动不仅能使学生汲取集体的智慧，进行再学习，还能培养他们的集体荣誉感，增强集体的凝聚力。

然而，互动式教学也面临一些挑战，如技术设备的限制等。在一些地区，由于网络环境和硬件设备可能无法满足需求，互动式教学的应用范围可能受到限制。因此，在实践中，需要充分考虑这些因素，以便更好地发挥互动式教学的优势。

二、互动式教学方法的实施策略

（一）设计有效的互动式教学活动与任务

设计有效的互动式教学活动与任务对于实现互动式教学理念至关重要。以下是一些具体的建议，以供参考：

1. 小组讨论

分组：根据学生的学习能力、性格特点和兴趣爱好等因素进行合理分组，确保每组学生都能积极参与讨论。

主题选择：选择与课程内容紧密相关且具有一定挑战性的问题作为讨论主题，激发学生的思考兴趣。

角色分配：为每个小组成员分配不同的角色，如记录员、发言人等，确保每个学生都能在讨论中发挥作用。

总结与反馈：讨论结束后，每组选出代表汇报讨论成果，教师给予点评和建议，促进学生深入思考。

2. 角色扮演

情境设定：根据课程内容设定具体的情境，如历史事件、科学实验等。

角色分配：学生根据情境扮演不同的角色，如历史人物、科学家等。

表演与互动：学生在表演过程中进行互动交流，通过亲身体验加深对知识的理解和记忆。

3. 案例分析

案例选择：选择具有代表性且与学生生活息息相关的案例进行分析。

分析过程：引导学生从多个角度对案例进行分析，如原因、影响、解决方案等。

小组讨论与汇报：学生分组讨论案例，提出自己的见解和解决方案，然后选出代表进行汇报。

4. 头脑风暴

问题提出：教师提出一个开放性问题或难题，激发学生的创新思维。

思考与交流：学生独立思考并与同伴交流想法，记录员记录所有观点。

总结与评价：对提出的观点进行整理和分类，评价其创新性和实用性。

5. 实践项目

项目设计：根据课程内容设计具有实际意义的实践项目，如制作模型、设计实验等。

分组与合作：学生分组进行项目研究，分工合作完成项目任务。

成果展示与评价：学生展示项目成果，教师和其他同学进行评价和建议。

在设计这些活动与任务时，教师需要充分考虑学生的实际情况和兴趣点，确保活动与任务的趣味性和挑战性。同时，教师还要注重活动的组织和管理，确保活动的顺利进行。通过有效的互动式教学活动与任务的设计与实施，可以激发学生的学习兴趣和主动性，提高他们的思维能力和实践能力，从而实现更好的教学效果。

（二）激发学生参与互动式教学的积极性

激发学生参与互动式教学的积极性是确保教学效果的关键环节。以下是一些建议，旨在帮助学生更积极地参与到互动式教学中来。

首先，教师需要深入了解学生的学习需求和兴趣点，确保所设计的互动教学活动和任务与学生实际密切相关。当教学活动能够引发学生的兴趣，学生就更有可能主动投入其中。例如，教师可以通过调查问卷或个别交流的方式，了解学生的喜好和学习风格，然后据此设计互动环节。

其次，营造积极的学习氛围至关重要。教师可以通过鼓励性的语言和姿态，让学生感受到课堂的温暖和包容。同时，建立明确的课堂规则和奖励机制，如设立"最佳参与奖"或"创新思考奖"，可以进一步激发学生的积极性。

再次，提供多样化的互动形式也是激发学生参与的有效手段。除了传统的问答、小组讨论等形式外，教师还可以引入角色扮演、案例分析、实践操作等更具创新性和趣味性的互动方式。这样不仅能吸引学生的注意力，还能让学生在参与中感受到学习的乐趣。

然后，教师应给予学生充分的表达和交流机会。在课堂上，教师可以设置专门的讨论环节，让学生自由发表自己的观点和想法。教师还应耐心倾听学生的发言，并给予积极的反馈和建议。这样，学生不仅能从互动中获得知识，还能提升自己的表达能力和自信心。

最后，教师应及时给予学生正面的评价和反馈。当学生在互动中表现出色时，教师应及时给予表扬和奖励；当学生在互动中遇到困难时，教师应给予耐心指导和鼓励。通过正面的评价和反馈，学生可以感受到自己的进步和成就，从而更加积极地参与到互动式教学中来。

（三）互动式教学中的教师角色定位与转换

在互动式教学中，教师的角色定位与转换是至关重要的。传统教学中，教师往往扮演着知识传递者的角色，而学生则是被动接受者。然而，在互动式教学中，教师的角色发生了显著的变化。

首先，教师成为学习活动的组织者。他们不再是单纯的知识灌输者，而是负责设计学习过程，组织各种形式的互动活动，以激发学生的学习兴趣和积极性。这种组织者的角色要求教师具备较高的教学设计和组织能力，能够根据学生的实际情况和学习需求，灵活调整教学策略和活动形式。

其次，教师是学生学习的促进者和引导者。他们不再是知识的权威，而是学生学习的伙伴和助手。在互动式教学中，教师需要积极引导学生参与讨论、探究和实践，帮助他们发现问题、分析问题和解决问题。同时，教师还需要关注学生的学习过程，及时给予反馈和指导，帮助学生建立正确的学习方法和思维方式。

最后，教师还应成为学生的高级伙伴。在互动式教学中，师生之间的关系更加平等和民主，教师需要与学生进行平等的交流和互动，共同探索知识和解决问题。这种高级伙伴的角色要求教师具备较高的专业素养和人际交往能力，能够与学生建立良好的师生关系，营造和谐的课堂氛围。

为了更好地适应互动式教学中的角色定位与转换，教师需要不断更新教育观念，树立正确的人才观、质量观和学生观。同时，教师还需要不断提升自己的专业素养和教学能力，以便更好地引导学生进行学习和发展。

（四）互动式教学的课堂管理与组织策略

互动式教学的课堂管理与组织策略对于确保教学效果至关重要。以下是一些关键策略，帮助教师有效地管理和组织互动式教学课堂。

首先，建立明确的课堂规则和纪律是课堂管理的基础。教师应与学生共同制定并遵守这些规则，确保课堂秩序井然，为互动式教学提供良好的环境。同时，教师也应设定合理的奖惩机制，以激励学生积极参与互动，并对不适当的行为进行纠正。

其次，教师应灵活运用多种教学方法和技巧来组织互动式教学。例如，可以通过小组讨论、角色扮演、案例分析等方式激发学生的参与热情，培养他们的合作精神和解决问题的能力。同时，教师还可以使用多媒体辅助工具，如投影仪、电子白板等，使教学内容更加生动、直观。

在互动过程中，教师应密切关注学生的反应和表现，及时调整教学策略。对于积极参与互动的学生，教师应给予及时的鼓励和肯定；对于表现不佳的学生，教师应耐心引导，帮助他们克服困难。此外，教师还应注重培养学生的批判性思维和创新精神，鼓励他们提出自己的见解和想法。

为了更有效地组织和管理课堂互动，教师还可以采用一些具体策略。例如，可以设定固定的互动环节和时间，让学生在规定的时间内进行交流和讨论；同时，教师也可以适时地引入竞争机制，激发学生的竞争意识和团队精神。

再次，营造积极、开放、平等的课堂氛围也是互动式教学成功的关键。教师应尊重学生个体差异，关注每个学生的需求和感受，努力营造一个让学生敢于表达、乐于交流的学习环境。

最后，教师应定期总结和反思互动式教学的课堂管理与组织策略。通过总结经验教训，不断优化教学策略和方法，提高互动式教学的效果和质量。

第三节　课堂教学管理与氛围营造

一、有效的课堂管理技巧

（一）课堂管理的关键技巧与策略

课堂管理的关键技巧与策略主要包括以下几个方面：

（1）在开始教学之前，教师应该为学生设定明确的学习目标和课堂规则。这些规则应该包括学生的行为准则、课堂参与要求以及作业提交规定等。通过设定清晰的目标和规则，学生可以更好地理解课堂要求，从而有助于维护良好的课堂秩序。

（2）教师应该努力与学生建立积极、互信的关系。通过关心学生的需求和兴趣，积极回应学生的问题和建议，教师可以增强学生的归属感，提高学生的学习积极性。同时，教师应该保持耐心和包容，对学生在课堂上可能出现的问题和错误，应该以理解和引导为主。

（3）为了保持学生的学习兴趣和注意力，教师应该根据教学内容和学生特点，灵活运用多种教学方法。例如，可以通过讲解、讨论、演示、实践等方式，使课堂更加生动有趣。同时，教师还可以利用现代教学技术，如多媒体教学、网络教学等，提高教学效果。

（4）在课堂上，教师应该密切关注学生的行为表现，对不符合规则的行为及时进行纠正。在处理学生问题时，教师应该保持公正、公平的态度，避免对学生产生负面影响。同时，教师还应该注重与学生的沟通，了解问题的原因和背景，以便更好地解决问题。

（5）教师应该定期对学生的学习成果进行评价，并及时给予反馈。通过评价，教师可以了解学生的学习情况，发现存在的问题和不足，从而调整教学策略。同时，及时的反馈可以帮助学生了解自己的进步和需要改进的地方，激发他们的学习动力。

（6）在课堂管理过程中，教师可能会遇到各种突发情况，因此，教师需要具备较高的应变能力，能够迅速、准确地处理各种突发问题。例如，当课堂出现混乱时，教师应该能够迅速采取措施恢复秩序；当遇到学生的特殊需求时，教师应该能够灵活调整教学计划以满足学生的需求。

（二）如何制定并执行课堂规则与纪律

制定并执行课堂规则与纪律是确保教学秩序、提高教学效果的重要措施。以下是一些关于如何制定和执行课堂规则与纪律的建议：

（1）明确目标。在制定课堂规则时，首先要明确目标，即希望通过这些规则达到什么样的课堂效果。例如，维护课堂秩序、提高学习效率、促进师生交流等。

（2）细化规则。根据目标，细化具体的课堂规则。规则应涵盖课堂行为、学习要求、作业提交等方面，确保学生在课堂上能够明确自己的责任和义务。

（3）征求意见。在制定规则时，可以征求学生和家长的意见，使规则更加贴近实际，更易于被接受和执行。

（4）公正公平。在执行课堂规则时，教师应保持公正公平的态度，对违反规则的学生进行适当处理，避免偏袒或歧视。

（5）严格执行。规则一旦制定，就应严格执行。教师应以身作则，成为遵守规则的楷模，同时要求学生严格遵守规则，对于违规行为要及时予以纠正和处理。

（6）适度引导。在执行规则时，教师还应注重适度引导。对于初次违规的学生，可以给予提醒和警告；对于多次违规或严重违规的学生，可以采取更严厉的措施，如扣分、留校察看等。

（7）定期检查。教师应定期检查课堂规则的执行情况，发现问题及时处理，确保规则的持续有效。

（8）收集意见。定期向学生和家长收集对课堂规则的反馈意见，以便及时调整和完善规则。

（9）表扬优秀。对于遵守规则、表现优秀的学生，教师应及时给予表扬和奖励，树立榜样，激励其他学生积极遵守规则。

（10）适时调整。随着教学环境和学生特点的变化，课堂规则可能需要适时调整。教师应根据实际情况，灵活调整规则内容，以适应新的教学需求。

（11）个性化对待。每个学生都有自己的特点和需求，教师在执行课堂规则时，应关注学生的个性差异，采用个性化的方式进行处理和引导。

（三）应对课堂问题行为的技巧与方法

应对课堂问题行为的技巧与方法对于维护良好的课堂秩序和提高教学质量至关重要。以下是一些有效的策略：

（1）明确课堂规则。在学期开始之初，与学生共同讨论并明确课堂规则，确保每个学生都清楚知道哪些行为是可以接受的，哪些行为是不可以接受的。

（2）建立积极的课堂文化。鼓励学生之间的合作与尊重，营造一个积极、和谐的学习氛围。

（3）非言语提示。通过目光接触、手势或走近学生等非言语方式，向学生传达出对其行为的关注，并引导他们回到课堂活动中。

（4）言语引导。用简洁明了的语言指出学生的问题行为，同时表达对学生良好行为的期待。

（5）个别谈话。对于经常出现问题行为的学生，可以在课后与他们进行个别谈话，了解他们的需求和困扰，并尝试找到解决问题的办法。

（6）调整教学方法。如果某个教学方法导致学生出现较多问题行为，可以考虑调整教学方法或活动，以激发学生的学习兴趣和参与度。

（7）利用课堂游戏或活动。通过设计有趣的课堂游戏或活动，吸引学生的注意力，减少问题行为的发生。

（8）使用多媒体资源。利用视频、音频等多媒体资源，使课堂内容更加生动有趣，提高学生的学习兴趣。

（9）与家长沟通。对于问题行为较为严重的学生，可以与家长进行沟通，共同寻找解决问题的办法。

（10）请教同事或专家。如果某个问题行为难以处理，可以向同事或教育专家请教，寻求专业的建议和指导。

（四）建立积极的师生关系，促进课堂管理效果

建立积极的师生关系对促进课堂管理效果具有至关重要的作用。以下是一些具体的方法与策略：

（1）积极倾听。教师应耐心倾听学生的意见和想法，理解他们的需求和困扰。通过倾听，教师可以更好地把握学生的心理状态，从而有针对性地调整教学策略。

（2）表达理解。当学生遇到问题时，教师应表达出对学生的理解和关心，让学生感受到教师的支持和帮助。这有助于增强师生之间的信任感，为后续的教学工作打下良好的基础。

（3）尊重学生个性。每个学生都有自己独特的个性和特点，教师应尊重他们的差异，避免用统一的标准来衡量学生。通过尊重学生的个性，教师可以激发学生的学习潜能，培养他们的自信心。

（4）鼓励学生参与。教师应鼓励学生积极参与课堂活动，发表自己的观点和看法。通过参与，学生可以更好地融入课堂，提高学习效果。同时，教师的鼓励也可以让学生感受到自己的价值，增强他们的学习动力。

（5）组织互动活动。教师可以通过组织小组讨论、角色扮演等互动活动，增进师生之间的交流和合作。这些活动不仅可以提高学生的参与度，还可以帮助他们更好地理解和掌握知识。

（6）建立合作机制。教师和学生可以共同制定课堂规则，参与课堂管理。这种合作机制可以让学生感受到自己是课堂的主人，从而更加积极地参与课堂活动。

（7）关注学生发展。教师应关注学生的全面发展，包括他们的学习、情感、社交等方面。通过关注学生的发展，教师可以及时发现学生的问题，提供有针对性的帮助和支持。

（8）提供及时反馈。教师应及时给予学生反馈，包括对他们的学习成果、课堂表现等方面的评价。通过反馈，学生可以了解自己的优点和不足，从而调整学习策略，提高学习效果。

二、积极课堂氛围的营造方法

（一）创建积极课堂氛围的重要性与意义

创建积极课堂氛围在教育教学过程中具有极其重要的意义。一个积极、和谐、充满活力的课堂氛围不仅能够激发学生的学习兴趣，提高学习效果，还能够促进学生的全面发展，培养他们积极向上的品质。

首先，积极的课堂氛围能够激发学生的学习兴趣。在轻松愉快的氛围中，学生会更加愿意参与到课堂活动中来，主动探索知识，积极思考问题。这种积极的学习态度有助于提高学生的学习效率和成绩。

其次，积极的课堂氛围有助于培养学生的合作精神和团队意识。在积极的课堂环境中，学生之间能够相互尊重、相互支持，共同完成任务，从而培养他们的团队协作能力和集体荣誉感。

再次，积极的课堂氛围还能够提升学生的自信心和自尊心。在得到教师的鼓励和肯定后，学生会更加自信地面对学习和生活中的挑战，勇于尝试新事物，敢于表达自己的观点。

最后，积极的课堂氛围对于培养学生的创新精神和创造力也具有重要意义。在一个鼓励创新、包容差异的课堂环境中，学生敢于挑战传统观念，提出新的想法和解决方案，从而培养他们的创新思维和创造力。

（二）营造积极课堂氛围的策略与技巧

营造积极课堂氛围的策略与技巧多种多样，关键在于教师如何灵活运用，以激发学生的学习兴趣和参与度。以下是一些具体的策略与技巧：

（1）运用幽默与趣味。教师可以通过幽默的语言和趣味的例子来化解课堂的紧张气氛，让学生在轻松愉快的氛围中学习。例如，可以在讲解知识点时穿插一些笑话或趣闻，以吸引学生的注意力。

（2）设计互动环节。通过小组讨论、角色扮演、辩论等形式，鼓励学生积极参与课堂活动，发表自己的观点和看法。这不仅可以提高学生的参与度，还能培养他们的团队协作能力和沟通能力。

（3）尊重与鼓励。教师应尊重学生的个性差异，鼓励他们发挥自己的优势。对于学生的进步和成就，应及时给予肯定和鼓励，以增强他们的自信心和学习动力。

（4）提供及时反馈。在教学过程中，教师应及时给予学生反馈，让他们了解自己的学习状况。这有助于学生调整学习策略，改进学习方法，提高学习效果。

（5）创设实际情境。通过模拟实际情境或结合生活实例，使学生能够更好地理解知识点，增强学习的实用性和趣味性。例如，可以组织学生进行实地考察或社会实践活动，让他们在实践中学习和成长。

（6）利用多媒体教学。利用多媒体设备和技术，如投影仪、音响、视频等，丰富教学手段和内容，使课堂更加生动有趣。多媒体教学可以直观地展示知识点，提高学生的学习兴趣和参与度。

（三）教师在营造积极课堂氛围中的作用

教师在营造积极的课堂氛围中扮演着至关重要的角色。他们不仅是知识的传授者，更是课堂氛围的引导者和塑造者。以下详细探讨了教师在营造积极课堂氛围中的具体作用：

1. 氛围的引导与塑造

教师通过自身的言行举止和情感态度，为学生营造一个积极、和谐、充满活力的课堂氛围。他们通过微笑、鼓励、肯定等积极的方式，传递给学生正面的能量，激发学生的学习热情和积极性。

2. 教学活动的设计与实施

教师精心设计各种教学活动，如小组讨论、角色扮演、互动游戏等，以激发学生的学习兴趣和参与度。这些活动不仅有助于提高学生的学习效果，还能培养他们的团队协作能力和创新精神。

3. 学生情感的关注与支持

教师密切关注学生的情感变化，及时发现并解决学生在学习过程中遇到的困惑和难题。他们通过倾听、理解和鼓励，让学生感受到教师的关心和支持，从而增强学生的自信心和学习动力。

4. 课堂规则的制定与执行

教师制定合理的课堂规则，并严格执行，以确保课堂的秩序和效率。他们通过公正、公平、公开的方式处理学生的违规行为，维护课堂的公平性和正义感，为学生营造一个安全、稳定的学习环境。

5. 自我提升与反思

教师不断反思自己的教学实践，总结经验教训，努力提升自己的专业素养和教学能力。他们通过参加培训、阅读专业书籍、与同行交流等方式，不断提高自己的教育教学水平，以更好地为学生服务。

（四）如何评估课堂氛围并持续改进优化

评估课堂氛围并持续改进优化是一个持续的过程，旨在不断提升学生的学习体验和教学效果。以下是一些具体的步骤和建议：

首先，定期收集反馈是评估课堂氛围的重要一环。教师可以通过问卷调查、小组讨论或个别访谈的方式，收集学生对课堂氛围的感知和意见。此外，观察学生在课堂上的表现和互动情况，也是了解课堂氛围的有效途径。

其次，分析收集到的反馈和数据是关键。教师应仔细研究学生的意见和建议，识别课堂氛围中的优点和不足。例如，可以分析学生在课堂上的参与度、积极性以及彼此之间的合作程度，从而判断课堂氛围的整体状况。

在了解了课堂氛围的现状后，制订针对性的改进计划至关重要。针对存在的问题和不足，教师可以设计具体的改进措施，如调整教学方法、优化课堂活动、加强师生沟通等。同时，也可以借鉴其他成功的教学案例和经验，为自己的改进计划提供更多灵感和思路。

实施改进计划并持续监控效果是确保课堂氛围不断优化的关键。教师应将改进措施付诸实践，并密切关注其对学生学习体验和教学效果的影响。在实施过程中，可以根据实际情况对计划进行适时调整，以确保其有效性。

再次，定期总结和反思也是改进课堂氛围的重要环节。教师应定期回顾自己的教学实践和课堂氛围改进过程，总结经验教训，思考如何进一步优化课堂氛围。通过不断反思和总结，教师可以不断提升自己的教学能力和专业素养，为学生创造更好的学习环境。

最后，需要注意的是，课堂氛围的改进是一个长期的过程，需要教师的持续努力和耐心。同时，课堂氛围的优化也需要学生的积极参与和配合。因此，教师应积极引导学生参与课堂氛围的建设和改进过程，共同营造一个积极、和谐、充满活力的学习环境。

三、课堂管理与氛围营造的实践

（一）课堂管理与氛围营造的实战经验分享

课堂管理与氛围营造是每位教师在教学实践中的核心任务。以下是我在这一领域积累的一些实战经验分享：

首先，明确课堂纪律和行为准则至关重要。这有助于确保课堂秩序井然，使学生明确知道什么是可以做的，什么是不可以做的。一旦有了明确的规则，学生的行为就有了明确的指导，这也有利于减少课堂冲突和不必要的干扰。

其次，与学生建立积极的师生关系是营造良好课堂氛围的关键。我尝试倾听学生的意见和需求，鼓励他们参与课堂讨论和合作。通过尊重和信任的建立，学生更愿意参与课堂活动，也更愿意遵守课堂规则。

在教学方法上，我灵活运用多种教学手段，如多媒体、角色扮演、游戏等，以激发学生的学习兴趣和积极性。我发现，当教学内容以生动有趣的方式呈现时，学生的参与度和理解度都会显著提高。

同时，我注重课堂任务的合理分配，通过小组活动、讨论和展示等形式，鼓励学生互相合作和参与课堂。这不仅有助于分散学生的注意力，还有助于培养他们的团队协作和沟通能力。

在营造课堂氛围方面，我注重环境布置和氛围营造。例如，选择柔和的灯光和舒适的音乐，以营造出温馨和放松的学习氛围。同时，我也会根据教学内容和活动需求，选择适当的装饰和道具，以增强课堂的趣味性和吸引力。

再次，提供积极的反馈和奖励也是营造积极课堂氛围的重要手段。我会及时表扬和奖励表现出色的学生，鼓励其他学生努力取得进步。这种正向的激励机制有助于形成积极向上的课堂氛围。

最后，我认为持续的学习和自我提升是提升课堂管理和氛围营造能力的关键。我会定期参加教育培训和研讨会，学习新的教学理念和方法，以不断提升自己的专业素养和教学能力。

（二）案例研究：成功的课堂管理与氛围营造

以下是关于成功的课堂管理与氛围营造的案例研究：

在一所学校中，李老师接手了一个班级。起初，这个班级的学生课堂表现较为混乱，有些学生经常打断老师讲话，还有的学生在课堂上玩手机，导致课堂秩序混乱，教学效率低下。

李老师首先决定从建立明确的课堂规则和纪律开始。她与学生一起讨论并制定了一系列课堂行为准则，包括如何尊重他人、如何保持课堂安静等。同时，她也明确了违规行为的后果，确保每个学生都清楚知道自己的行为界限。

在建立规则的基础上，李老师注重与学生建立积极的师生关系。她经常与学生进行个别交流，了解他们的想法和需求，鼓励他们表达自己的观点。在课堂上，李老师也尽可能提供机会让学生参与讨论和合作，激发他们的学习兴趣和积极性。

为了营造积极的课堂氛围，李老师还运用了一些创新的教学方法。她引入游戏化学习，让学生在轻松愉快的氛围中掌握知识。同时，她还利用多媒体教学工具，使课堂内容更加生动有趣。

经过一段时间的努力，这个班级的课堂氛围有了显著的改善。学生们开始遵守课堂规则，积极参与课堂活动，互相尊重，合作互助。课堂秩序井然，教学效率也得到了提高。

这个案例表明，成功的课堂管理与氛围营造需要教师的精心设计和持续努力。通过建立明确的规则、与学生建立积极的师生关系、运用创新的教学方法等手段，教师可以有效地改善课堂氛围，提高教学效果。同时，这也需要教师的耐心和毅力，因为改变学生的行为习惯和思维方式需要时间和持续的努力。

（三）教师在课堂管理与氛围营造中的实践智慧

教师在课堂管理与氛围营造中的实践智慧体现在多个方面，这些智慧不仅是教师长期教学经验的积累，更是对教育教学规律的深入理解和灵活运用。

首先，教师在课堂管理中展现出的实践智慧体现在对规则和纪律的灵活处理上。他们明白，过于严苛的纪律可能会抑制学生的积极性和创造力，而过于宽松的纪律又可能导致课堂秩序混乱。因此，他们会根据学生的年龄、性格和课堂需求，制定既具有约束力又不失人性化的课堂规则。同时，在处理学生的违规行为时，教师也会根据具体情况采取适当的措施，既维护了课堂秩序，又尊重了学生的个性和尊严。

其次，教师在营造课堂氛围方面的实践智慧体现在对教学方法和手段的巧妙运用上。他们深知，不同的学生有不同的学习方式和兴趣点，因此需要采用多样化的教学手段来激发学生的学习兴趣和积极性。例如，有的教师会利用故事、游戏或音乐来引导学生进入学习状态，有的教师则会通过小组讨论、角色扮演或实验等方式来促进学生的互动和合作。这些教学方法和手段的选择和运用，都体现了教师的实践智慧和对教学艺术的深刻理解。

再次，教师在与学生互动和沟通中也展现出了实践智慧。他们懂得倾听学生的声音，理解学生的需求和困惑，并根据学生的反馈及时调整自己的教学策略。同时，他们也善于用鼓励和肯定来激发学生的自信心和学习动力，让学生感受到教师的关爱和支持。这种积极的师生互动和沟通，不仅有助于营造良好的课堂氛围，还能够促进学生的全面发展。

最后，教师在课堂管理与氛围营造中的实践智慧还体现在他们的自我反思和持续学习上。他们会定期回顾自己的教学实践，总结经验教训，思考如何进一步优化课堂管理和氛围营造。同时，他们也会积极学习新的教学理念和方法，不断提升自己的专业素养和教学能力。这种自我反思和持续学习的态度，是教师实践智慧的重要体现，也是他们不断提升教学质量的关键所在。

（四）持续改进课堂管理与氛围营造的实践策略

持续改进课堂管理与氛围营造的实践策略是一个持续且不断深化的过程，涉及多个层面的调整和优化。以下是一些具体的实践策略：

首先，定期收集和分析反馈是关键。教师可以通过问卷调查、个别谈话、学生建议箱等方式，定期收集学生对课堂管理和氛围的反馈意见。同时，也要关注学生在课堂上的表现和情绪变化，以及他们与同伴之间的互动情况，从而全面了解课堂氛围的现状。

其次，持续更新教学方法和手段。随着教育理念的更新和技术的进步，教师需要不断学习和尝试新的教学方法和手段。例如，可以引入更多的互动式和体验式学习活动，利用现代教学技术如多媒体教学、在线教学平台等，提高课堂的趣味性和实效性。

再次，注重培养学生的自主管理能力也是重要的策略。教师可以通过设立学习小组、制订自主学习计划等方式，引导学生积极参与课堂管理，培养他们的自我约束和协作能力。这样不仅可以减轻教师的负担，还能让学生在参与中增强责任感和归属感。

然后，建立和谐的师生关系也是营造良好课堂氛围的关键。教师应尊重每一个学生，关注他们的需求和感受，用爱和耐心去引导他们成长。通过积极的师生互动和沟通，建立起信任和理解的基础，从而营造出一个积极、健康、和谐的课堂氛围。

最后，教师自身的专业成长和反思也至关重要。教师需要不断学习和更新自己的教育理念和知识，提高自己的教学能力和水平。同时，也要定期反思自己的教学实践，总结经验教训，不断调整和优化课堂管理和氛围营造的策略。

第四节　教学评价与反馈机制的完善

一、教学评价的目的与原则

（一）教学评价的核心目的及其意义

教学评价的核心目的及其意义主要体现在以下几个方面：

首先，教学评价的核心目的在于促进学生的学习和发展。通过对学生学习过程和结果的评价，教师可以了解学生的学习状况，发现学生学习中存在的问题和不足，从而有针对性地调整教学策略，优化教学内容，提高教学效果。同时，教学评价还能激发学生的学习动力和自信心，促进他们积极主动地参与学习活动，提高自主学习能力。

其次，教学评价有助于教师改进教学和提高专业素养。通过对教学过程的评价，教师可以反思自己的教学行为和方法，总结教学经验，发现教学中的问题和不足，进而寻求改进和优化教学的途径。同时，教学评价还可以促进教师之间的交流和合作，共同探讨教学问题，分享教学经验和成果，提升教师的专业素养和教学水平。

最后，教学评价对于学校和教育管理部门来说也具有重要意义。通过对教学评价结果的分析和比较，学校和教育管理部门可以了解教学质量和水平，发现教学中的普遍问题和薄弱环节，从而有针对性地制定改进措施和政策，推动教育教学改革和发展。

（二）教学评价的基本原则概述

教学评价的基本原则主要包括以下几个方面：

首先，客观性原则是教学评价的基础。评价过程应客观公正、科学合理，避免主观臆断和掺杂个人情感，确保评价结果的客观性和准确性。

其次，发展性原则强调教学评价应着眼于学生的学习进步和动态发展，以及教师的教学改进和能力提升。评价不应只关注当下的学习成果，而应重视学生的长期发展，激发师生的积极性和创新精神。

再次，指导性原则要求教学评价在指出师生优点和不足的基础上，提出建设性的改进意见。评价应有助于师生明确自己的发展方向，促进他们不断前进。

然后，计划性原则指出教学评价应与教学计划紧密配合，有计划地进行。评价次数和总量应合理安排，避免评价过多或过于集中，以确保评价的有效性和师生的负担适中。

最后，多元性原则强调评价方法和手段的多样性，以及评价内容的全面性。评价应综合考虑学生的知识、能力、素质等方面，注重学术成绩以外的思维能力、创新能力、实践能力等综合素质的培养。

另外，个别性原则和参与性原则也是教学评价的重要原则。个别性原则注重学生的个体差异，鼓励个性化的评价；参与性原则鼓励学生和家长参与评价过程，形成共同评价的机制。

（三）以学生为中心的教学评价理念

以学生为中心的教学评价理念强调学生的主体性和全面发展。在这一理念下，教学评价不再仅仅是教师对学生的单向评价，而是转变为一个师生共同参与、互相促进的过程。

首先，这种评价理念注重学生的个体差异和学习需求。每个学生都有自己独特的学习风格、兴趣爱好和发展潜力，教学评价应充分考虑这些因素，为每个学生提供个性化的评价方案。这有助于激发学生的学习兴趣和积极性，使他们在学习过程中不断获得成就感。

其次，以学生为中心的教学评价强调过程性评价与结果性评价相结合。除了关注学生的学习成果，还要重视学生在学习过程中所展现出的能力、态度和进步。通过对学生学习过程的观察和记录，教师可以更全面地了解学生的学习状况，提供更有针对性的指导和帮助。

再次，这种评价理念还注重学生的自我评价和同伴评价。通过引导学生进行自我评价，可以帮助他们更好地认识自己的学习状况，培养自我反思和自我调整的能力。同时，同伴评价可以为学生提供一个互相学习、互相促进的平台，有助于培养他们的合作精神和沟通能力。

最后，以学生为中心的教学评价理念还强调评价的反馈与改进功能。评价结果应及时反馈给学生和教师，帮助他们了解自己的学习状况和教学效果，为后续的改进提供依据。同时，教师也应根据评价结果不断调整教学策略和方法，以适应学生的需求和发展。

（四）确保教学评价公正有效的策略

为确保教学评价的公正有效，可以采纳以下策略：

首先，明确评价目标和标准。评价目标应与教学目标相一致，确保评价内容能够真实反映学生的学习成果。同时，评价标准应具体、明确、可操作，以便教师能准确评估学生的表现。

其次，多元化评估方法。采用多种评估方法，如课堂观察、作业分析、测试、问卷调查、学生自评和互评等，从多个角度全面评价学生的学习情况和教学效果。这不仅可以避免单一评估方法的主观性和片面性，还能提高评价的准确性和客观性。

再次，引入自评和互评机制。让学生参与自我评价和互相评价，有助于培养他们的自我反思能力和批判性思维。同时，自评和互评还能为教师提供额外的评价信息，帮助教师更全面地了解学生的学习状况。

然后，及时反馈和跟进。教师应在评价后及时向学生反馈评价结果，指出他们的优点和不足，提出具体的改进建议。同时，教师还应跟进学生的学习情况，帮助他们解决学习中遇到的问题，促进他们的进步。

最后，尊重个体差异。在评价过程中，教师应充分尊重学生的个体差异，避免一刀切的评价方式。针对每个学生的实际情况，制定个性化的评价方案，以激发他们的学习潜能和兴趣。

另外，建立完善的评估体系。学校和教育机构应建立科学的评估体系，包括评价流程、评价工具、评价人员等方面的规定，确保评价工作的规范化和制度化。同时，定期对评估体系进行审查和调整，以适应教育教学的发展需求。

二、反馈机制的构建与实施

（一）构建有效的教学反馈机制的重要性

构建有效的教学反馈机制在教育教学过程中具有极其重要的意义。以下是关于其重要性的详细阐述：

首先，有效的教学反馈机制有助于促进学生的学习动力和自我认知。当学生接收到来自教师的具体、有针对性的反馈时，他们能够更好地了解自己的学习状况，明确自己的学习目标和方向。这种反馈能够激发学生的学习动力，促使他们更加积极地投入学习，并努力改进自己的不足。同时，反馈也有助于学生形成正确的自我认知，认识到自己的优点和不足，从而更加客观地评价自己的学习效果。

其次，教学反馈机制有助于教师调整教学策略和方法。通过收集和分析学生的反馈意见，教师可以了解学生对教学内容、教学方法的接受程度，以及他们在学习过程中遇到的困难和问题。这些信息为教师提供了宝贵的参考，帮助他们调整教学策略，优化教学方法，以更好地满足学生的学习需求。

再次，有效的教学反馈机制还有助于提升教学质量和效果。通过及时反馈和持续改进，教师和学生能够形成一个良性的互动循环，共同推动教学质量的提升。同时，反馈机制也有助于营造一个积极、健康的学习氛围，增强师生之间的信任和沟通，促进教学相长。

最后，构建有效的教学反馈机制也是现代教育理念的重要体现。现代教育强调以学生为中心，注重学生的主体性和全面发展。构建有效的教学反馈机制正是这一理念的具体实践，它有助于实现教育教学的个性化和精准化，推动教育教学的不断创新和发展。

（二）实施教学反馈的关键步骤与策略

实施教学反馈的关键步骤与策略主要包括以下几个方面：

首先，教师应明确教学反馈的目的和意义，即为了促进学生的学习进步和改进自身的教学方法。在此基础上，识别教学优势和需改进的方面，通过自我评估和学生评估等方式，对教学工作进行全面而深入的了解。

其次，建立有效的教学反馈时间表。教师应根据教学工作的实际情况和需求，制订合适的教学反馈计划，明确反馈的类型（如当面反馈、书面反馈或设定一定时期的自我总结等）和执行的时间点。

在收集数据阶段，教师需要利用有效的工具，如在线教学平台、问卷调查等，来收集学生的数据，以便更好地了解学生的学习情况和需求。同时，教师也要鼓励学生积极参与课堂讨论和活动，通过小组合作学习和笔头测验等方式，收集更多关于学生学习过程的信息。

分析数据时，教师应关注学生的学习进步、问题所在以及个性化需求。通过整理和分析收集到的数据，教师可以制订有针对性的教学反馈计划，明确学生的优点和不足，以及下一步的教学重点和改进方向。

在反馈过程中，教师应注重口头反馈和书面反馈的结合。口头反馈可以及时给予学生鼓励和肯定，强化他们的学习动力和自信心；书面反馈则可以提供更详细、更系统的评价和建议,帮助学生更好地了解自己的学习情况和改进方向。

再次,教师还应定期组织学习反馈会议,与学生面对面地交流和讨论学习问题和进展。这些会议不仅有助于教师更深入地了解学生的学习情况,还能为学生提供个性化的解决方案和指导。

最后,制订改进计划并实施改进措施是关键的一步。教师应根据反馈结果制订具体的教学改进计划,明确改进的目标、措施和时间表。同时,积极寻求其他教师和管理层的建议和支持,共同推动教学工作的改进和提升。

(三)如何确保教学反馈的及时性与准确性

要确保教学反馈的及时性与准确性,可以从以下几个方面着手:

首先,明确反馈目标和标准。教师应清晰地了解教学反馈的目的,设定明确的反馈标准,以便有针对性地收集和分析学生的反馈信息。

其次,选择适当的反馈方式和工具。教师可以根据具体情况选择口头反馈、书面反馈、在线平台反馈等多种方式,并利用问卷、测试、观察记录等工具来收集反馈信息。这些方式和工具应能够全面、准确地反映学生的学习情况。

在收集反馈信息时,教师应注重信息的及时性和完整性。及时记录学生的学习表现和作业完成情况,整理和分析这些信息,确保反馈的及时性。同时,要确保反馈信息的准确性,避免主观臆断和偏见,以客观、公正的态度进行反馈。

再次,教师还应加强与学生的沟通与交流。通过与学生进行面对面交流、小组讨论等方式,深入了解学生的学习需求和困惑,为反馈提供更准确的信息。同时,鼓励学生主动提供反馈,建立双向反馈机制,促进师生之间的有效互动。

最后,定期评估和调整反馈策略。教师应定期评估教学反馈的效果,根据评估结果调整反馈策略和方法。通过不断改进和完善反馈机制,确保教学反馈的及时性和准确性得到持续提升。

(四)教学反馈机制中的师生互动与交流

在教学反馈机制中,师生互动与交流扮演着至关重要的角色。这种互动与交流不仅有助于教师及时获得学生的学习反馈,调整教学策略,还能促进学生的学习动力和自我认知。

首先,教师应积极与学生进行互动交流,通过提问、讨论等方式获取学生的反馈信息。这种交流可以发生在课堂上,也可以延伸至课后,比如通过电子邮件、在线教学平台等渠道进行沟通。通过与学生保持频繁的互动,教师可以更加全面地了解学生的学习情况，包括他们的理解程度、困惑之处以及需求等。

其次，教师应鼓励学生主动参与反馈过程。这可以通过设置专门的反馈环节、提供反馈渠道或引导学生进行自我反思和评估来实现。当学生被鼓励表达自己的观点和感受时，他们更有可能积极地参与到学习中来，同时也能够增强对教学内容的理解和掌握。

在师生互动与交流的过程中，教师应保持开放和包容的态度，尊重每个学生的观点和差异。通过倾听和理解学生的反馈，教师可以更加准确地把握学生的学习需求，为后续的教学提供有针对性的指导。

最后，师生互动与交流还有助于建立良好的师生关系。通过积极的反馈和有效的沟通，教师可以及时发现学生的进步和努力，并给予肯定和鼓励。这不仅可以增强学生的自信心和学习动力，还能够促进师生之间的信任和理解，为教学的顺利进行创造有利条件。

三、评价与反馈在提升教学质量中的作用

（一）评价与反馈：教学质量的双刃剑

评价与反馈在教学质量中确实扮演着"双刃剑"的角色。

从积极的角度看，评价与反馈对于促进教师的专业成长和提升教学质量有着重要的作用。具体来说，通过学生的评价和反馈，教师可以了解自己在课堂上的教学表现，发现自身的不足之处，并据此调整教学策略和方法。这种基于学生反馈的教学改进，有助于教师更准确地把握学生的学习需求，从而提供更加适合的教学内容和方式，提高教学效果。同时，学生评价和反馈也能帮助教师发现教学中存在的问题，并在课堂中做出相应的改进，使教学更具针对性和实效性。

然而，从另一方面看，如果处理不当，评价与反馈也可能带来一些负面影响。例如，过于依赖学生的评价可能导致教师过于迎合学生的口味，而忽略了对教学内容的深度和广度的追求。此外，如果学生的反馈不够客观、全面，或者教师没有正确理解和应用这些反馈，可能会导致教学质量的下降。

因此，教师在使用评价与反馈这一"双刃剑"时，需要谨慎而明智：一方面，要积极收集、分析学生的评价和反馈，了解学生的学习情况和需求，以便更好地指导教学；另一方面，也要保持独立思考和判断，不被学生的反馈所左右，坚持自己的教学理念和原则。同时，教师还需要不断提升自己的专业素养和教学能力，以更好地应对各种评价和反馈，实现教学质量的持续提升。

（二）如何利用评价与反馈优化教学方法

利用评价与反馈优化教学方法是一个持续且系统的过程，涉及多个方面的考量与实践。以下是一些关键步骤和策略：

首先，教师应积极收集学生的评价和反馈。这可以通过多种方式实现，如课堂观察、问卷调查、小组讨论、作业批改以及项目展示等。这些方式能够全面、客观地反映学生的学习情况，为教师提供有价值的信息。

其次，教师应认真分析和解读这些评价和反馈。在分析过程中，教师应注意识别学生的学习难点、兴趣点以及需求，以便为后续的教学调整提供依据。同时，教师还应关注自身的教学方法和策略，思考是否需要进行改进和调整。

再次，根据评价和反馈的结果，教师应有针对性地优化教学方法。例如，如果学生在某个知识点上存在普遍困难，教师可以考虑采用更加直观、生动的教学方式，如使用多媒体辅助教学或引入实际案例。此外，教师还可以根据学生的兴趣和需求，调整教学内容的顺序和深度，以提高学生的学习兴趣和积极性。

在优化教学方法的过程中，教师还应注重培养学生的自主学习能力和创新意识。通过引导学生参与课堂讨论、小组合作等活动，教师可以帮助学生培养独立思考和解决问题的能力。同时，教师还可以鼓励学生提出自己的见解和想法，激发学生的创新意识和创造力。

最后，教师应不断跟进和调整教学策略。教学和学习是一个持续的过程，学生的需求和情况可能会随着时间的推移而发生变化。因此，教师需要定期回顾和评估自己的教学方法，根据新的评价和反馈进行必要的调整和改进。

（三）评价与反馈在促进教师专业成长中的作用

评价与反馈在促进教师专业成长中扮演着至关重要的角色。它们不仅为教师提供了改进教学的机会，还为其专业成长指明了方向。

首先，评价与反馈有助于教师深入了解自己的教学效果。通过收集和分析学生的评价和反馈，教师可以更加清晰地认识到自己在教学中的优点和不足，从而调整教学策略和方法。这种基于反馈的教学改进，有助于教师更加精准地满足学生的学习需求，提高教学效果。

其次，评价与反馈能够促进教师进行教学反思。教师在接受学生的反馈时，会对自己的教学过程和方法进行深刻的思考，从中总结经验教训。这种反思不仅有助于教师及时纠正教学中的错误和不足，还能激发其探索新的教学方法和策略的热情，推动其不断创新和进步。

再次，评价与反馈还能激发教师的自我提升动力。当教师意识到自己的教学存在不足时，会产生改进和提升自己的强烈愿望。这种动力促使教师更加积极地参加专业培训、学术交流和教育研究等活动，不断提升自己的专业素养和教学能力。

最后，评价与反馈有助于教师形成正确的教育理念和教学方法。在收集和分析学生的反馈过程中，教师会逐渐认识到学生的真实需求和兴趣，进而形成以学生为中心的教育理念。同时，通过不断地实践和探索，教师会逐渐找到适合自己的教学方法和策略，形成独特的教学风格。

（四）学生参与度与教学质量：评价与反馈的视角

从评价与反馈的视角来看，学生参与度与教学质量之间存在着密切的联系。

首先，学生参与度是影响教学质量的关键因素之一。学生的积极参与不仅能激发他们的学习兴趣和动力，还能促进他们对知识的深入理解和掌握。当学生主动参与到课堂讨论、小组活动和实践操作中时，他们更有可能对学习内容产生浓厚的兴趣，从而更加投入地学习。这种积极参与的过程不仅有助于提高学生的学习效果，还能培养他们的自主学习能力和合作精神。

其次，评价与反馈是提升学生参与度的重要手段。通过及时、具体、有针对性的评价，教师可以让学生了解自己的学习状况和进步情况，激发他们的学习信心和积极性。同时，教师还可以通过反馈指导学生改进学习方法、调整学习策略，帮助他们更好地适应学习过程。这种基于评价与反馈的学习指导，有助于提高学生的参与度，使他们更加主动地参与到学习中来。

最后，学生参与度与教学质量之间的相互作用也体现在教师的专业成长上。通过收集和分析学生的评价和反馈，教师可以了解学生对教学的看法和建议，发现教学中的不足和问题。这种基于学生视角的教学反思，有助于教师调整教学策略、改进教学方法，提高教学效果和质量。同时，教师的专业成长也会反过来促进学生参与度的提升，形成良性循环。

第五节　教学资源的开发与利用

一、教学资源的种类与特点

（一）教学资源的多样性及其分类

教学资源的多样性体现在其丰富的内容和形式上，它们为教学的有效开展提供了各种必要的素材和条件。以下是一些主要的分类方式：

硬件资源：包括教室、实验室、图书馆、体育馆等场所的设施和器材，以及计算机、投影仪、音响等教学设备。这些硬件资源是学校提供给师生进行各种教学活动的基本条件。

软件资源：包括教科书、参考书、期刊、网络资源等教学资料，以及课程大纲、教学计划、实验指导书等教学文件。这些软件资源是学校提供给师生进行各种教学活动的指导和依据。

数字资源：包括电子图书、在线课程、教学视频、多媒体资源等数字化教学资源。这些资源可以通过网络平台或移动设备进行传播和学习，具有便捷性和高效性。

人际资源：包括教师、学生、校友、企业导师等人物，他们可以为学生提供专业的指导和支持，帮助学生学习和成长。这些人际资源是学校提供给师生们进行各种教学活动的重要支持。

另外，根据广义的定义，教学资源还可以包括教育政策等内容。总之，教学资源是为教学的有效开展提供的各种素材和条件，它们在教学过程中发挥着重要的作用，有助于提升教学质量和学生的学习效果。

在教学资源的利用上，教师和管理者需要根据实际情况，合理分类、整理和分享这些资源，以便更好地服务于教学活动，满足学生的学习需求。同时，随着教育技术的不断发展，教学资源的形式和内容也在不断更新和丰富，需要持续关注并适应这些变化。

（二）各类教学资源的特点分析

各类教学资源具有其独特的特点，这些特点使得它们在教学过程中能够发挥不同的作用，满足不同的教学需求。

首先，硬件资源如教室、实验室、图书馆等，为教学活动提供了必要的场所和设施。教室的布局和设计会影响学生的注意力和互动程度，实验室的设备则直接影响到学生的实践能力和科学探索。图书馆则以其丰富的藏书和安静的环境，成为学生自主学习和研究的理想场所。

其次，软件资源如教科书、参考书、网络资源等，为教学提供了丰富的知识内容和信息。教科书是学生学习的基础，它包含了系统的学科知识和理论。参考书则是对教科书内容的补充和深化，有助于学生更全面地理解学科知识。网络资源则具有时效性和广泛性，能够为学生提供最新的学术动态和丰富的案例资料。

再次，数字资源如电子图书、在线课程、教学视频等，具有便捷性和高效性。学生可以随时随地通过网络平台或移动设备进行学习，不受时间和地点的限制。这些数字资源通常包含丰富的多媒体元素，如图像、音频和视频等，能够激发学生的学习兴趣和积极性。

最后，人际资源如教师、学生、校友等，是教学过程中不可忽视的重要资源。教师具有专业知识和教育经验，能够为学生提供有针对性的指导和建议。学生之间的交流和合作则有助于培养团队精神和沟通能力。校友则可以为学生提供职业规划和就业方面的帮助。

各类教学资源具有其独特的特点和作用，它们在教学过程中相互补充、相互促进，共同构成了丰富多样的教学资源体系。在教学过程中，教师应根据教学目标和学生的需求，合理选择和利用这些资源，以提升教学效果和促进学生的全面发展。

（三）数字教学资源与传统教学资源的比较

数字教学资源与传统教学资源在多个方面存在显著的差异。

1. 数字教学资源

数字教学资源是通过计算机、网络和多媒体技术等手段生产、传播、管理和利用的教学资源，具有多媒体性、互动性和个性化特点，能够为学生提供丰富多彩的信息和知识。数字教学资源的优势在于其高可靠性和易于纠错处理，而多媒体化的处理方式使得教学资源更加生动和多样化。此外，信息传输网络化使得学习者可以随时随地获取所需信息，实现真正的"人人皆学、处处能学、时时可学"。

2.传统教学资源

传统教学资源主要包括纸质教材、教学课本、实验器材等，这些资源在一定程度上受到地域和物质条件的限制，且其知识呈现方式往往具有线性特点，信息传输有限。在传统的教学模式中，教师是知识的主要传授者，学生则处于被动接受的状态。而数字教学资源支持的教学方式更加多样化和灵活，可以根据学生的特点和需求进行个性化教学；学生可以通过各种数字工具进行学习、练习和交流，提高学习的主动性和积极性。传统教学资源则主要依赖于教师的讲解和示范，学生的学习方式相对单一，容易造成被动学习的情况。

总体而言，数字教学资源与传统教学资源各有其特点和优势。随着数字化技术的不断发展和普及，数字教学资源在教学中的应用越来越广泛，为教育改革和发展提供了有力的支持。然而，传统教学资源在某些方面仍具有不可替代的作用，因此在实际教学中应根据需要合理选择和使用这两种教学资源。

（四）教学资源的获取与选择策略

教学资源的获取与选择策略对提升教学质量和效果至关重要。这里有一些建议和策略，帮助教师更好地获取和选择教学资源。

1.明确教学目标和学生的学习需求

根据教学目标，确定所需教学资源的类型、内容和难度。同时，考虑学生的年龄、兴趣和学习特点，选择能够激发他们学习兴趣的教学资源。来源：

（1）互联网资源。利用搜索引擎、教育网站、教学资源库等渠道，查找与教学目标相符的教学资源。这些资源通常包括课件、教学视频、教学案例等，可以为教师提供丰富的教学素材。

（2）教育机构与出版社。关注教育机构、出版社等发布的优质教学资源，如教材、教辅资料等。这些资源经过专业团队编写和审核，具有较高的权威性和可靠性。

（3）同事交流与合作。与同事交流教学经验，分享教学资源，可以拓宽获取资源的渠道。同时，参加教学研讨会、教育培训等活动，与其他教师共同探讨教学问题，也可以获取更多的教学资源。

2.对获取的教学资源需要进行评估、分析和维护

（1）质量评估：对获取的教学资源进行质量评估，包括内容的准确性、完整性、科学性等方面。确保所选资源能够支持教学目标的实现。

（2）适用性分析：考虑教学资源的适用性，包括资源是否符合学生的认知特点、是否与教学内容紧密相关等。选择能够激发学生兴趣、促进学生理解和掌握知识的教学资源。

（3）更新与维护：关注教学资源的更新与维护情况，选择那些能够及时更新、保持时效性的资源。同时，注意资源的版权问题，避免使用未经授权的资源。

3. 根据教学实际情况，灵活运用所选教学资源

可以将多种教学资源相结合，如将教学视频与课件相结合，提高学生的学习兴趣和效果。同时，注意资源的合理使用，避免过度依赖某一资源或忽视其他资源的重要性。

二、教学资源的开发与整合策略

（一）教学资源开发的创新思路与方法

教学资源开发的创新思路与方法多种多样，以下是一些建议：

（1）跨学科融合。打破传统学科界限，将不同学科的知识、技能和方法进行融合，开发出综合性教学资源。这有助于培养学生的综合素养和解决问题的能力。

（2）个性化定制。针对不同学生的特点和需求，开发个性化的教学资源。通过智能推荐、学习路径规划等方式，为每个学生提供适合的学习资源和策略。

（3）利用现代技术。结合人工智能、大数据、云计算等现代技术，开发智能化的教学资源。例如，利用 AI 技术实现智能辅导、自动批改等功能，提高教学效率和质量。

（4）用户参与式设计。邀请教师、学生和其他利益相关者参与教学资源的开发过程，收集他们的反馈和建议，使资源更加符合实际教学需求。

（5）开放合作。与其他教育机构、企业或个人进行合作，共同开发教学资源。通过共享资源、技术和经验，实现优势互补，提高资源开发的效率和质量。

（6）持续改进与优化。定期对教学资源进行评估和更新，根据教学效果和学生反馈进行调整和优化。同时，关注教育发展趋势和新技术的发展，不断更新和改进教学资源。

此外，还可以考虑以下具体方法：

（1）利用开源教育资源。借助开源教育平台的优势，整合并分享优质的教学资源，为师生提供更多样化、更富有创新性的学习材料。

（2）开发互动式教学资源。通过设计互动游戏、虚拟实验等方式，增强学生的学习兴趣和参与度，提高教学效果。

（3）实施项目式学习。结合真实情境和问题，设计项目式学习资源，让学生在解决实际问题的过程中掌握知识、提升能力。

总之，教学资源开发的创新思路与方法需要紧密结合教育实际和技术发展，不断探索和实践，以推动教育教学的持续改进和发展。

（二）跨学科教学资源的整合与应用

跨学科教学资源的整合与应用是提升教学效果、促进学生全面发展的关键措施。以下是一些具体的策略和方法：

（1）明确整合目标。明确跨学科教学的目标，如提升学生的综合素养、解决问题的能力或者创新能力等。这有助于指导教学资源整合的方向和内容。

（2）筛选与整理资源。根据教学目标，从各个学科中筛选出相关的教学资源，并进行整理和分类。这些资源可以包括教材、教辅资料、网络资源、实验器材等。

（3）建立资源数据库。将筛选和整理后的教学资源进行数字化处理，建立跨学科教学资源数据库。这有助于实现资源的共享和高效利用。

（4）设计跨学科课程。基于整合后的教学资源，设计跨学科课程。这些课程可以围绕某个主题或问题展开，将不同学科的知识和技能进行融合。

（5）采用案例教学。利用实际案例，将不同学科的理论知识应用于实践中。这有助于学生更好地理解知识、提高解决问题的能力。

（6）开展项目式学习。组织学生进行跨学科项目式学习，让学生在完成项目的过程中，综合运用不同学科的知识和技能，提升综合素养。

（7）利用信息技术。利用信息技术手段，如多媒体教学、在线学习平台等，实现跨学科教学资源的共享和互动学习。

（8）注重学科之间的衔接与融合。在整合教学资源时，要注意不同学科之间的衔接和融合，避免出现知识断层或重复。

（9）考虑学生的认知特点。在应用教学资源时，要结合学生的认知特点和学习需求，选择适合的教学方法和手段。

（10）持续改进与优化。跨学科教学资源的整合与应用是一个持续的过程，需要根据教学效果和学生反馈进行不断改进和优化。

通过以上策略和方法，可以有效地实现跨学科教学资源的整合与应用，提升教学效果和学生的综合素养。

（三）利用技术工具进行教学资源开发

利用技术工具进行教学资源开发是提高教学质量和效率的重要途径。以下是一些建议，以指导如何有效地利用技术工具进行资源开发：

1. 明确教学目标与资源需求

教师需要明确教学目标和学生的学习需求，以确定所需教学资源的类型和内容。这有助于针对性地选择和使用技术工具，确保资源开发的有效性和针对性。

2. 选择合适的技术工具

根据教学目标和资源需求，选择适合的技术工具。例如，可以使用多媒体制作软件来制作课件、动画和视频等；利用在线协作平台来促进师生之间的交流和合作；借助虚拟现实或增强现实技术来创建沉浸式学习环境等。

3. 整合现有教学资源

在利用技术工具进行资源开发时，可以整合现有的教学资源，如教材、教辅资料、网络资源等。通过技术工具的加工和处理，使这些资源更加符合教学需求，提高资源的使用效率。

利用技术工具进行资源开发时，可以尝试创新的方式。例如，利用大数据和人工智能技术来分析学生的学习行为和需求，从而定制个性化的学习资源；通过众包平台来征集和筛选优秀的教学设计、案例和素材等。

在资源开发过程中，应注重资源的互动性和实践性。通过设计互动式的练习、游戏和模拟实验等，激发学生的学习兴趣和参与度；同时，提供实践性的学习资源，如实验器材、实践基地等，帮助学生将理论知识应用于实践中。

随着技术的发展和教学需求的变化，教学资源也需要不断更新和维护。教师应定期检查和更新教学资源，确保其与时俱进、符合教学需求。同时，也要关注新技术的发展和应用，以便及时将新技术融入教学资源开发中。

利用技术工具进行教学资源开发是一个复杂而重要的任务，通过明确教学目标、选择合适的技术工具、整合现有资源、创新开发方式以及注重资源的互动性和实践性等步骤，教师可以有效地利用技术工具进行资源开发，提高教学质量和效率。

（四）教学资源开发中的版权与授权问题

在教学资源开发过程中，版权与授权问题是一个需要特别关注的重要方面。以下是一些关于教学资源开发中的版权与授权问题的探讨：

版权是指对原创作品的法律保护，包括文学、艺术、科学等领域的作品。在教学资源开发中，可能会涉及使用他人的文字、图片、音视频等素材，这些素材往往受到版权的保护。因此，开发者需要确保所使用的素材具有合法的版权或已经获得了版权所有者的授权。

为了避免版权纠纷，开发者可以采取以下措施：

（1）在使用素材前进行版权检查，确认其是否受到版权保护以及是否已获得授权。

（2）尽可能使用无版权或开源的素材，这些素材通常可以免费使用或遵循特定的使用协议。

（3）对于无法确定版权状况的素材，可以通过与版权所有者联系或咨询专业律师来获取授权或许可。

授权是指版权所有者允许他人在特定条件下使用其作品的行为。在教学资源开发中，开发者可能需要获得版权所有者的授权，以便合法地使用其作品。

授权通常涉及以下几个方面：

（1）授权范围。明确授权使用的作品范围、使用方式以及使用期限等。

（2）授权费用。根据作品的价值和使用方式，确定合理的授权费用。

（3）授权协议。与版权所有者签订书面协议，明确双方的权利和义务，确保授权的合法性和有效性。

为了确保教学资源开发的顺利进行，开发者应尽早与版权所有者沟通并获取必要的授权。同时，也要遵守相关法律法规和道德规范，尊重他人的知识产权和创作成果。

为了提高开发者对版权问题的认识和重视程度，可以加强版权意识的培训和宣传。通过举办讲座、研讨会等活动，向开发者普及版权法律法规和知识产权保护的重要性。此外，教学资源开发中的版权与授权问题是需要认真对待的重要方面。开发者应遵守相关法律法规和道德规范，确保所使用的素材具有合法的版权或已经获得授权，并加强版权意识的培训和宣传，以推动教学资源开发的健康发展。

三、教学资源在提升教学效果中的应用

（一）教学资源与教学效果的关联研究

教学资源与教学效果的关联研究是教育领域的一个重要课题，它旨在探讨教学资源如何影响教学质量和学习成果。以下是对这一关系的深入研究：

首先，教学资源的丰富性和多样性对教学效果具有显著影响。优秀的教学资源，如高质量的教材、多媒体教学材料、实验器材等，能够为教师提供多种教学手段和方法，有助于激发学生的学习兴趣和积极性。同时，这些资源也能够帮助学生更好地理解和掌握知识，提高学习效果。

其次，教学资源的更新与升级对教学效果的提升也至关重要。随着社会的不断进步和知识的不断更新，教学资源也需要不断进行更新和升级，以保持其时效性和新颖性。教师需要及时了解最新的教学科研成果和教学资源，将其运用到教学中，以提高教学效果。

再次，教学资源的整合与优化也是提升教学效果的关键。通过整合不同学科、不同领域的教学资源，可以打破学科壁垒，促进知识的深度融合。这有助于学生形成更全面的知识体系，提高综合运用知识的能力。同时，优化教学资源的使用方式，如采用项目式学习、跨学科教学等方式，也能够更好地发挥教学资源的作用，提升教学效果。

最后，学生的积极参与和利用教学资源也对教学效果产生积极影响。学生应该被鼓励积极利用教学资源，如参与在线课程、利用图书馆资源、参加学术讲座等。这些活动不仅能够拓宽学生的知识视野，还能够提高他们的自主学习能力和解决问题的能力。

（二）如何利用教学资源激发学生的学习兴趣

利用教学资源激发学生的学习兴趣是提升教学效果的关键环节。以下是一些具体的方法和策略，帮助教师充分利用教学资源，激发学生的学习兴趣：

（1）选择与学生生活紧密相关或具有吸引力的实例，通过讲解、展示或讨论，使学生产生好奇心和探究欲望。

（2）利用案例分析法，引导学生分析实际问题，通过解决实际问题来激发学习兴趣和动力。

（3）制作生动有趣的多媒体课件，结合图片、音频、视频等多媒体元素，使教学内容更加直观、生动。

（4）利用网络资源和在线平台，提供丰富的学习材料和互动机会，鼓励学生自主学习和探索。

（5）设计具有探究性的实践活动，让学生在实践中体验知识的应用和价值，增强学习兴趣和实践能力。

（6）提供实验器材和场地，组织学生进行实验操作，通过实验观察和数据分析来深化对知识的理解和掌握。

（7）创设问题情境，引导学生提出问题、分析问题、解决问题，通过思考和讨论激发学生的学习兴趣和思维能力。

（8）组织小组讨论和辩论活动，鼓励学生发表自己的观点和见解，通过交流和碰撞产生新的学习火花。

（9）根据学生的兴趣和需求，提供个性化的学习资源和路径，让学生根据自己的兴趣和节奏进行学习。

（10）提供及时的辅导和反馈，帮助学生解决学习中的困难和问题，增强学习信心和动力。

（11）设立奖励机制，对在学习中表现出色的学生进行表彰和奖励，激发学生的学习积极性和竞争意识。

（12）建立多元化的评价体系，关注学生的全面发展和个性特长，通过评价来激发学生的学习兴趣和自信心。

（三）教学资源在个性化教学中的应用

教学资源在个性化教学中的应用扮演着至关重要的角色。个性化教学强调根据学生的兴趣、能力、学习风格等个体差异，为每个学生量身定制教学方案，以更好地满足学生的学习需求。以下是如何利用教学资源促进个性化教学的几个关键方面：

首先，教师需要深入了解每个学生的个体差异和学习需求。这可以通过与学生进行一对一的面谈或小组讨论、分析学生的学习数据和评估结果以及与其他教师、家长或辅导员交流等方式实现。对学生需求的准确理解是个性化教学的基础。

其次，根据收集到的学生信息，教师需要搜集与这些差异和需求相匹配的教学资源。这些资源可以包括教科书和参考书籍、网络资源、外部专家和嘉宾、实验设备和工具以及在线学习平台等。多样化的教学资源能够满足不同学生的需求，促进他们的全面发展。

在教学资源的应用过程中，教师可以采用案例教学、项目式学习等教学方法，这些方法能够激发学生的学习兴趣，并促使他们主动利用教学资源进行学习和探索。同时，教师还可以通过设计个性化的学习路径和提供定制化的学习资源，以满足学生的特定学习需求。

再次，信息技术在个性化教学中的应用也日益重要。例如，利用智能教学系统可以根据学生的学习进度和反馈，自动调整教学内容和难度，实现更为精准的个性化教学。同时，在线学习平台和移动学习应用也为学生提供了更加便捷和灵活的学习方式。

最后，个性化教学的效果评估与改进同样离不开教学资源的支持。通过对学生学习成绩、学习兴趣和学习态度的综合评估，教师可以了解个性化教学的效果，并根据评估结果调整教学策略和资源的使用，以不断优化个性化教学效果。

（四）教学资源对提升学生学习效率的作用

教学资源对提升学生学习效率的作用显著且深远。以下详细探讨了教学资源如何助力学生学习效率的提升：

首先，丰富多样的教学资源能够满足学生不同的学习需求。每个学生都有自己的学习风格和兴趣点，而教学资源的多样性能够为学生提供更多的选择。无论是文字资料、图片、音频还是视频，都能帮助学生从多个角度理解和掌握知识，从而提高学习效率。

其次，教学资源有助于激发学生的学习兴趣和积极性。当学生对学习内容感兴趣时，他们会更加投入学习，学习效率也会相应提高。教学资源中融入的生动案例、有趣的实验和互动环节，都能有效吸引学生的注意力，激发他们的学习热情。

再次，教学资源还能帮助学生构建完整的知识体系。通过整合不同领域、不同学科的教学资源，学生可以形成更全面的知识体系，加深对知识的理解和记忆。这种跨学科的资源整合有助于提高学生的综合素质，提升学习效率。

最后，教学资源中的在线学习平台和工具能够为学生提供更加便捷和高效的学习方式。学生可以利用这些平台进行自主学习、在线交流和作业提交等，节省了大量的时间和精力。在线学习平台还能根据学生的学习进度和反馈，智能推荐相关的学习资源和练习题，帮助学生更好地巩固所学知识。

另外，教学资源还有助于培养学生的自主学习能力和解决问题的能力。通过引导学生利用教学资源进行探究式学习，教师可以帮助学生培养独立思考和解决问题的能力。这种能力对于学生的学习效率提升以及未来的职业发展都具有重要意义。

第五章　高校教师学术交流的深化与拓展

第一节　学术交流对教师发展的意义

一、学术交流对教师知识更新的作用

（一）学术交流：教师知识更新的重要途径

学术交流作为教师知识更新的重要途径，具有不可替代的作用。以下是关于学术交流在教师知识更新中的作用的详细分析：

首先，学术交流有助于教师获取最新的学科知识和研究成果。在学术交流的平台上，教师可以分享自己的研究成果，也可以了解其他学者的最新发现和观点。这种信息的流通和共享，使得教师能够迅速掌握学科前沿动态，进而更新自己的知识体系。

其次，学术交流有助于教师拓宽学术视野，提升专业素养。通过参与学术交流活动，教师可以接触到不同领域、不同学科的知识和观点，从而打破自己的思维局限，拓宽学术视野。同时，在与其他学者的交流过程中，教师也可以学习到新的教学方法和理念，提升自己的专业素养和教学水平。

再次，学术交流还有助于教师激发创新思维，推动学术创新。在学术交流的平台上，教师可以就某个问题或观点进行深入探讨和辩论，这种思想的碰撞和交融往往能够激发出新的想法和观点。这些新的想法和观点不仅可以推动学术研究的深入发展，也可以为教师的教学工作提供新的思路和灵感。

最后，学术交流还可以促进教师之间的合作与交流，形成学术共同体。在学术交流的过程中，教师可以建立联系，形成学术网络，进而开展合作研究或共同申请项目。这种合作与交流不仅可以提升教师的学术影响力，也可以推动学科的发展和进步。

（二）通过学术交流促进教师专业知识的及时更新

通过学术交流促进教师专业知识的及时更新，是一种高效且有益的方式。学术交流不仅能让教师了解最新的教育研究成果和前沿理论，还能拓宽教师的思路，提高其专业水平。

首先，学术交流是教师获取新知识的重要途径。在学术交流活动中，教师可以通过聆听讲座、参加研讨会、阅读学术论文等方式，了解最新的教育理念、教学方法和学科发展趋势。这些新知识能够帮助教师更新自己的知识体系，提升教学质量。

其次，教师可以接触到更广泛的知识领域和观点，开阔视野。这种跨学科的交流有助于教师形成更加全面、深入的专业素养。

再次，学术交流还能激发教师的创新思维。在学术交流的过程中，教师会遇到各种新的观点和想法，这些新的元素能够激发教师的创新思维，推动其在教学和科研工作中不断探索新的方法和途径。

最后，通过与其他教师的交流，教师可以分享彼此的教学经验和心得，互相促进专业成长。同时，教师还可以通过合作研究、共同申请项目等方式，形成学术共同体，推动学科的发展。

通过学术交流促进教师专业知识的及时更新是一种非常有效的方式，学校和教育机构应该积极组织各种学术交流活动，为教师提供更多的学习和交流机会，以促进教师的专业成长和知识更新。同时，教师也应该主动参与学术交流活动，不断提升自己的专业素养和教学水平。

（三）教师在学术交流中汲取新知，拓宽视野

教师在学术交流中汲取新知、拓宽视野，是其专业发展的重要环节。学术交流不仅为教师提供了一个分享和讨论教育实践与研究成果的平台，更是一个获取新知识、新观念和新方法的重要途径。

首先，通过参与学术交流，教师可以接触到前沿的教育理论、最新的研究成果以及先进的教学方法。这些新知能够帮助教师更新自己的知识体系，提升专业素养，从而更好地应对教育教学的挑战。

其次，学术交流有助于教师拓宽学术视野。在交流过程中，教师可以与来自不同领域、不同背景的专家学者进行深入的探讨和交流，了解不同学科之间的交叉与融合，从而拓宽自己的学术视野和思维边界。

再次，教师在学术交流中还可以学习到其他教师的成功经验和教学智慧。这些宝贵的经验和智慧对教师来说，无疑是一笔宝贵的财富。通过借鉴和吸收这些经验和智慧，教师可以进一步提升自己的教学水平和能力。

最后，学术交流也有助于教师形成开放、包容的学术态度。在交流中，教师们会面临各种不同的观点和想法，这需要他们具备开放的心态和包容的精神。通过不断的交流和碰撞，教师可以逐渐培养起这种开放、包容的学术态度，从而更好地推动教育教学的创新和发展。

（四）学术交流如何助力教师跟上学科前沿

学术交流在助力教师跟上学科前沿方面发挥着至关重要的作用。通过参与学术交流活动，教师可以及时获取最新的学科知识，了解前沿研究动态，从而不断提升自己的专业素养和教学水平。

首先，学术交流为教师提供了一个广阔的平台，使他们能够与国内外同行进行深入的交流和探讨。在学术会议、研讨会等活动中，教师可以聆听知名专家的报告，与同行们就共同关心的问题展开讨论，从而拓宽视野，了解学科前沿的最新动态。

其次，学术交流有助于教师获取最新的研究成果和学术信息。通过参与学术交流，教师可以了解到最新的学术研究成果、前沿技术以及学科发展的趋势。这些信息对教师更新自己的知识体系、优化教学方法具有重要的指导意义。

再次，学术交流还可以激发教师的创新思维和灵感。在交流过程中，教师会接触到不同的观点、方法和思路，这些新的元素可能会激发教师的创新思维，促使他们在教学和科研工作中不断探索新的方法和途径。

最后，通过学术交流，教师可以建立起与同行的联系和合作。这种合作不仅可以促进学术研究的深入发展，还可以为教师提供更多的学习和交流机会，帮助他们更快地跟上学科前沿的步伐。

因此，学校和教育机构应该积极组织各种学术交流活动，鼓励教师参与其中。同时，教师也应该保持学习的热情和开放的心态，主动寻求学术交流的机会，不断提升自己的专业素养和教学水平。通过学术交流这一有效途径，教师可以更好地跟上学科前沿的发展步伐，为培养具有创新精神和实践能力的人才作出更大的贡献。

二、学术交流对学术合作与团队建设的促进

（一）学术交流与学术合作的相互促进关系

学术交流与学术合作之间存在密切的相互促进关系。这种关系不仅有助于推动学术研究的进步，还能提升学者的专业素养和创新能力。

首先，学术交流是学术合作的基础和前提。通过学术交流，学者们可以分享各自的研究成果、经验和见解，了解不同领域的研究动态和前沿。这种信息的共享和思想的碰撞，为学术合作提供了可能性和契机。在学术交流中，学者们可能会发现共同的研究兴趣和目标，进而寻求合作机会，共同开展研究项目或探索新的问题。

其次，学术合作又进一步促进了学术交流的发展。通过合作，学者们可以更加深入地探讨问题、交流思想，并在合作过程中不断产生新的想法和发现。这种合作式的学术交流，有助于拓宽学术研究的视野和深度，推动学术界的创新和发展。此外，学术合作还可以为学者们提供更多的资源和支持，如共享实验设备、数据资料等，从而提高研究的质量和效率。

最后，在学术交流和学术合作的过程中，学者们还可以建立广泛的人际关系网络，与其他领域的专家学者建立联系和合作。这种跨学科的交流和合作，有助于打破学科壁垒，促进不同领域之间的交叉与融合，为学术研究的创新提供新的思路和方法。

（二）通过学术交流加强团队建设与凝聚力

学术交流在加强团队建设与凝聚力方面发挥着重要作用。通过学术交流，团队成员之间可以深入交流思想、分享经验、共同解决问题，从而增强团队的合作意识和凝聚力。

首先，学术交流有助于促进团队成员之间的了解和信任。在交流过程中，团队成员可以分享自己的研究成果、经验和见解，也可以了解其他成员的研究方向和进展。这种相互了解有助于打破隔阂，增进彼此之间的信任和尊重，为团队合作打下良好的基础。

其次，学术交流可以激发团队成员的创新思维。在交流过程中，不同的观点和思路会相互碰撞、融合，产生新的想法和创意。这种创新思维的激发有助于推动团队工作的进步和发展，提升团队的整体实力。

再次，学术交流还可以帮助团队成员解决研究中遇到的问题和困难。通过共同讨论、集思广益，团队成员可以相互启发、相互支持，共同找到解决问题的途径和方法。这种共同解决问题的过程不仅有助于解决问题本身，还能够增强团队的凝聚力和向心力。

最后，学术交流还有助于形成团队文化和价值观。在交流过程中，团队成员可以共同讨论和制定团队的研究方向、目标和价值观，形成共同的理念和追求。这种共同的文化和价值观能够增强团队成员的归属感和使命感，进一步提升团队的凝聚力和向心力。

因此，通过学术交流加强团队建设与凝聚力是一种非常有效的方法。学校和科研机构应该积极组织各种学术交流活动，为团队成员提供交流和合作的平台，促进团队成员之间的深入了解、信任和合作，推动团队工作的顺利开展和团队实力的不断提升。

（三）学术交流如何孕育新的学术合作机会

学术交流是孕育新的学术合作机会的重要途径。通过学术交流，学者们可以相互了解彼此的研究方向、研究成果和研究需求，进而寻找合作的可能性和切入点。

首先，学术会议、研讨会等学术交流活动为学者们提供了直接交流和互动的平台。在这些活动中，学者们可以就共同关心的学术问题进行深入探讨，分享研究成果和经验，发现彼此之间的研究互补性和合作潜力。通过面对面的交流，学者们可以建立起初步的信任和合作关系，为后续的合作打下基础。

其次，学术交流可以促进跨学科的交流和合作。不同学科的学者在交流中可以发现彼此之间的研究交叉点和创新点，从而开展跨学科的合作研究。这种跨学科合作不仅可以拓宽研究视野，还可以带来新的研究方法和思路，推动学术研究的创新和发展。

再次，学术交流还可以通过学术期刊、学术会议论文等形式，将学者的研究成果和学术思想传播给更广泛的学术群体。这不仅可以提高学者的学术影响力，还可以吸引更多志同道合的学者关注和参与合作。通过学术成果的共享和传播，学术交流为新的学术合作机会的孕育提供了可能。

最后，学术交流还可以促进国际学术合作。在全球化的背景下，各国学者之间的交流和合作对于推动学术进步具有重要意义。通过参加国际学术会议、与国际学者进行合作研究等方式，可以建立起国际学术合作关系，共同推动学术研究的发展和创新。

（四）学术交流中的团队建设策略与实践

在学术交流中，团队建设策略与实践是确保合作顺利进行并取得成效的关键因素。以下是一些建议和实践方法：

首先，团队需要明确共同的目标和愿景。这有助于团队成员统一思想，形成共同的努力方向。通过明确的目标和愿景，团队成员可以更好地理解自己在团队中的角色和职责，从而更好地为团队作出贡献。

其次，有效的沟通是团队建设的基石。团队成员应该建立开放、坦诚的沟通氛围，鼓励大家积极分享观点、经验和问题。同时，团队可以定期举行会议或线上交流，以便及时讨论和解决问题。此外，利用现代通信工具如电子邮件、即时通信软件等，也可以提高团队沟通的效率和便捷性。

最后，学术交流往往涉及多个学科和领域。因此，团队建设应注重促进跨学科和跨领域的合作。通过邀请不同领域的专家学者参与交流，可以拓宽团队的视野，激发新的研究思路和方法。同时，跨学科合作也有助于提升团队的综合实力和创新能力。

（五）培养团队凝聚力与信任

团队凝聚力是团队建设的重要目标之一。团队成员之间应相互尊重、信任和支持，共同面对挑战和解决问题。通过共同参与学术交流活动、分享研究成果和经验、互相学习和帮助等方式，可以增强团队成员之间的凝聚力和信任感。

在团队中，每个成员都应明确自己的职责和任务。通过设立明确的分工和责任，可以避免工作重叠和遗漏，确保团队工作的顺利进行。同时，团队成员之间应相互协调和支持，共同完成团队目标。

对团队成员的贡献给予及时、公正的激励和认可，有助于激发团队成员的积极性和创造力。可以通过设立奖励机制、表彰优秀成员、提供职业发展机会等方式，来激励团队成员为团队的发展做出更大的贡献。

学术交流中的团队建设策略与实践需要注重明确目标、建立沟通机制、促进跨学科合作、培养凝聚力与信任、设立明确分工以及激励与认可团队成员的贡献。这些策略与实践将有助于打造高效、创新、团结的学术团队，推动学术交流活动的深入发展。

三、学术交流对教师学术声誉的提升

（一）学术交流：提升教师学术声誉的有效途径

学术交流无疑是提升教师学术声誉的有效途径。通过广泛的学术交流，教师可以展示其研究成果，拓宽学术视野，与同行建立联系，从而不断提升自身的学术声誉。

首先，学术交流为教师提供了一个展示研究成果的平台。教师可以通过参加学术会议、研讨会等活动，将自己的研究成果分享给同行，让更多的人了解和认可自己的学术贡献。这不仅有助于扩大教师的学术影响力，还能够为其带来更多的合作机会和资源。

其次，学术交流有助于教师拓宽学术视野。通过与来自不同领域、不同背景的专家学者进行深入的探讨和交流，教师可以了解最新的学术动态和研究方向，掌握前沿的研究方法和技术，从而不断提升自己的学术素养和创新能力。

再次，学术交流还能够帮助教师建立广泛的学术联系。在交流过程中，教师可以结识志同道合的同行，与他们建立深厚的友谊和合作关系。这些联系不仅可以为教师的学术研究提供支持和帮助，还能够为其带来更多的学术资源和机会。

最后，通过学术交流，教师还能够不断提升自己的学术声誉。当教师的研究成果得到同行的认可和赞誉时，其学术声誉也会随之提升。这种声誉的提升不仅有助于增强教师在学术界的影响力和地位，还能够为其带来更多的学术荣誉和奖励。

（二）如何在学术交流中展现教师的学术实力

在学术交流中展现教师的学术实力，是一个既需要技巧又需要扎实学术基础的过程。以下是一些具体的策略和建议：

首先，教师应确保自己对研究领域有深入的理解，对最新的研究动态和前沿理论保持关注。在参加学术交流活动时，应提前准备相关的演讲材料或报告，确保内容的准确性、前沿性和深度。

其次，教师应具备良好的语言表达能力，能够清晰、有条理地阐述自己的研究成果和观点。在演讲或报告中，应突出研究的创新点和亮点，让听众能够迅速理解并产生兴趣。

再次，在学术交流中，教师应积极参与讨论，与其他学者进行深入的交流和

互动。这不仅有助于展现自己的学术实力，还能够从其他学者的观点中获得新的启发和灵感。同时，教师应保持开放的态度，勇于接受他人的质疑和挑战，通过深入的讨论展示自己的思考能力和学术素养。

然后，教师可以通过展示研究成果来体现自己的学术价值。这包括发表高水平的学术论文、获得重要的学术奖项、参与重大科研项目等。这些成果不仅能够证明教师的学术实力，还能够吸引更多同行的关注和合作。

最后，在学术交流中，教师应积极与其他学者建立联系，扩大自己的学术影响力。可以通过参加学术会议、研讨会等活动，结交志同道合的同行；也可以通过社交媒体等渠道，与更多的学者进行交流和合作。这些联系不仅可以为教师的学术研究提供更多的资源和支持，还能够进一步提升其学术声誉和影响力。

（三）学术交流与教师品牌建设的关系探讨

学术交流与教师品牌建设之间存在密切的关系。学术交流作为教师展示自身学术实力、拓宽学术视野、建立学术联系的重要途径，对教师品牌的建设具有积极的推动作用。

首先，学术交流是教师品牌建设的重要平台。通过参加学术会议、研讨会等活动，教师可以展示自己的研究成果和学术观点，与同行进行深入的交流和探讨。这种交流不仅有助于提升教师的学术声誉，还能够增强其在学术界的影响力和地位，从而为其品牌建设打下坚实的基础。

其次，学术交流有助于教师形成独特的学术风格和品牌特色。在交流过程中，教师可以不断吸收新的学术思想和观点，结合自己的研究兴趣和专长，逐渐形成具有个人特色的学术风格和品牌特色。这种特色化的品牌建设有助于教师在激烈的学术竞争中脱颖而出，吸引更多的关注和合作机会。

最后，学术交流还能够为教师品牌建设提供持续的动力和支持。通过与其他学者的交流和合作，教师可以不断获取新的研究灵感和方向，推动自己的学术研究和品牌建设不断向前发展。同时，学术交流也有助于教师建立广泛的学术联系和合作网络，为其品牌建设提供更多的资源和支持。

然而，需要注意的是，教师品牌建设并非一蹴而就的，需要教师在学术交流中持续努力、不断积累。同时，教师也应注重品牌建设的真实性和可信度，避免过度包装和夸大其词，以免损害自己的学术声誉和品牌形象。

（四）通过学术交流提高教师在学术界的知名度

通过学术交流提高教师在学术界的知名度，是一种高效且持久的方式。学术交流不仅能够展现教师的学术实力和研究成果，还能促进与其他学者的深入合作，从而进一步拓宽教师的学术影响力。

首先，参加学术会议和研讨会等学术活动是提升知名度的重要途径。在这些场合，教师可以通过演讲、报告等方式展示自己的研究成果，吸引同行的关注。此外，与会期间，教师还可以与其他学者进行深入交流和讨论，建立广泛的学术联系，这些联系未来可能成为合作研究的基石。

其次，发表高质量的学术论文是提升知名度的另一关键途径。学术论文是教师研究成果的重要载体，也是衡量教师学术水平的重要依据。通过在权威期刊上发表论文，教师可以向学术界展示自己的研究实力和成果，提高自己在学术界的地位。

再次，利用社交媒体等网络平台进行学术交流也是提高知名度的有效方式。这些平台为教师提供了一个与同行实时互动、分享研究成果和观点的空间。通过在这些平台上积极参与讨论、发布研究成果和心得，教师可以吸引更多同行的关注和认可。

然后，跨学科交流也是提升教师知名度的重要手段。通过参与跨学科的研究项目和学术会议，教师可以拓宽自己的学术视野，与不同领域的学者建立联系，从而提升自己的知名度。

最后，教师在学术交流中应始终保持诚信和谦逊的态度。诚信是学术界的基石，只有真实可信的研究成果才能得到同行的认可。同时，谦逊的态度有助于教师在学术交流中建立良好的人际关系，赢得同行的尊重和信任。

第二节　国内外学术会议与论坛的参与

一、学术会议与论坛的选择与准备

（一）如何选择合适的学术会议与论坛进行参与

选择合适的学术会议与论坛进行参与，对学者来说至关重要。这不仅有助于提升个人的学术声誉，还能为学术研究带来实质性的帮助。以下是一些建议，帮助学者选择合适的学术会议与论坛：

明确研究领域和目标：需要明确自己的研究领域和目标。选择一个与您研究兴趣或方向紧密相关的会议或论坛，将更有助于您展示研究成果、交流学术观点，并结识志同道合的同行。

查看会议或论坛的历史与声誉：了解会议或论坛的历届举办情况、参会人员构成、论文录用标准等，有助于评估其质量和影响力。同时，可以查阅相关领域的权威期刊或网站，了解哪些会议或论坛在该领域具有较高的知名度和影响力。

关注会议或论坛的主题和议题：仔细查看会议或论坛的主题和议题，确保它们与你的研究兴趣或方向相符。这将有助于你在会议或论坛中找到合适的讨论话题，并与其他参会者进行深入交流。

考虑时间和地点：根据个人的时间和预算，选择合适的会议或论坛。如果时间和预算允许，可以考虑参加国际性的会议或论坛，以拓宽视野并结识更多国际同行。

了解论坛的组织机构与学术委员会：查看论坛的主办单位、学术委员会等组织机构是否具有较高的学术影响力，以确保论坛的专业性和权威性。

关注论坛的交流形式与活动安排：不同的论坛可能有不同的交流形式和活动安排，如讲座、研讨会、圆桌讨论等。可以根据自己的需求和兴趣，选择适合自己的论坛。

考虑社交因素：参与学术会议与论坛不仅是为了学术交流，还是为了建立人际关系。因此，可以考虑选择一些有更多机会与其他学者互动和交流的论坛。

选择合适的学术会议与论坛需要综合考虑多个因素，通过明确研究领域和目标、查看历史与声誉、关注主题和议题、考虑时间和地点、了解组织机构与学术委员会、关注交流形式与活动安排以及考虑社交因素等步骤，将能够找到最适合自己的会议或论坛，为学术研究带来实质性的帮助。

（二）参加学术会议前的准备工作与策略

参加学术会议前的准备工作与策略至关重要，它们能够帮助你更有效地展示研究成果，扩大学术影响力，并与其他学者建立联系。以下是一些建议：

1.信息收集与了解

（1）深入研究会议的主题、议程安排、参与人员名单以及过往的会议记录和成果。这些信息有助于你更好地理解会议的背景和目的，从而准备相应的议题和讨论点。

（2）查阅会议组织方发布的往届会议论文和主题演讲，评估自己的研究成果，寻找可能的交集和合作机会。

2. 个人准备

（1）如果计划发言或展示研究成果，请提前准备好演讲稿或报告，并多次修改和完善，确保内容清晰、有说服力。

（2）预设可能被问到的问题，并准备好答案，包括纯英文提问的情况，确保自己在会议中能够自如应对。

3. 物资准备

（1）准备足够数量的名片，以便在会议中与其他学者交流时分发。

（2）准备参加会议所需的材料，如 PPT、海报、相关论文等，确保这些材料在会议上能够顺利展示。

4. 行程与住宿安排

（1）如果会议地点不在本地，提前规划好行程，包括交通方式、住宿预订等。

（2）注意查看举办地的天气情况，准备适合的衣物和物品。

5. 交流与社交策略

（1）提前了解与会人员的信息，特别是感兴趣的领域的专家，以便在会议中有针对性地与他们交流。

（2）在会议期间，积极参与讨论，分享自己的观点和研究成果，同时倾听他人的意见，建立良好的学术关系。

6. 后续跟进

会议结束后，及时整理会议中的收获和联系信息，对感兴趣的学者或议题进行后续跟进。

（三）学术会议与论坛选择的标准与考量

学术会议与论坛的选择，对学者而言是一个重要且需慎重的决策。选择合适的会议或论坛，不仅能够展示个人的研究成果，还能够与同行建立联系，拓宽学术视野。以下是一些选择学术会议与论坛的标准与考量：

（1）学术水平是衡量一个会议或论坛质量的重要标准。这包括会议或论坛的主办单位、学术委员会成员、参会人员构成以及论文录用标准等。一般来说，主办单位知名度高、学术委员会成员权威、参会人员学术水平高、论文录用标准严格的会议或论坛，其学术水平也相应较高。

（2）会议或论坛的主题与议题应与个人的研究方向和兴趣相符。选择与自己研究领域紧密相关的会议或论坛，能够更好地展示个人的研究成果，并与同行进行深入交流。同时，关注议题的前沿性和创新性，有助于了解最新的学术动态和研究趋势。

（3）会议或论坛的规模和影响力也是选择的重要考量因素。规模较大的会议或论坛通常有更多的参会人员和更广泛的学术交流，能够提供更多的机会和资源。而影响力较大的会议或论坛，其发表的论文和研究成果往往受到更广泛的关注和认可，有助于提升个人的学术声誉。

（4）地点和时间也是选择会议或论坛时需要考虑的因素。选择交通便利、设施完善的地点，能够减少参会的不便和成本。同时，根据自己的时间安排，选择能够参加的会议或论坛，避免时间安排上的冲突。

（5）选择会议或论坛时，还需要考虑个人职业发展规划。根据自己的职业目标和研究方向，选择有助于提升个人职业发展和学术声誉的会议或论坛。综上所述，选择学术会议与论坛时，需要综合考虑学术水平、主题与议题、规模和影响力、地点和时间以及个人职业发展规划等多个因素。通过仔细权衡和比较，选择最适合自己的会议或论坛，将能够更好地展示个人的学术实力，拓宽学术视野，并与同行建立联系。

（四）准备充分，高效参与：学术会议前的筹划

在准备参加学术会议前，充分的筹划是确保高效参与的关键。以下是一些建议，帮助学者在学术会议前做好全面准备：

（1）明确参加学术会议的目标和期望。是为了展示研究成果、交流学术观点，还是寻找合作机会？明确目标有助于你更有针对性地准备和参与会议。

（2）了解会议的主题、议题以及相关的学术背景和前沿动态，这有助于你在会议中更好地参与讨论和提出有价值的观点。同时，也可以提前准备一些专业问题，以便在会议中与其他学者进行深入交流。

（3）如果计划在会议上发表演讲或展示研究成果，那么准备一份高质量的演讲稿或展示材料至关重要。确保内容简洁明了、重点突出，并提前进行多次练

习，以确保在会议中能够自信流畅地表达。

（4）提前查看会议日程，了解会议的各个环节和时间安排，以便你能够合理安排自己的时间，确保不会错过重要的演讲或讨论。同时，也可以利用会议手册等资料，了解会议的具体细节和注意事项。

（5）根据会议的需要，提前准备好必要的物品和资料，如名片、笔记本、录音笔等。这些物品将有助于你在会议中记录重要信息、与他人建立联系以及进行后续的跟进工作。

（6）学术会议不仅是学术交流的平台，也是建立人际关系的好机会。你可以提前制定一些社交策略，如主动与感兴趣的学者交流、参加相关的社交活动等，以扩大自己的学术圈子。

（7）在会议中，注意个人形象和礼仪也是非常重要的。保持整洁的仪表、得体的着装以及礼貌的言行举止，有助于给他人留下良好的印象，也有助于提升自己在学术界的形象。

二、参与学术会议与论坛的经验分享

（一）参与学术会议与论坛的心得与体会

参与学术会议与论坛，对我而言是一次宝贵的学习和交流机会。在这次经历中，我深入了解了学术界的最新动态，拓宽了学术视野，也与众多同行建立了联系。以下是我参与学术会议与论坛的一些心得与体会：

首先，学术会议与论坛是学术交流的重要平台。在这里，我能够聆听到来自不同领域学者的精彩报告和演讲，了解他们的研究成果和观点。通过与他们的交流，我得以深入探讨学术问题，分享自己的见解和经验，从而不断提升自己的学术水平。

其次，参与学术会议与论坛有助于拓宽学术视野。在会议中，我接触到了许多新的研究方法和思路，这些方法和思路为我提供了全新的思考角度，激发了我的创新思维。同时，我也认识到了自己在学术研究上的不足，明确了未来的研究方向和目标。

再次，学术会议与论坛还是建立人际关系的好机会。在会议期间，我有幸结识了许多志同道合的学者，他们来自不同的领域和地区，但都怀有对学术的热爱和追求。通过与他们的交流，我建立了广泛的学术联系，为未来的合作和研究奠定了基础。

最后，我认为参与学术会议与论坛需要充分的准备和规划。在会议前，我需要深入了解会议的主题和议题，准备好自己的发言和展示材料。在会议中，我要积极参与讨论和交流，认真听取他人的意见和建议。会议结束后，我要及时总结经验和收获，为今后的学术研究提供借鉴和参考。

（二）如何在学术会议中有效地交流与学习

在学术会议中有效地交流与学习，是每位参会者都期望达到的目标。以下是一些建议，帮助你在学术会议中实现高效的交流与学习：

（1）在参加学术会议前，应明确自己的交流目标。是想展示研究成果、寻找合作机会，还是深入了解某一领域的最新进展？明确目标后，可以更有针对性地选择参会议题和与会的专家学者进行交流。

（2）学术会议中的讨论环节是交流学习的绝佳机会。在听取报告和演讲时，应认真记录关键点，思考并准备问题。当有机会提问或发表观点时，要勇敢地表达自己的看法，并与与会者进行深入讨论。

（3）学术会议是建立人际关系的好时机。在会议期间，可以主动与感兴趣的学者、同行进行交流，互换联系方式，以便日后继续深入探讨合作事宜。此外，参加会议期间的社交活动，如晚宴、茶歇等，也是结识新朋友的好机会。

（4）学术会议通常涵盖多个议题和前沿动态。在参会过程中，要关注与自己研究领域相关的议题，了解最新的研究成果和发展趋势。同时，也要关注其他领域的动态，以拓宽学术视野，激发创新思维。

（5）学术会议提供了丰富的资源，如会议资料、演讲 PPT、参会人员名单等。要善于利用这些资源，了解会议的背景、议题和参会人员信息。同时，也可以通过会议网站、社交媒体等途径获取更多信息和资源。

（6）学术会议结束后，并不意味着交流与学习就此结束。要及时整理会议期间的收获和心得，对感兴趣的话题和学者进行后续跟进。此外，也要关注会议后发布的论文、报告等成果，以便继续学习和借鉴。

（三）学术会议与论坛中的互动与讨论技巧

在学术会议与论坛中，互动与讨论是提升交流效果、促进学术进步的关键环节。以下是一些互动与讨论的技巧，有助于你更有效地参与学术会议与论坛：

（1）要学会积极倾听他人的发言。在倾听过程中，注意理解对方的观点和论据，这有助于你更好地参与讨论。同时，不要害怕提问。提出有针对性的问题，可以引导讨论深入，并展现你对议题的兴趣和思考。

（2）在互动与讨论中，尊重他人的观点至关重要。即使你不同意对方的看法，也应避免直接否定或攻击。相反，可以尝试从对方的角度理解问题，提出建设性的反馈或建议。这样有助于营造良好的讨论氛围，促进学术交流。

（3）除了倾听和提问外，也要勇于分享自己的见解和经验。在发言时，尽量做到言简意赅、条理清晰。你可以使用具体的案例或数据来支持自己的观点，增强说服力。同时，注意控制发言时间，避免过长或过短。

（4）在学术会议与论坛中，使用专业、准确的语言和表达方式至关重要。避免使用过于口语化或含糊不清的表达，以免影响交流效果。此外，注意语速和音量，确保他人能够清晰地听到你的发言。

（5）在讨论过程中，建立有效的反馈循环有助于提升交流质量。当他人对你的观点提出质疑或建议时，认真倾听并思考，然后给予积极的回应。这样不仅可以加深彼此的理解，还能促进讨论的深入发展。

（6）除了语言本身，非语言沟通在互动与讨论中同样重要。例如，通过肢体语言、面部表情和眼神交流来表达自己的态度和观点。这些非语言信号有助于增强你的表达效果，使他人更容易理解你的意图。

（四）经验之谈：如何充分利用学术会议与论坛资源

学术会议与论坛是学术界的重要交流平台，充分利用这些资源对于个人的学术发展和职业成长具有重要意义。以下是一些经验之谈，帮助你更好地利用学术会议与论坛资源：

（1）在参加学术会议与论坛前，提前了解会议的主题、议题、议程以及参会人员等信息至关重要。这有助于你明确自己的参会目的，并针对性地准备相关材料和问题。同时，你还可以关注会议的官方网站或社交媒体平台，获取更多实时动态和信息。

（2）学术会议与论坛的核心价值在于交流与讨论。在会议期间，主动与其他学者、专家进行交流，分享自己的研究成果和观点，同时倾听他人的意见和建议。通过深入讨论，你可以发现新的研究思路和方法，拓宽学术视野，并建立有价值的人际关系。

（3）学术会议与论坛通常会提供丰富的会议资料，如会议手册、演讲PPT、论文集等。这些资料是宝贵的学术资源，可以帮助你深入了解会议议题和前沿动态。此外，你还可以关注会议期间发布的最新研究成果和进展，及时获取学术信息。

（4）学术会议与论坛是建立人际关系、寻找合作机会的重要场合。在会议期间，主动与感兴趣的学者、专家进行联系和交流，建立联系方式并保持后续沟通。通过分享研究成果、探讨合作可能性等方式，你可以找到志同道合的合作伙伴，共同推动学术研究和事业发展。

（5）学术会议与论坛结束后，关注后续动态和成果同样重要。你可以关注会议官方网站或相关学术期刊，了解会议后发布的论文、报告等成果，以及会议产生的学术影响和贡献。这有助于你跟踪学术前沿动态，更新自己的学术认知和研究方向。

三、学术会议与论坛对教师发展的实际影响

（一）学术会议与论坛对教师专业成长的推动作用

学术会议与论坛对教师专业成长的推动作用体现在多个方面，它们不仅是知识更新的平台，更是教师拓宽视野、提升教学能力、建立人际网络的重要途径。

首先，学术会议与论坛是教师更新学术知识、提升专业能力的重要平台。通过参与会议，教师可以接触到最新的教育理论、教学方法和研究成果，了解学术前沿动态，从而不断更新自己的学术知识体系。这种知识更新有助于教师保持与时俱进，提高专业能力和学术造诣。

其次，学术会议与论坛有助于教师拓宽教育视野。在会议中，教师可以与来自不同地区、不同学校的同行交流，了解他们的教学模式、教育政策等信息。这种交流有助于教师理解教育问题的多样性，为他们提供更广阔的教学参考，从而丰富自己的教学方法和技能。

再次，学术会议与论坛还是教师展示和分享教学经验的好机会。通过发表演讲、展示研究成果等方式，教师可以向同行展示自己的教学成果和学术贡献，增强自信心，提高学术声誉。同时，倾听他人的经验和观点，教师可以不断完善自己的教学方法和策略，提升教学能力。

最后，学术会议与论坛还是教师建立人际关系、拓展合作网络的重要场合。在会议中，教师可以结识志同道合的学者和专家，与他们建立联系，为今后的学术研究和合作打下基础。这种合作网络的建立有助于推动学术研究的进展，促进

教师的专业成长。

（二）参加学术会议后，教学与科研有哪些改变

参加学术会议后，教学与科研都发生了显著的变化。

在教学方面，我更加注重将最新的学术研究成果和前沿动态融入课堂。学术会议为我提供了大量前沿信息和先进的教学理念，使我能够不断更新教学内容，确保课程内容与时俱进。同时，我也更加注重培养学生的批判性思维和创新能力，鼓励他们积极参与课堂讨论，提出自己的观点和见解。通过与学生的互动，我发现他们的学习兴趣和积极性得到了显著提高。

在科研方面，学术会议为我提供了一个展示研究成果、交流学术观点的平台。通过与其他学者的交流，我发现了自己研究中的不足和需要改进的地方，也获得了许多宝贵的建议和指导。这些反馈和建议对我的研究工作产生了积极的影响，使我能够更加明确研究方向，提高研究质量。此外，学术会议还为我提供了与其他研究者建立合作关系的机会，这些合作对推动我的研究工作进展起到了重要的作用。

（三）学术会议与论坛对教师学术视野的拓展

学术会议与论坛对教师学术视野的拓展具有显著作用，主要体现在以下几个方面：

首先，学术会议与论坛为教师提供了一个与同行交流的平台。在这里，教师可以与来自不同地区、不同领域的专家学者进行面对面的交流，了解他们的研究成果、研究方法和研究思路。这种交流有助于教师打破原有学术圈子的局限，拓宽学术视野，获取更多的学术信息和灵感。

其次，学术会议与论坛是教师获取前沿知识的重要途径。在会议中，通常会有专家学者就当前学术热点和前沿问题进行深入的探讨和交流。通过参与这些讨论，教师可以了解到最新的学术动态和研究成果，把握学术发展的方向，从而及时调整自己的研究方向和策略。

再次，学术会议与论坛还有助于教师拓展研究思路和方法。在会议中，教师可以接触到不同的学术观点和研究方法，从而激发自己的创新思维，拓展研究思路。同时，通过与同行的交流，教师可以学习到更多的研究方法和技巧，提高自己的研究能力。

最后，学术会议与论坛对教师学术合作和交流网络的建立也具有重要意义。

在会议中，教师可以结识志同道合的同行，建立联系，为今后的学术合作打下基础。这种交流网络的建立有助于推动学术研究的进展，促进学术成果的产出。

（四）从学术会议与论坛中汲取灵感，促进教师创新

从学术会议与论坛中汲取灵感，对促进教师创新具有重要意义。学术会议与论坛作为学术交流的盛会，汇聚了众多专家学者，他们分享的最新研究成果、前沿观点和创新实践，为教师提供了宝贵的启示和灵感。

首先，通过参加学术会议与论坛，教师可以了解到最新的学术动态和趋势，把握学科发展的前沿方向。这有助于教师更新自己的知识体系，拓宽学术视野，从而在教学和科研中引入新的理念和方法，推动教学内容和方法的创新。

其次，学术会议与论坛中的专家学者分享的研究经验、创新思维和实践案例，可以为教师提供创新的思路和灵感。教师可以借鉴他人的成功经验，结合自己的教学实践和科研需求，探索出适合自己的创新路径。这种借鉴与融合的过程，有助于激发教师的创新潜能，推动教学和科研工作的不断发展。

再次，学术会议与论坛还是教师与同行交流互动的重要平台。通过与同行的深入交流，教师可以了解到不同观点、不同方法之间的碰撞与融合，这种交流有助于教师打破思维定式，拓展思维空间，产生新的创新点子和想法。同时，教师还可以通过与同行的合作，共同开展创新性的研究和实践，推动学术研究的深入发展。

最后，从学术会议与论坛中汲取灵感，还需要教师具备敏锐的洞察力和开放的思维方式。教师需要善于观察和思考，从会议中的点滴细节中捕捉创新的火花；同时，还需要保持开放的心态，勇于尝试新的理念和方法，不断挑战自己的教学和科研能力。

第三节　学术期刊论文的发表与审稿

一、学术期刊论文的写作规范与技巧

（一）学术期刊论文写作的基本规范与要求

学术期刊论文写作的基本规范与要求主要包括以下几个方面：

（1）学术质量。论文必须具有独创性和创新性，并对该领域的研究做出有意义的贡献。它应该有清晰的研究问题、方法和结果，并采用恰当的数据分析和实证研究设计。

（2）结构与格式。论文应该遵循期刊的结构和格式要求，包括标题、摘要、引言、方法、结果、讨论和参考文献等部分。此外，正确使用文献引用和参考文献格式也是必要的。

（3）写作风格。论文应具备清晰、简洁、准确的写作风格，使用适当的学术语言，避免使用口语化或不当的表达。同时，要确保论文没有语法、拼写或标点错误。

（4）学术伦理。论文必须遵循学术伦理的原则和规范。这包括确保研究中的数据收集和分析符合伦理标准，正确引用他人的工作，并避免抄袭行为。

（5）目标读者和适应性。论文应该与目标期刊的读者群体和研究方向相契合。它应该与该期刊的范围和主题相关，并在其学术社区中具有重要性和影响力。

具体到各部分，标题应简明、具体、确切、得体，能概括论文论述的特定内容，符合编制题录、索引和检索工具的有关原则，避免使用非公知公认的缩略语、外文字符、代号等。作者姓名应置于题名下方居中位置，姓前名后，中间为空格，姓氏的全部字母均大写，名字的首字母大写，双名中间加连字符，不缩写。摘要应句子精简短小，能够概括文章的全部内容。关键词一般每篇文章可选 3~8 个，多个关键词之间应以分号分隔，以便于计算机自动切分。中、英文关键词应一一对应。

在引用文献时，必须标注清楚作者、标题、出版信息。所有引用的内容，无论是直接引用还是间接引用，都需要在文中明确标注，并在文后列出详细的参考文献。同时，图表或数据必须注明来源和出处。

不同学术期刊可能对论文的具体格式和要求有所不同，因此在写作前，务必详细阅读并遵循目标期刊的投稿指南和要求。

（二）如何撰写高质量的学术期刊论文

撰写高质量的学术期刊论文是一个系统且复杂的过程，以下是一些关键的步骤和策略。

（1）明确研究目标和问题。在开始写作之前，必须明确研究的目标和问题。这有助于确定论文的框架和结构，并确保研究内容具有针对性和深度。

（2）进行文献综述。通过仔细阅读与研究课题相关的文献，理解当前的研究进展和已有成果。这不仅可以避免重复研究，还可以为论文提供理论基础和支撑。

（3）设计研究方法。选择合适的研究方法、数据收集方式和统计分析方法。合理的研究方法有助于提高研究的科学性和可信度。

（4）收集和整理数据。根据研究方法收集和整理相关数据，确保数据的完整性和有效性。同时，对数据进行清洗和分析，以提取有价值的信息。

（5）构建论文结构。遵循学术期刊的论文结构要求，通常包括引言、方法、结果、讨论和结论等部分。每个部分都要有明确的主题和内容，逻辑清晰，条理分明。

（6）精练语言和表达。使用清晰、准确、专业的学术语言进行表达。避免使用口语化或不当的表达，确保论文的学术性和严谨性。

（7）注重论文的创新性。高质量的学术论文需要具备创新性和独特性。在研究中提出新的观点、方法或发现，为领域的发展作出贡献。

（8）严格遵循学术规范。在论文撰写过程中，必须严格遵守学术伦理和规范。正确引用他人的研究成果，避免抄袭和剽窃行为。

（9）反复修改和完善：完成初稿后，要进行多次修改和完善。检查论文的逻辑性、语言表达、格式规范等方面，确保论文的质量和水平。

此外，还可以寻求同行或导师的反馈和建议，以进一步提高论文的质量。同时，关注目标期刊的投稿要求和审稿标准，有助于更好地符合期刊的要求，提高论文的录用率。

撰写学术论文并成功发表是一个复杂而精细的过程，需要遵循一定的规范和技巧。

（三）论文写作技巧：从选题到发表的全程指导

1.选题阶段

选题是论文写作的第一步，也是至关重要的一步。一个好的选题能够为论文写作奠定坚实的基础，并决定论文的价值和影响力。

（1）明确研究兴趣与方向。明确自己的研究兴趣和方向，这将有助于你选择一个既符合自己兴趣又具有研究价值的题目。

（2）查阅文献。查阅相关领域的文献，了解已有研究成果和研究空白，从而确定你的研究问题和研究目标。

（3）确保选题的可行性。选题时要考虑研究的可行性和时间成本，避免选择过于宽泛或难以完成的题目。

2. 论文写作阶段

（1）制订写作计划。在开始写作前，制订一个详细的写作计划，包括论文的各部分内容、预期完成时间和关键节点等，这有助于你合理分配时间和精力。

（2）撰写引言。引言是论文的开篇之作，应清晰地阐述研究背景、目的和意义，吸引读者的兴趣。

（3）构建论文框架。明确论文的主体部分，包括研究方法、实验设计、数据分析等，确保论文内容连贯、逻辑清晰。

（4）注意语言表达。使用准确、简洁、清晰的语言表达你的观点和发现，避免使用模糊或过于复杂的词汇和句子。

3. 修改与完善阶段

（1）自我审查。完成初稿后，进行自我审查，检查论文的逻辑性、语言表达和格式规范等方面的问题。

（2）寻求他人意见。请导师、同学或同行审阅你的论文，听取他们的意见和建议，进一步完善论文。

（3）多次修改。根据自我审查和他人意见，对论文进行多次修改和完善，确保论文质量。

4. 投稿与发表阶段

（1）选择合适的期刊。根据论文的研究领域和质量水平，选择合适的学术期刊进行投稿。

（2）仔细阅读投稿要求。在投稿前，仔细阅读期刊的投稿要求和格式规范，确保你的论文符合要求。

（3）处理审稿意见。在审稿过程中，认真对待审稿人的意见和建议，按要求进行修改和补充。

（4）耐心等待发表。完成修改后，耐心等待论文的发表，其间可以关注期刊的动态和论文的录用情况。

5. 其他注意事项

（1）遵守学术规范。在论文写作和发表过程中，要严格遵守学术规范和道德标准，确保论文的原创性和真实性。

（2）注重论文的创新性。在论文中提出新的观点、方法或发现，为学术领域的发展作出贡献。

（3）保持积极心态。论文写作和发表是一个漫长而艰苦的过程，要保持积极的心态和耐。

（4）遵循学术规范并高效完成学术期刊论文是一个需要严谨态度和科学方法的过程。

（5）学术规范是学术研究的基石，它要求研究者在研究过程中保持诚实、公正和客观。遵守学术规范不仅是对学术界的尊重，也是确保研究质量、提升个人声誉的关键。

（6）在进行学术写作时，应遵循一定的结构和格式要求，如引言、方法、结果、讨论和结论等部分应清晰明了。同时，语言表达应准确、简洁、流畅，避免使用模糊或过于复杂的词汇和句子。

（7）在论文写作之前，应进行充分的文献调研，了解已有研究成果和研究空白，以便为自己的研究找到切入点和创新点。这也有助于避免重复研究，提高研究效率。

（8）制订合理的研究计划和时间表，确保研究过程有条不紊地进行。将研究任务分解为若干个小目标，逐一完成，有助于保持研究进度和提高研究效率。

（9）在收集和分析数据时，应确保数据的来源可靠、方法科学。避免捏造或篡改数据，保持研究的客观性和真实性。同时，对数据进行合理的分析和解释，确保结论的准确性和可靠性。

（10）在论文中引用他人的研究成果时，应严格遵循引用规范，注明出处和作者信息。避免抄袭或剽窃他人的成果，维护学术诚信。

（11）完成初稿后，应进行多次修改和完善。检查论文的逻辑性、语言表达和格式规范等方面的问题，确保论文的质量达到发表要求。

（12）在投稿前，应仔细了解目标期刊的投稿要求和范围，确保论文与期刊的定位和主题相符。同时，注意投稿格式和截止日期等要求，避免因疏忽而错过投稿机会。

二、审稿流程与注意事项

（一）学术期刊论文审稿流程详解

学术期刊论文审稿流程通常涉及以下关键步骤：

（1）论文提交。作者需要按照期刊的要求，将论文以特定的格式提交给编辑部。这通常包括完整的论文、摘要、关键词以及作者的联系方式等信息。投稿一般通过期刊的网站在线提交或者邮件投递完成。

（2）初审。在论文提交后，编辑部会进行初审。初审是对论文进行形式审核和初步内容筛选的过程，主要检查论文的格式是否符合期刊要求，确保论文不包含不当内容和抄袭等问题。

（3）专家评审。通过初审的论文会进入专家评审阶段。编辑部会邀请相关领域的专家对论文进行匿名评审，评估论文的学术质量，包括创新性、科学性、方法的可行性和研究结果的可信度等，并提供评审结果和建议。专家评审的目的是筛选出高质量、有学术价值的论文。

（4）修改及再审。根据专家评审的结果和意见，作者需对论文进行修改和完善。修改后的论文将重新提交给编辑部，再次进行审查。编辑部会确保修改已经得到了充分的改进和对应，以确保论文的质量达到期刊的发表要求。

此外，在审稿过程中，还可能涉及其他环节，如编辑部的进一步审查、与作者的沟通等。整个审稿流程可能耗时较长，具体时间取决于期刊的审稿周期和稿件的质量。

需要注意的是，不同的学术期刊可能有不同的审稿流程和要求，作者在投稿前应仔细阅读期刊的投稿指南，了解具体的审稿流程和注意事项。同时，作者应遵守学术规范和道德准则，确保论文的原创性和学术价值。

（二）如何应对学术期刊论文审稿中的挑战

应对学术期刊论文审稿中的挑战，可以从以下几个方面着手：

（1）充分准备与深入了解。在投稿前，作者应充分了解期刊的审稿流程、要求和偏好，以及领域的学术规范。这样，作者可以更有针对性地准备论文，并避免常见的错误和疏漏。

（2）提高论文质量。确保论文具有创新性、科学性、方法严谨性，以及结果的可信度。高质量的论文能够更好地应对审稿人的各种审查，并在同行评审中脱颖而出。

（3）积极回应审稿意见。审稿过程中，作者应认真对待审稿人提出的意见和建议，及时修改和完善论文。对于审稿人的质疑或批评，作者应耐心解释和回应，以展示自己的研究实力和态度。

（4）与审稿人有效沟通。在审稿过程中，作者与审稿人之间的沟通至关重要。作者可以通过邮件、在线平台等方式与审稿人保持联系，及时解答审稿人的疑问，并讨论论文的改进方向。

（5）保持耐心与信心。审稿过程可能耗时较长，且可能面临多次修改和再审。作者应保持耐心和信心，相信自己的研究成果和价值，并坚持完善论文，直至达到期刊的发表要求。

此外，作者还可以寻求导师、同事或同行的帮助和建议，以应对审稿过程中的挑战。通过多方面的支持和努力，作者可以更好地应对学术期刊论文审稿中的挑战，实现论文的成功发表。

（三）审稿过程中的注意事项与沟通技巧

在审稿过程中，作者需要注意以下事项：

（1）作者需要仔细阅读审稿人的意见，并深入理解其反馈。审稿人的意见通常针对论文的各个方面，包括研究方法、数据分析、文献引用等。作者应针对每个意见进行仔细分析，确保对审稿人的关注点有清晰的认识。

（2）作者需要客观、理性地对待审稿人的意见。审稿人的意见可能涉及论文的优缺点，作者应保持开放的心态，接受并尊重审稿人的评价。对审稿人提出的批评和建议，作者应认真思考并尝试改进论文。

在沟通过程中，作者需要掌握一些有效的沟通技巧：作者应礼貌、尊重地对待审稿人，对其付出的时间和努力表示感谢；作者应清晰、准确地表达自己的观点和想法，避免使用模糊或过于复杂的语言；作者应耐心倾听审稿人的意见，对于不理解或不同意的地方，可以提出疑问或进行解释。

此外，作者还需要注意一些审稿过程中的细节问题。例如，及时回复审稿人的邮件，避免拖延时间；对于审稿人提出的修改建议，应认真执行并在回复中说明修改情况；对于无法满足的意见，应诚恳说明原因并提出替代方案。

总之，审稿过程是作者与审稿人之间的互动过程，作者需要保持开放、尊重、耐心的态度，认真对待审稿人的意见并努力改进论文。通过有效的沟通和合作，作者可以提高论文的录用率并实现学术成果的传播和分享。

（四）了解审稿流程，提高论文发表成功率

了解审稿流程对于提高论文发表成功率至关重要。以下是几个关键步骤和策略，有助于作者在投稿和审稿过程中更加得心应手：

首先，深入研究期刊的审稿制度和流程。不同的学术期刊可能有不同的审稿标准和要求，因此作者需要仔细研究目标期刊的审稿流程、审稿周期、审稿人构成等信息。这将有助于作者更好地准备论文，并在投稿时选择合适的期刊。

其次，确保论文质量和学术价值。高质量的论文更容易通过审稿人的审查。因此，作者在撰写论文时应注重研究的创新性、方法的科学性、数据的真实性和结论的可靠性。同时，论文的语言表达和结构安排也应清晰、准确、符合学术规范。

再次，认真回应审稿意见。在审稿过程中，审稿人会提出针对论文的修改意见和建议。作者应认真对待这些意见，逐一进行回应和修改。对于不理解或无法解决的问题，可以与审稿人进行积极的沟通和讨论。通过认真回应审稿意见，作者可以进一步完善论文，提高论文的录用率。

然后，注意投稿时机和格式要求。选择合适的投稿时机可以避免审稿高峰期，提高审稿效率。同时，按照期刊的格式要求提交论文可以减少不必要的修改和延误。因此，作者在投稿前应仔细阅读期刊的投稿指南，确保论文符合期刊的要求。

最后，保持耐心和信心。审稿过程可能漫长而复杂，但作者应保持耐心和信心，相信自己的研究成果和价值。即使论文初次未能通过审稿，也不要轻易放弃，可以通过修改和完善后再次投稿。

三、提高论文发表成功率的策略

（一）提升论文质量，增加发表成功率的方法

提升论文质量，增加发表成功率的方法涉及多个层面，从选题、撰写到审稿沟通，每个环节都至关重要。以下是一些关键策略：

首先，选择一个具有创新性、重要性和可行性的研究主题是成功的关键。深入研究领域内的文献，了解当前的研究热点和趋势，确保选题的前沿性和独特性。同时，考虑潜在读者和审稿人的兴趣，以增加论文被接受的机会。

其次，在撰写论文时，应注重论文的逻辑性和结构性。制定详细的提纲，明确每个段落的内容，确保论文的逻辑和结构性。使用明确、准确的语言和术语来表达论点和观点，避免使用模糊、含糊不清的措辞。同时，关注段落结构，确保每个段落只包含一个主题，并按照逻辑次序组织。

再次，引用相关文献也是提升论文质量的重要一环。在学术论文中，引用其他研究的观点和证据可以支持自己的观点，并增加论文的可信度。但务必确保引

用的准确性和规范性，避免引用错误或过度引用。

然后，与同行交流也是提高论文质量的有效途径。通过参加学术会议、研讨会等活动，与同行专家学者进行深入交流，可以获取宝贵的反馈和建议，进一步完善论文。

最后，在审稿过程中，积极回应审稿人的意见和建议也是至关重要的。审稿人通常会提出针对论文内容、结构、语言表达等方面的建议，作者应认真对待并逐一回应。通过修改和完善论文，提高论文的质量，增加发表的成功率。

另外，保持耐心和毅力也是至关重要的。论文发表是一个漫长而烦琐的过程，需要作者付出大量的时间和精力。在面对审稿人的批评和建议时，保持冷静和理性，积极寻求解决方案，不断完善论文。

提升论文质量、增加发表成功率需要作者在选题、撰写、审稿沟通等多个方面下功夫。通过不断学习和实践，可以逐渐掌握这些技巧和方法，提高论文的质量和发表成功率。

（二）论文发表前的自我审查与修改建议

在论文发表前进行自我审查和修改是确保论文质量的关键步骤。以下是一些建议，帮助作者在论文发表前进行有效的自我审查和修改：

首先，全面审查论文的结构和逻辑。检查论文是否按照引言、方法、结果、讨论和结论的顺序展开，各部分之间是否衔接自然，逻辑是否严密。特别注意段落之间的过渡是否流畅，避免出现突兀或重复的内容。

其次，关注语言表达和用词准确性。仔细检查论文中的用词是否准确、清晰，避免使用模糊或过于复杂的词汇。同时，注意语言的流畅性和简洁性，避免冗长和啰唆的句子。对于不确定的术语或概念，务必查阅相关资料以确保其准确性。

再次，审查论文的数据和图表。确保论文中的数据真实可靠，图表清晰易懂。检查数据是否经过充分的分析和解释，图表是否恰当地展示了研究结果。如有需要，对数据进行必要的修正和完善。

然后，重视引用和参考文献的审查。确保引用的文献准确无误，避免引用错误或遗漏。同时，检查参考文献的格式是否符合期刊的要求，确保引用的规范性和一致性。

最后，寻求他人的意见和建议。在自我审查后，可以邀请同行或导师审阅论文，并听取他们的意见和建议。他们的反馈可能会帮助作者发现一些自己忽视的问题，进一步提升论文的质量。

在修改过程中，作者应保持开放的心态，接受并认真考虑他人的建议。同时，要有耐心和毅力，对论文进行反复修改和完善，直至达到最佳状态。

（三）选择合适的学术期刊，提高论文录用率

选择合适的学术期刊对于提高论文录用率至关重要。以下是一些建议，帮助作者在投稿前选择合适的期刊：

首先，了解期刊的学术领域和范围。每个期刊都有其特定的学术领域和范围，作者需要选择与自己的研究内容最为匹配的期刊。通过查阅期刊的官方网站、目录或数据库，了解期刊的学科领域、主题偏好以及收录的文章类型，确保自己的论文与期刊的定位相符。

其次，评估期刊的学术影响力和质量。学术影响力和质量是判断期刊水平的重要指标。作者可以查阅期刊的影响因子、被引频次、审稿周期等信息，以及了解期刊是否收录于权威数据库，从而评估期刊的学术水平和声誉。

再次，研究期刊的审稿标准和要求。不同期刊的审稿标准和要求可能有所不同，作者需要仔细阅读期刊的投稿指南，了解期刊对论文格式、语言、引用格式等方面的要求。确保自己的论文符合期刊的投稿规范，避免因格式或语言问题而被拒稿。

然后，考虑期刊的出版周期和发表速度。一些期刊出版周期较长，发表速度较慢，而另一些期刊则相对较快。作者可以根据自己的需求和时间安排，选择合适的期刊。如果希望尽快发表论文，可以选择出版周期较短的期刊。

最后，咨询同行或导师的建议。同行或导师可能具有丰富的投稿经验，他们对期刊的了解和判断可能更为准确。通过与他们交流，获取他们的建议和推荐，有助于作者更好地选择合适的期刊。

（四）论文发表的成功之道：策略与技巧分享

论文发表的成功之道不仅在于论文本身的质量，还包括一系列策略与技巧。以下是一些建议，帮助作者在论文发表过程中更加得心应手：

首先，深入了解目标期刊。在选择投稿期刊时，务必对期刊的学术领域、影响力、审稿周期等进行深入了解。这样不仅能确保论文与期刊的契合度，还能更好地规划投稿时间和策略。

其次，精心撰写论文摘要和关键词。摘要和关键词是读者和审稿人了解论文内容的重要途径。因此，作者应精心撰写摘要，突出论文的创新点和主要结论，

同时选择合适的关键词，提高论文的检索和引用率。

再次，注意论文的语言表达和格式规范。清晰、准确的语言表达和符合期刊要求的格式规范是提升论文质量的关键。作者应认真检查论文的语法、拼写和标点，确保语言流畅、表达准确。同时，按照期刊的格式要求调整论文的排版和样式，提高论文的可读性和规范性。

然后，积极与审稿人沟通。在审稿过程中，作者应主动与审稿人保持沟通，及时回应审稿人的意见和建议。对于不理解或无法解决的问题，可以向审稿人请教或寻求帮助。通过积极的沟通，作者可以更好地完善论文，提高录用率。

最后，保持耐心和毅力。论文发表是一个漫长而复杂的过程，需要作者付出大量的时间和精力。在面对审稿人的批评和建议时，作者应保持冷静和理性，积极寻求解决方案。即使论文初次未能通过审稿，也不要轻易放弃，可以通过修改和完善后再次投稿。

第四节　学术合作与项目共建的探索

一、学术合作的模式与途径

（一）学术合作的主要模式及其特点分析

1. 主要模式

（1）合作研究。学者们可以在某个领域或者某个具体的课题上进行合作研究，共同探讨问题并取得更好的研究成果。这种模式强调团队成员之间的紧密合作和互动，通过分享思想、经验和研究成果，推动研究的进展。

（2）学术交流。通过学术会议、研讨会、讲座等形式进行学术交流，分享自己的研究成果和经验。这种模式有助于促进学术界的发展，提高学术水平，并推动不同领域的交叉融合。

（3）资源共享。学者们共享自己的研究资源，如数据、文献、设备等，以便更好地完成研究工作。这种模式有助于降低研究成本，提高研究效率，并促进资源的合理利用。

（4）教学互助。教师在教学方面相互支持和合作，共同提高教学质量，为学生提供更好的教育服务。

2. 特点分析

（1）多学科性。学术合作通常涉及不同学科的专家知识，能够将不同领域的专家和研究者聚集在一起，形成综合性的研究团队，从而更好地解决复杂的问题。

（2）合作性。学术合作模式强调团队成员之间的紧密合作和互动，通过分享思想、经验和研究成果，共同推动研究的进展。这种合作模式有助于提高研究效率和成果质量。

（3）多样性。团队成员的不同背景和经验可以为研究问题提供多个角度和解决方案，促进创新的产生。这种多样性有助于拓宽研究视野，提高研究的深度和广度。

此外，产业与学术的合作模式也值得关注，如顾问模式、合同研究模式等，这些模式有助于将学术研究成果转化为实际应用，推动产业的发展。

（二）探索多元化的学术合作途径与方法

探索多元化的学术合作途径与方法对于推动学术研究和知识创新具有重要意义。以下是一些建议：

跨学科合作：鼓励不同学科背景的学者进行合作，共同探索交叉领域的研究问题。这种合作有助于打破学科壁垒，促进知识的融合与创新。

国际合作：积极寻求与国际学术界的合作机会，参与国际学术会议、研讨会等活动，与国际同行建立合作关系。这种合作有助于引进国外先进的研究理念和方法，提高研究水平。

项目合作：通过共同申请和承担科研项目，将不同领域的学者聚集在一起，形成研究团队，共同开展研究工作。这种合作形式有助于整合研究资源，提高研究效率。

学术共同体建设：建立学术共同体，为学者提供交流平台，促进学术思想的碰撞和交流。可以通过建立学术网站、社交媒体群组等方式实现。

在线协作工具：利用在线协作工具如腾讯会议、钉钉等，实现远程会议、文件共享等功能，方便学者随时随地进行学术交流和合作。

数字化资源库：建立数字化资源库，将研究数据、文献等资源进行数字化处理并共享，方便学者进行查阅和使用。

合作培养研究生：通过联合培养研究生，促进不同高校和研究机构之间的学术合作与交流。这种合作有助于培养具有创新精神和跨学科背景的优秀人才。

访问学者计划：实施访问学者计划，邀请国内外学者来校进行短期访问和讲学，促进学术思想的传播和交流。

合作协议：与相关机构或学者签订合作协议，明确合作目标、任务和权益分配等事项，确保合作的顺利进行。

合作平台：建立合作平台，如联合实验室、研究中心等，为学者提供合作研究的场所和资源支持。

（三）跨学科合作的模式与实践经验分享

跨学科合作是指不同学科领域的学者或团队之间进行的合作，旨在整合不同学科的知识、方法和资源，共同解决复杂问题或推动创新。这种合作模式在学术界和实践中越来越受到重视。以下是一些跨学科合作的模式与实践经验分享：

研究团队模式：组建由不同学科背景的学者组成的研究团队，共同承担研究项目，实现知识互补和资源共享。这种模式有助于打破学科壁垒，促进不同领域之间的交流与融合。

课程与教学合作模式：将不同学科的知识融入课程教学中，培养学生的跨学科素养和综合能力。例如，可以开设跨学科课程或组织跨学科教学活动，让学生在实践中体验跨学科合作的魅力。

产学研合作模式：将学术界、产业界和研究机构紧密结合起来，共同开展研发、创新和技术转移等活动。这种模式有助于推动科研成果的转化和应用，促进产业升级和创新发展。

建立信任与沟通机制：跨学科合作中，不同学科背景的学者可能存在沟通障碍和观念差异，因此，建立信任关系和有效的沟通机制至关重要。可以通过定期召开会议、分享研究成果和经验等方式加强交流与合作。

明确合作目标与任务分工：在跨学科合作中，应明确合作目标和任务分工，确保每个团队成员都清楚自己的职责和角色。这有助于避免重复劳动和资源浪费，提高合作效率。

充分利用各自优势资源：不同学科领域的学者通常拥有各自独特的资源和优势。在跨学科合作中，应充分利用这些资源，实现资源共享和优势互补。例如，可以共享实验设备、数据资源或技术平台等。

培养跨学科人才：跨学科合作需要具备跨学科素养和综合能力的人才，因此，应注重培养跨学科人才，为他们提供必要的培训和支持。同时，也应鼓励学者积极参与跨学科合作，拓宽自己的学术视野和知识面。

（四）如何选择合适的学术合作伙伴与方式

选择合适的学术合作伙伴与方式对学术研究的成功至关重要。以下是一些建议，帮助你在学术合作中作出明智的选择。

1. 明确合作目标与研究需求

在选择合作伙伴与方式之前，首先要明确合作的目标和研究需求。这有助于你确定所需的学科背景、技能和资源，从而有针对性地寻找合适的合作伙伴。

2. 考虑合作伙伴的学科背景与专长

选择与你的研究领域相关且具有专长的合作伙伴，能够为你的研究提供有力的支持。通过了解合作伙伴的学术成果、研究经历和学科声誉，可以评估其是否具备与你合作所需的能力和经验。

3. 考虑合作伙伴的地理位置与资源条件

地理位置和资源条件也是选择合作伙伴时需要考虑的因素。相近的地理位置有助于双方进行面对面的交流和合作，而丰富的资源条件则可以为研究提供必要的支持和保障。

4. 了解合作伙伴的合作经历与信誉

了解合作伙伴的合作经历和信誉，可以帮助你预测合作的顺利程度和潜在风险。通过查阅合作伙伴过去的合作项目、成果和反馈，可以评估其合作能力和诚信度。

5. 选择合适的合作方式

在选择合作方式时，需要根据合作目标、研究需求和资源条件进行综合考虑。常见的合作方式包括共同申请项目、合作发表论文、联合培养研究生，可以根据具体情况选择适合的合作方式，以最大化合作效益。

6. 建立有效的沟通机制与合作关系

在选择合作伙伴与方式之后，建立有效的沟通机制与合作关系至关重要。双方应明确合作的具体任务、分工和时间安排，保持定期沟通和交流，及时解决合作过程中出现的问题和困难。

选择合适的学术合作伙伴与方式需要你明确合作目标与研究需求，考虑合作伙伴的学科背景、专长、地理位置和资源条件，了解合作经历与信誉，并选择合适的合作方式。同时，建立有效的沟通机制与合作关系也是确保合作成功的关键。

二、项目共建的流程与管理

（一）项目共建的基本流程与步骤解析

项目共建的基本流程与步骤主要包括以下几个环节：

（1）确定项目计划。明确项目的整体计划和时间表，这包括项目启动、实施、监控和收尾等各个阶段的具体安排。确保每个阶段的目标、任务和时间节点都清晰明确，为项目的顺利进行奠定基础。

（2）组建实施团队。根据项目需求和计划，组建项目实施团队，并明确团队成员的角色和职责。确保团队成员具备相应的专业知识和技能，能够协作配合，共同推动项目的实施。

（3）实施项目任务。按照项目计划和任务分工，开展项目实施工作。这包括具体的执行、操作、实验等活动，需要确保项目按照预定的计划和进度进行，同时保证工作质量达到要求。

（4）监控项目进度。在项目实施过程中，对进度、质量、成本等方面进行持续的监控和评估，及时发现并解决问题，确保项目能够顺利进行。此外，还应对项目风险进行识别和管理，以应对可能出现的不利因素。

（5）项目成果评估。在项目实施结束后，对项目的成果进行全面评估。这包括对项目的完成度、质量、效益等方面进行评价，总结项目的经验和教训。通过评估，可以为今后类似项目的实施提供借鉴和参考。

（6）项目总结与展望。对整个项目进行总结，回顾项目的整个过程和成果，分析项目中的成功经验和不足之处。同时，对项目未来的发展方向进行展望，提出改进和优化的建议，为项目的持续发展和改进提供指导。

（二）项目共建中的管理与协调技巧

项目共建中的管理与协调技巧对项目的成功实施至关重要。以下是一些关键的管理与协调技巧：

（1）明确目标与分工。首先，要确保项目的目标清晰明确，所有参与人员都对项目的预期成果有共同的认识。在此基础上，进行详细的任务分解，明确每个人的职责和分工，避免工作重叠和遗漏。

（2）建立沟通机制。沟通是管理与协调的核心。建立有效的沟通机制，如定期召开项目进度会议、使用协同工具等，确保信息的及时传递和共享。同时，鼓励团队成员积极反馈问题和建议，促进信息的双向流动。

（3）协调资源分配。在项目共建过程中，资源的分配往往是一个挑战。管理者需要根据项目的需求和团队成员的能力，合理调配人力、物力等资源，确保项目的顺利进行。同时，也要关注资源的优化利用，避免浪费。

（4）处理冲突与分歧。在项目执行过程中，难免会出现意见不合或冲突的情况。此时，管理者需要保持冷静，客观分析问题，寻求双方都能接受的解决方案。同时，也要注重团队氛围的营造，增强团队的凝聚力和向心力。

（5）监控与调整。项目管理是一个动态的过程，需要不断进行监控和调整。管理者要密切关注项目的进展情况，及时发现问题并采取相应的措施进行纠正。同时，也要根据项目的实际情况和外部环境的变化，对项目的计划进行调整和优化。

（三）如何确保项目共建的顺利进行与完成

确保项目共建的顺利进行与完成需要一系列策略和措施，以下是一些关键方面：

（1）明确目标。清晰地定义项目目标，确保所有参与人员对项目预期成果有共同理解。

（2）分解任务。将项目分解为多个具体任务，为每个任务设定明确的时间节点和责任人。

（3）制定里程碑。设定关键的项目里程碑，用于监控项目进度和评估项目风险。

（4）定期会议。组织定期的项目会议，讨论项目进展、问题和解决方案。

（5）使用协作工具。利用项目管理软件、即时通信工具等，提高团队协作效率和信息流通速度。

（6）合理调配人员。根据项目需求，调配具备相应技能和经验的人员参与项目。

（7）确保物资供应。提前规划项目所需物资，确保物资供应的及时性和充足性。

（四）有效管理风险

有效管理风险需要注意以下方面：

（1）识别风险：在项目执行过程中，识别潜在的风险因素。

（2）制定应对策略：针对识别出的风险，制定相应的应对策略和预案。

（3）进度监控：实时跟踪项目进度，确保项目按计划进行。

（4）质量评估：定期对项目成果进行质量评估，确保项目质量符合预期。

（5）设立奖励：对在项目中共建表现突出的个人或团队给予奖励，激发团队成员的积极性。

（6）明确责任：对未能按计划完成任务的团队成员进行问责，确保项目责任到人。

（五）及时调整与优化

及时调整与优化需要注意以下方面：

（1）灵活调整计划：根据项目实际情况，灵活调整项目计划，以适应外部环境的变化。

（2）总结经验教训：在项目执行过程中，及时总结经验教训，为后续项目提供借鉴。

三、学术合作与项目共建的分析

（一）学术合作与项目共建的案例分析

本案例涉及由多个高校和研究机构共同参与的跨学科项目共建案例。该项目旨在探索新能源技术在环境保护和可持续发展领域的应用，并通过合作研究，推动相关技术的创新与发展。

该项目合作团队由来自不同学科背景的学者和研究人员组成，包含环境科学、能源工程、材料科学等多个领域。团队成员通过跨学科合作，共同开展研究，实现知识互补和资源共享。

合作模式上，项目采用联合研究、共同申请项目、合作发表论文等多种方式。团队成员定期召开会议，分享研究进展和成果，共同讨论和解决研究中遇到的问题。

在项目共建过程中，管理与协调技巧起到了关键作用。首先，团队明确了项目目标和分工，确保每个成员都清楚自己的职责和任务。其次，建立了有效的沟通机制，包括定期会议、邮件交流等，确保信息畅通和及时传递。此外，团队还注重资源优化和风险管理，根据项目需求合理分配资源，及时识别和应对潜在风险。

通过团队成员的共同努力和协作，该项目取得了显著的成果。团队成功研发了一种新型的新能源技术，并在实验室条件下验证了其性能和可行性。该技术在环境保护和可持续发展领域具有广泛的应用前景，有望为解决全球能源和环境问题提供新的解决方案。

此外，该项目还促进了学术交流和合作，提高了团队成员的学术水平和创新能力。通过与国内外同行的合作与交流，团队了解了最新的研究进展和趋势，为未来的研究工作提供了有益的参考和借鉴。

本案例展示了学术合作与项目共建在推动科研创新和解决全球性问题中的重要作用。通过跨学科合作和有效的管理与协调技巧，可以实现资源共享、优势互补和成果共享。同时，合作研究还可以促进学术交流与合作，提高研究水平和影响力。

从本案例中，我们可以得到以下启示：跨学科合作是推动科研创新的重要途径，可以打破学科壁垒，实现知识的融合与创新；有效的管理与协调技巧是确保项目顺利进行和完成的关键；合作研究不仅可以促进学术交流和合作，还可以为解决全球性问题提供新的思路和方案。

因此，在未来的学术研究和项目共建中，应更加注重跨学科合作和有效的管理与协调技巧的应用，推动科研创新和解决全球性问题。

（二）合作与共建中的优势互补与资源整合

合作与共建中的优势互补与资源整合是确保项目顺利进行和取得成功的关键要素。下面我通过案例分析的方式，具体探讨这两者在合作与共建中的重要性及实际应用。

在学术合作与项目共建中，优势互补体现在不同学科、不同领域的研究人员之间的知识与技能的互补。例如，一个涉及新能源技术的跨学科项目，可能需要环境科学家提供对生态系统影响的专业见解，能源工程师提供技术实现方案，而材料科学家则负责研发新型材料。通过集结这些不同背景的研究人员，项目团队可以充分利用各自的专业知识和优势，共同攻克技术难题，推动项目的进展。

资源整合则是合作与共建中的另一重要方面，包括物质资源、人力资源和技术资源等的整合。在物质资源方面，合作团队可以共享实验室设备、研究设施等，避免重复投资，提高资源利用效率。人力资源的整合则意味着团队成员可以互相学习、交流经验，提升整体的研究能力和水平。技术资源的整合则涉及共享专利、技术成果等，通过共同研发新技术、新产品，实现技术创新和突破。

在一个实际的案例中，某医药公司与一家研究机构合作开发新药物。医药公司具有市场渠道和资金优势，而研究机构则拥有先进的研发技术和专业人才。通过合作，双方实现了优势互补：医药公司提供了市场需求和资金支持，研究机构则提供了技术支撑和研发能力。同时，双方也进行了资源整合：共享了实验室设备、研究数据等资源，提高了研发效率和质量。最终，这一合作项目成功开发出了具有市场竞争力的新药物，实现了双方共赢。

优势互补和资源整合在合作与共建中起到了至关重要的作用，它们不仅能够提高项目的执行效率和质量，还能够推动技术创新和发展，为合作双方带来更大的收益和成果。因此，在未来的合作与共建中，应更加注重优势互补和资源整合的应用，以实现更好的合作效果和更大的成功。

（三）学术合作与项目共建的绩效评估方法

学术合作与项目共建的绩效评估是评价合作效果、优化资源配置和推动持续发展的重要环节。下面介绍几种常用的绩效评估方法，并结合学术合作与项目共建的特点，探讨其应用。

首先，关键绩效指标法（key performance indicator，KPI）是一种有效的绩效评估工具。它通过对组织运作过程中实现战略目标的关键成功要素进行提炼和归纳，将战略目标分解为可操作的量化指标。在学术合作与项目共建中，可以设定如研究成果质量、项目进展速度、合作满意度等关键绩效指标，以衡量合作成果和效果。

其次，同行评议法也是学术合作与项目共建中常用的绩效评估方法。它利用同行专家的专业知识和经验，对学术成果和项目绩效进行客观、公正的评价。这种方法在学术界具有较高的认可度和权威性，能够较为准确地反映学术水平和合作质量。

最后，综合考核法也是一种重要的绩效评估方法。它综合考虑学术表现、人才培养、社会服务、团队建设等多方面因素，按照一定的权重进行综合计算，以全面评价学术合作与项目共建的绩效。这种方法能够更全面地反映合作成果和贡献，避免单一指标评价的局限性。

除以上几种方法外，还可以根据具体情况采用其他绩效评估方法，如比较法、业绩考核表法、关键事件法等。这些方法各有优缺点，可以根据合作与共建的特点和目标选择适合的方法进行绩效评估。

在进行绩效评估时，还需要注意以下几点：确保评估标准的公正性和客观性，避免主观臆断和偏见；注重数据的收集和分析，确保评估结果的准确性和可靠性；及时反馈评估结果，以便合作双方了解合作效果并进行相应的调整和优化。

（四）从案例中学习如何优化学术合作与项目共建

从案例中学习如何优化学术合作与项目共建是一个重要的过程，它可以帮助我们吸取经验、识别问题，并找到改进的方法。以下是一些从案例中学习到的优化学术合作与项目共建的关键策略：

首先，案例中通常强调明确合作目标与预期成果的重要性。合作双方需要清晰定义项目的目标、范围和预期结果，以确保所有参与者对项目有共同的理解。这有助于避免误解和冲突，并确保资源得到合理的分配和利用。

其次，选择合适的合作伙伴是优化学术合作与项目共建的关键。案例中可能会提到一些成功的合作案例，这些案例中的合作伙伴通常具有互补的技能、资源和经验。因此，在选择合作伙伴时，应重点考虑其专业领域、研究实力、资源配置以及与本项目的契合度。

再次，沟通是学术合作与项目共建中的核心要素。案例中可能会强调建立定期会议、使用协同工具等沟通机制的重要性。这些机制有助于确保信息的及时传递和共享，促进团队成员之间的交流和合作。此外，建立开放、坦诚的沟通氛围也是至关重要的，这有助于解决合作过程中出现的问题和分歧。

然后，资源整合与共享是优化学术合作与项目共建的另一个关键方面。案例中可能会提到合作双方如何共享资源、避免重复投资，并通过资源整合实现优势互补。在实际操作中，可以探索建立资源共享平台、制定资源共享协议等方式，促进资源的有效利用和共享。

最后，学术合作与项目共建过程中往往伴随着各种风险。案例中可能会提到一些风险管理的经验和教训。因此，在合作过程中，应提前识别潜在风险，制定相应的应对策略和预案。同时，建立风险监测和报告机制，及时发现和处理风险事件，确保项目的顺利进行。

另外，持续的评估与反馈机制有助于了解合作与共建的进展和效果，及时发现并解决问题。案例中可能会提到一些评估方法和反馈机制的应用。因此，在实际操作中，可以定期评估项目的进展、成果和合作效果，收集团队成员的反馈意见，并根据评估结果进行必要的调整和优化。

第五节　学术交流平台的建设与管理

一、学术交流平台的功能与定位

（一）学术交流平台的核心功能与作用

学术交流平台的核心功能与作用主要体现在以下几个方面：

首先，学术交流平台是学者们分享研究成果和经验的重要场所。通过平台，学者们可以发表论文、介绍研究项目，将他们的研究成果传播给更广泛的受众，进而促进学术的进步和发展。这种分享机制不仅有助于个人学术声誉的提升，还能推动整个学术领域的繁荣。

其次，学术交流平台为学者们提供了寻找合作伙伴的机会。通过平台上的沟通工具，学者们可以交流彼此的研究兴趣，发现潜在的合作机会，共同开展研究项目。这种合作机制有助于实现资源的共享和优势互补，推动学术研究向更高层次发展。

再次，学术交流平台还为学者们提供了一个展示自己学术实力和获取他人认可的途径。通过在平台上发表高水平的论文、参与讨论，学者们可以提高自己的学术声誉和影响力。这种机制有助于形成良性的学术竞争环境，激发学者们的创新活力。

然后，学术交流平台通常会举办各类学术研讨会、研究生论坛等活动，为学者们提供学习和研究的机会。这些活动有助于学者们接触到最新的研究动态，拓宽学术视野，提升研究能力。

最后，学术交流平台还有助于建立学术网络。通过与其他学者的交流互动，学者们可以结识来自不同背景和学科领域的人才，为他们的学术研究提供更多的资源和支持。这种网络化的交流方式有助于打破学科壁垒，促进跨学科的交流和合作。

（二）明确学术交流平台的定位与发展方向

学术交流平台的定位与发展方向是确保其有效运作和持续进步的关键。一个明确的定位可以帮助平台更好地服务于其目标用户群体，而一个清晰的发展方向则可以为平台的长远发展提供指导。

首先，在定位方面，学术交流平台应致力于成为一个连接全球学者的桥梁。它应是一个为学者提供最新学术动态、研究成果分享、学术观点碰撞以及寻找合作机会的综合性平台。同时，平台应根据主要用户群体的特点和需求进行细分定位，例如，可以针对某一特定学科或领域，或者面向特定层次的学者（如研究生、教授等）。这样的定位可以使平台更加专注，更能满足特定用户群体的需求。

其次，在发展方向上，学术交流平台应不断推动学术的开放性与多元性。平台应积极促进不同学科、不同领域之间的学术交流与合作，打破学术壁垒，推动学术的交叉融合。同时，平台还应关注学术的国际化发展，加强与国际学术界的交流与合作，提升国内学术的国际影响力。

再次，随着数字化和网络技术的不断发展，学术交流平台也应积极探索新的技术手段和模式，以提供更加便捷、高效的学术交流服务。例如，可以利用大数据、人工智能等技术对学术资源进行智能推荐和分类，提高用户的使用体验；同时，还可以利用线上线下的方式举办各类学术活动，增强平台的互动性和影响力。

最后，学术交流平台还应注重自身的品牌建设和可持续发展。平台应不断提升自身的服务质量和学术水平，吸引更多的优秀学者加入，形成良好的学术氛围和交流环境。同时，平台还应积极寻求外部支持与合作，为平台的长期发展提供稳定的保障。

（三）学术交流平台如何服务于教师与学术发展

学术交流平台在教师与学术发展中扮演着至关重要的角色。它们不仅为教师提供了一个展示和分享研究成果的舞台，还促进了教师之间的学术交流和合作，从而推动了学术的进步与发展。以下是学术交流平台如何服务于教师与学术发展的具体方式：

首先，学术交流平台为教师提供了一个发表和展示研究成果的重要途径。教师可以通过平台发布论文、研究报告和教学案例等，将自己的学术成果展示给更广泛的受众。这不仅有助于提升教师的学术声誉和影响力，还能够吸引同行学者的关注和合作，进一步推动研究的发展。

其次，学术交流平台促进了教师之间的学术交流和合作。教师可以通过平台参与学术讨论、加入研究团队或合作项目，与同行学者进行深入交流和合作。这种交流和合作有助于教师拓宽学术视野，了解最新的研究进展和趋势，同时也能够从他人的经验和观点中获得启发，提升自己的研究水平和能力。

再次，学术交流平台还为教师提供了获取学术资源和信息的便利。平台上通常汇聚了大量的学术文献、数据库和专家资源，教师可以方便地获取所需的研究资料和信息，为自己的研究提供有力的支持。同时，平台还可以提供学术动态、会议通知和学术期刊等信息，帮助教师及时了解学术界的最新动态和前沿话题。

最后，学术交流平台对教师的学术成长和职业发展也具有重要意义。通过参与平台的学术交流和合作，教师可以积累更多的学术经验和人际关系资源，提升自己的学术水平和影响力。这有助于教师在学术领域取得更高的成就和认可，进而促进个人的职业发展和晋升。

为了更好地服务于教师与学术发展，学术交流平台需要不断优化自身的功能和服务。例如，平台可以加强个性化推荐算法的应用，为教师提供更加精准和有用的学术资源；还可以建立完善的学术评价体系和奖励机制，激励教师积极参与学术交流和合作；同时，平台还可以加强与高校、研究机构和学术期刊的合作，为教师提供更多的学术支持和合作机会。

（四）构建多功能、高效的学术交流平台

构建多功能、高效的学术交流平台是一项复杂而重要的任务，它涉及平台设计、功能开发、用户体验以及运营管理等多个方面。以下是一些关键步骤和策略，有助于实现这一目标：

（1）需要明确学术交流平台的定位和目标用户群体。这有助于确定平台的主要功能和特点，以满足特定用户群体的需求。例如，平台可以针对科研人员、学者、学生等不同用户群体，提供不同的服务和功能。

（2）平台架构应简洁明了，易于理解和使用。界面设计应美观大方，符合用户习惯，提供良好的用户体验。同时，应注重平台的易用性和可访问性，确保用户能够轻松访问和使用平台。

（3）学术交流平台应提供多种功能，以促进用户之间的交流和合作。例如，可以设置论文发表、学术讨论区、在线研讨会等功能模块，让用户能够方便地分享研究成果、交流学术观点、参与学术活动。

（4）平台应整合各类优质学术资源，包括学术论文、研究报告、学术数据库等，为用户提供丰富的学术资料和信息。同时，可以建立与学术期刊、研究机构等的合作关系，为用户提供更多的学术支持和合作机会。

（5）为了提高用户的使用效率和体验，平台应优化搜索和推荐功能。通过智能算法，为用户提供精准的学术资源推荐和搜索结果，帮助用户快速找到所需的信息和合作伙伴。

（6）学术交流平台应具有互动性和社交性，鼓励用户之间的交流和互动。可以设置用户个人主页、关注功能、私信系统等，让用户能够建立联系、分享经验、互相学习。

（7）平台运营方应建立完善的运营管理和维护机制，确保平台的稳定运行和持续更新。这包括处理用户反馈、优化平台性能、保障信息安全等方面的工作。

（8）为了吸引更多的用户，平台需要进行有效的推广与宣传。可以通过学术会议、研讨会、社交媒体等多种渠道进行宣传，提高平台的知名度和影响力。

二、平台的建设与维护

（一）学术交流平台建设的关键要素与步骤

学术交流平台的建设是一个复杂而系统的工程，它涉及多个关键要素和步骤。

1. 关键要素

技术支撑：平台需要强大的技术支持，包括高效的信息检索技术、快速的数据传输技术等，以支持用户快速获取和交流学术信息。同时，平台还应支持多媒体内容的展示和交流，提供丰富的学术资源和工具。

数据安全：由于学术交流平台处理的信息量庞大且内容敏感，数据安全显得尤为重要。平台需要采取安全的数据存储和传输技术，确保用户信息和学术成果的安全。

社区氛围：一个成功的学术交流平台需要形成良好的社区氛围，鼓励学者之间的互动和合作。平台可以设置学术导师、专家顾问等角色，为学者提供咨询和指导，培养学术交流的理念。

2. 建设步骤

（1）确定目标与需求。在建设之初，需要明确平台的目标与需求。这包括确定平台的服务对象、主要功能、期望达到的效果等。

（2）规划平台结构与内容。根据目标与需求，规划平台的整体结构和具体内容。这包括设计合理的模块分布、确定各类信息的展示方式等。

（3）设计平台页面与交互。在设计平台页面时，应遵循用户体验的原则，注重页面的美观与易用性。同时，良好的交互设计也必不可少，应通过合理的布局和导航，使用户能够方便地浏览和获取所需信息。

（4）开发与测试。在确定平台的结构、内容和设计之后，进入开发阶段。完成开发后，应进行充分的测试，以确保平台的稳定性和各项功能的正常运行。

（5）发布与推广。经过测试并确认无误后，平台可以正式上线。为了吸引更多的用户，需要进行有效的推广和宣传。

此外，在平台的建设过程中，还需要注意以下几点：

（1）联合合作。各大高校、学术机构可以加强合作，共享资源，共同推动平台的建设与发展。

（2）技术创新。借助人工智能、大数据等技术手段，提高平台的服务效率和质量，提供更好的用户体验。

（3）用户导向。在平台的建设过程中，应广泛征求用户意见和建议，不断改进平台的功能和服务，以满足用户的需求和期望。

（二）确保学术交流平台稳定运行的维护策略

为了确保学术交流平台的稳定运行，需要采取一系列维护策略。以下是一些关键的维护策略：

定期更新与维护：平台应定期进行软件更新和系统维护，以修复可能存在的漏洞和错误，确保平台的稳定性和安全性。同时，随着技术的不断进步，平台也需要不断升级以适应新的需求和技术标准。

数据备份与恢复：为了防止数据丢失或损坏，平台应建立完善的数据备份机制，并定期进行备份。在出现数据问题时，能够及时恢复数据，确保平台的正常运行。

监控与日志分析：通过实时监控平台的运行状态和日志信息，可以及时发现和解决潜在的问题。同时，对日志信息进行分析，还可以了解用户的使用习惯和需求，为平台的优化提供数据支持。

用户反馈与改进：积极收集用户的反馈意见，针对用户提出的问题和建议进行改进。通过不断优化平台的功能和服务，提高用户的满意度和忠诚度。

安全防护与应急响应：加强平台的安全防护，包括设置防火墙、加密传输、访问控制等措施，防止恶意攻击和数据泄露。同时，建立应急响应机制，对突发事件进行快速响应和处理，确保平台的稳定运行。

资源管理与优化：合理配置平台的服务器、存储等资源，确保平台的高效运行。同时，对平台的性能进行优化，提高用户的访问速度和体验。

培训与支持：为用户提供必要的培训和支持，帮助他们更好地使用平台。通过培训，用户可以更充分地利用平台的功能，提高学术交流的效率和质量。

（三）如何提升学术交流平台的用户体验

提升学术交流平台的用户体验是一个至关重要的任务，它涉及多个方面的优化和改进。以下是一些具体的建议，旨在帮助学术交流平台提升用户体验：

界面设计与操作流程优化：简洁、直观的界面设计是提升用户体验的关键。平台应确保界面元素布局合理，信息清晰，使用户能够快速理解和操作。同时，优化操作流程，减少不必要的步骤和等待时间，提高用户的使用效率。

个性化推荐与定制化服务：根据用户的学术兴趣、研究领域和历史行为等信息，提供个性化的内容推荐和定制化服务。这有助于用户更方便地找到感兴趣的学术资源和信息，提高平台的黏性和满意度。

增强互动与社交功能：学术交流平台应提供丰富的互动和社交功能，如在线讨论、问答、合作研究等，促进用户之间的交流和合作。这不仅可以提升用户的参与感和归属感，还有助于形成积极的学术氛围。

优化搜索与导航功能：强大的搜索和导航功能是用户快速获取信息的重要保障。平台应提供智能的搜索引擎和清晰的导航路径，帮助用户快速定位所需内容，提高搜索效率和准确性。

提供高质量学术资源：平台应积极整合优质的学术资源，包括论文、研究报告、会议资料等，确保用户能够获取到有价值的信息。同时，建立严格的资源审核机制，确保资源的真实性和可靠性。

响应式设计与跨平台兼容：考虑到用户可能使用不同的设备和浏览器访问平台，因此平台应具备响应式设计，能够在不同设备上提供良好的用户体验。同时，确保平台在不同操作系统和浏览器上的兼容性，减少用户在使用过程中遇到的问题。

用户反馈与持续改进：积极收集用户的反馈意见，对平台的功能、性能和用户体验进行持续改进。通过不断优化平台的设计和服务，提升用户的满意度和忠诚度。

（四）学术交流平台的技术支持与安全保障

学术交流平台的技术支持与安全保障是确保其正常运行和用户信息安全的关键所在。

1. 技术支持

学术交流平台的技术支持是其运行的基石。平台需要借助先进的技术手段，提供高效、稳定的服务。这包括使用高效的信息检索技术，使用户能够迅速找到所需的学术资料；利用快速的数据传输技术，确保用户在上传、下载文件时的流畅体验；同时，平台还应支持多媒体内容的展示和交流，让学术成果以更丰富的形式展现。

此外，平台还应提供丰富的学术资源和工具，以满足用户多样化的需求。这可以包括学术论文、研究报告、会议资料等资源的整合，以及数据分析、可视化等工具的开发。这些资源和工具能够帮助用户更好地进行学术研究，提升学术交流的效率和质量。

2. 安全保障

在保障学术交流平台的安全方面，首先需要采取一系列技术手段来确保数据的安全性和隐私性。例如，通过使用安全加密传输协议，可以保护用户之间的交互信息不被窃取或篡改。同时，建立完善的防火墙和入侵检测系统，能够有效筛查并拦截潜在的网络攻击和恶意软件，保障平台的安全稳定运行。

除了技术手段，组织管理也是保障平台安全的重要方面。建立健全的用户注册和身份认证机制，确保参与论坛的用户具有真实的身份和学术背景。对平台运营者和管理员进行基础的信息安全培训，提高他们的安全意识和应急处理能力，也是至关重要的。此外，制定明确的规章制度，规定用户的行为准则和禁止行为，对于维护平台的安全和秩序同样必不可少。

法律法规的遵守也是保障学术交流平台安全的重要一环。对于违反法律法规的行为，应及时追究法律责任，保护学术信息的安全和合法权益。

三、学术交流平台在促进教师发展中的作用

（一）学术交流平台如何助力教师专业成长

学术交流平台在助力教师专业成长方面发挥着不可或缺的作用。通过提供丰富的学术资源、建立交流合作的桥梁以及促进教师专业发展的机制，学术交流平台为教师提供了一个宝贵的成长空间。

首先，学术交流平台汇聚了大量的学术资源，包括最新的研究成果、教学方法、教育案例等。教师可以通过平台获取这些资源，了解行业动态和前沿理念，从而更新自己的知识体系，提升专业素养。这些资源不仅有助于教师拓宽视野，

还可以为他们解决教学中的实际问题提供有益的参考。

其次，学术交流平台为教师之间的交流和合作搭建了桥梁。教师可以通过平台参与学术讨论、分享经验、探讨问题，与同行建立联系，形成学术共同体。这种交流合作不仅可以促进教师之间的知识共享和经验传递，还可以激发教师的创新思维，推动教育教学的改进和发展。

再次，学术交流平台还通过举办各种学术活动、提供培训资源等方式，促进教师的专业发展。这些活动可以帮助教师提升教育教学能力、科研能力、创新能力等，从而推动他们的专业成长。同时，平台还可以为教师提供展示自己成果的机会，增强他们的职业认同感和成就感。

最后，学术交流平台还具有开放性、互动性和实时性等特点，能够满足教师多样化的学习需求。教师可以通过平台随时随地获取学习资源、参与讨论交流、获取反馈建议等，使学习变得更加便捷和高效。

（二）利用学术交流平台拓宽教师的学术视野

利用学术交流平台拓宽教师的学术视野是一项至关重要的任务，对于提升教师的专业素养和教育教学能力具有显著意义。以下是一些具体策略，旨在帮助教师充分利用学术交流平台来拓宽学术视野：

首先，教师需要积极注册并参与到学术交流平台中。这些平台往往汇聚了来自全国各地的专家学者和一线教师，他们分享着最新的研究成果、教学方法和教育理念。通过浏览这些平台，教师可以了解到不同领域的研究动态和前沿趋势，从而拓宽自己的学术视野。

其次，参与平台的学术讨论和互动是拓宽视野的有效途径。教师可以通过平台上的论坛、博客、微信群等功能，与同行们就某一学术问题进行深入探讨和交流。这种互动不仅能够激发教师的思考，还能帮助他们从不同的角度和层面理解问题，从而拓宽自己的学术视野。

再次，教师还可以通过学术交流平台关注行业内的专家学者和知名机构。这些专家学者和机构往往会分享他们的研究成果和最新动态，教师可以通过关注他们的账号或订阅他们的内容，获取到最新的学术信息和研究成果。这有助于教师及时了解行业动态和前沿趋势，跟上学术发展的步伐。

然后，利用学术交流平台获取专业文献和资料也是拓宽学术视野的重要手段。平台通常提供丰富的文献资源和资料库，教师可以根据自己的研究兴趣和需求，查找和下载相关的文献和资料。这有助于教师深入了解某一领域的研究现状和最新进展，提升自己的学术素养和水平。

最后，通过学术交流平台参与学术活动和项目合作也是拓宽视野的重要方式。平台往往会组织各种学术研讨会、培训班等活动，教师可以根据自己的兴趣和时间安排参加这些活动，与同行们面对面交流和合作。这不仅能够拓宽教师的社交圈子，还能帮助他们结交更多志同道合的朋友和合作伙伴，共同推动学术研究的进步和发展。

（三）教师在学术交流平台中的互动与学习机会

教师在学术交流平台中的互动与学习机会是多种多样的，这些机会不仅能够促进教师的专业成长，还能够增强教师的学术素养和教育教学能力。

首先，学术交流平台为教师提供了广泛的互动机会。教师可以通过平台参与学术讨论、发表观点、提问答疑，与其他教师、学者进行深入的交流和探讨。这种互动不仅能够拓宽教师的学术视野，还能够激发教师的创新思维，促进教育教学的改进和发展。

其次，学术交流平台为教师提供了丰富的学习资源。平台上汇聚了大量的学术论文、研究报告、教育案例等学术资源，教师可以根据自己的需求进行检索和学习。这些资源不仅能够帮助教师了解最新的研究成果和教育理念，还能够为教师提供实用的教学方法和策略，提升教师的教育教学能力。

再次，学术交流平台还为教师提供了参与学术会议、研讨会等活动的机会。这些活动通常汇集了来自全国各地的专家学者和教师，他们围绕某一学术主题进行深入交流和探讨。通过参与这些活动，教师可以与同行们面对面交流，分享经验，了解最新的研究动态和前沿趋势，从而提升自己的学术水平和专业素养。

然后，学术交流平台还促进了教师之间的合作与分享。教师可以通过平台与其他教师共同开展研究项目、编写教材、制作教学课件等，实现资源共享和优势互补。这种合作与分享不仅能够提升教师的教育教学质量，还能够增强教师的团队协作能力和创新意识。

最后，学术交流平台还为教师提供了自我展示和成果分享的机会。教师可以通过平台发布自己的学术论文、教学经验、教学案例等成果，展示自己的教学水平和学术能力。这不仅能够提升教师的职业认同感和成就感，还能够吸引更多的同行关注和交流，促进教师的专业成长和发展。

（四）学术交流平台：连接教师与学术界的桥梁

学术交流平台作为连接教师与学术界的桥梁，发挥着至关重要的作用。它不仅为教师提供了一个展示自我、交流学术、获取资源的场所，更为学术界注入了一股新鲜血液，促进了学术研究的繁荣与发展。

首先，学术交流平台是教师展示自我的舞台。在这里，教师可以发布自己的研究成果、教学心得和学术观点，与同行们分享自己的经验和见解。这不仅有助于提升教师的知名度和影响力，还能够激发他们的学术热情和创新精神。

其次，学术交流平台是教师交流学术的阵地。通过平台，教师可以参与学术讨论、提出问题、寻求解答，与专家学者进行深入的交流和探讨。这种互动不仅能够拓宽教师的学术视野，还能够促进学术研究的深入发展，推动学术界的进步。

再次，学术交流平台还是教师获取学术资源的宝库。平台上汇聚了大量的学术论文、研究报告、教学案例等宝贵资源，为教师提供了丰富的学习材料和参考依据。这些资源不仅能够帮助教师提升专业素养和教学能力，还能够为他们的学术研究提供有力的支持。

最后，学术交流平台在连接教师与学术界方面发挥着桥梁作用。通过平台，教师可以与学术界建立更紧密的联系，了解学术前沿动态，参与学术合作项目，提升自己的学术地位和影响力。同时，学术界也能够通过平台发掘优秀的教师和研究人才，为学术研究的持续发展注入新的活力。

第六章　高校教师职业素养的培育与提升

第一节　教师职业素养的内涵与要求

一、职业素养的基本定义与构成

（一）职业素养：教师职业成长的基石

职业素养作为教师职业成长的基石，对教师的专业发展具有至关重要的作用。它涵盖了教师在教育教学工作中所应具备的知识、技能、态度和价值观等多个方面，是教师走向成功的基础和保障。

首先，职业素养体现了教师的专业知识和技能。教师需要具备扎实的学科基础知识和教育教学理论知识，能够灵活运用各种教学方法和手段，有效传授知识和技能。同时，教师还应具备较强的学习能力和创新精神，不断更新教育观念，探索教育教学的新思路和新方法。

其次，职业素养体现了教师的职业道德和态度。教师应具备高度的责任感和使命感，热爱教育事业，关心学生成长，以身作则，为学生树立良好的榜样。同时，教师还应具备积极的心态和合作精神，能够应对教育教学中的挑战和压力，与同事、学生和家长建立良好的关系。

最后，职业素养还包括教师的自我管理和自我发展能力。教师需要不断反思自己的教育教学实践，总结经验教训，调整教学策略，提升教学效果。同时，教师还应积极寻求专业发展的机会和途径，参加各种培训和学习活动，拓宽自己的视野和知识面，提升自己的专业素养和综合能力。

（二）职业素养的构成要素解析

职业素养作为教师职业成长的基石，涵盖了多个重要的构成要素。这些要素相互关联、相互作用，共同构成了教师职业素养的完整体系。以下是对职业素养构成要素的详细解析：

（1）职业道德是职业素养的核心，体现了教师在教育教学工作中的道德标准和行为准则。它要求教师具备诚信、公正、责任心等品质，尊重学生和同事，维护教育公平和正义。

（2）职业知识技能是职业素养的基础，包括教师所需的专业知识和教育教学技能。教师需要具备扎实的学科基础知识和教育教学理论知识，能够灵活运用各种教学方法和手段，有效传授知识和技能。

（3）心理素质是职业素养的重要组成部分，涉及教师的情绪管理、抗压能力、应变能力和自信心等方面。优秀的心理素质有助于教师在面对挑战和压力时保持冷静、乐观和积极，从而更好地应对教育教学中的各种情况。

（4）沟通能力是职业素养的关键要素，包括教师与学生、同事、家长之间的有效交流。良好的沟通能力有助于教师更好地理解学生的需求，与同事协作解决问题，与家长建立互信关系，从而提升教育教学效果。

（5）团队协作能力是现代教育中不可或缺的职业素养。教师需要与同事共同合作，共同制订教学计划、开展教研活动、解决教学难题等，以实现教育教学的整体优化。

（6）自我管理能力是教师职业素养的重要组成部分，涉及时间管理、情绪调节、自我反思等方面。教师需要合理安排教学计划和活动，保持积极的心态和情绪，不断反思自己的教学实践，以提升教育教学效果和个人职业发展。

职业素养的构成要素之间相互关联，相互作用，共同构成教师职业素养的完整体系。教师在提升职业素养时，应关注这些要素的培养和提升，以实现个人的专业成长和发展。同时，学校和社会也应为教师提供必要的支持和保障，营造良好的教育教学环境，促进教师的职业素养提升和职业成长。

（三）职业素养与教师专业发展的关系

职业素养与教师专业发展之间存在密不可分的关系。职业素养是教师专业发展的基础，而教师专业发展则是职业素养不断提升和深化的过程。

首先，职业素养是教师专业发展的基石。教师的职业素养涵盖了职业道德、职业知识技能、心理素质、沟通能力、团队协作能力和自我管理能力等多个方面。

这些素养共同构成了教师的基本素质和能力，为教师的专业发展提供了坚实的基础。只有当教师具备了这些基本素养，才能够更好地适应教育教学的需求，有效地开展教育教学工作，进而实现个人的专业成长和发展。

其次，教师专业发展是职业素养不断提升和深化的过程。教师专业发展是一个持续不断的过程，需要教师不断地学习、实践、反思和创新。通过参加教育培训、开展教研活动、参与学术交流等途径，教师可以不断提升自己的职业知识和技能水平，增强自己的心理素质和沟通能力，提升自己的团队协作和自我管理能力。这些努力不仅能够提升教师的教育教学水平，更能够推动教师的职业素养不断向更高层次发展。

最后，职业素养与教师专业发展相互促进、相互支持。一方面，职业素养的提升有助于教师专业发展的顺利进行。具备较高职业素养的教师能够更好地应对教育教学中的挑战和压力，更好地适应教育教学改革的需求，更好地实现个人的专业成长和发展。另一方面，教师专业发展的不断推进也有助于职业素养的进一步提升。随着教师教育教学水平的不断提升和教育教学经验的不断积累，教师的职业素养也会得到进一步的提升和完善。

（四）如何理解并提升教师的职业素养

理解并提升教师的职业素养是一个持续且综合的过程，涉及多个方面的努力和策略。

理解教师的职业素养意味着认识到它不仅仅包括教师的专业知识和技能，更涵盖了教师的道德观念、情感态度、沟通能力和团队协作能力等多方面的素养。这些素养共同构成了教师的综合素质，影响着教师的教育教学效果和职业发展。

要提升教师的职业素养，可以从以下几个方面着手：

（1）加强专业知识学习。教师应不断更新自己的学科知识和教育理论知识，提升教学水平和教育创新能力。可以通过参加培训、研讨会、学术交流等方式，获取最新的教育理念和教学方法。

（2）培养良好的职业道德。教师应具备高尚的职业道德，热爱教育事业，关心学生成长，以身作则，为学生树立良好的榜样。同时，要坚守教育公平和正义，尊重每一个学生，维护学生的权益。

（3）提升沟通协作能力。教师应具备良好的沟通能力和团队协作能力，与学生、家长和同事建立良好的关系，共同推动教育教学工作的顺利开展。可以通过参加团队活动、开展合作教学等方式，提升自己的沟通协作能力。

（4）注重自我反思和成长。教师应经常反思自己的教育教学实践，总结经验教训，调整教学策略，提升自己的教育教学水平。同时，要积极参与教育研究和实践探索，不断提升自己的专业素养和综合能力。

此外，学校和社会也应为提升教师职业素养创造良好的环境。学校可以提供丰富的培训资源和学习机会，鼓励教师参加各种学术交流和实践活动；社会可以营造良好的尊师重教的氛围，提高教师的社会地位和待遇，让教师更加热爱自己的职业，更加专注于教育教学工作。

二、高校教师职业素养的独特性

（一）高校教师职业素养的特定要求

高校教师职业素养的特定要求主要体现在以下几个方面：

首先，坚定的政治方向和崇高的道德品质是基础。由于教师担负着党和国家的重任，他们必须有鲜明的政治立场，以确保学生不会被腐朽的思想所同化。同时，高尚的道德品质也是教师必备的，他们需要以身作则，为学生树立榜样。

其次，扎实的专业知识和广博的文化修养是关键。高校教师需要具备深厚的学科基础和广博的学识，以便能够传授给学生最新、最全面的知识。此外，他们还应掌握教育规律，懂得如何有效地进行教学活动。

再次，科研能力和创新能力也是不可或缺的。随着知识的不断更新，教师需要具备精湛的科研能力，能够跟踪学科前沿，开展研究工作。同时，他们还应具备创新能力，能够在教学中引入新的理念和方法，激发学生的学习兴趣。

然后，良好的身心素质也是高校教师职业素养的重要组成部分。教师需要具备健康的身体和心理素质，以应对繁重的教学和科研工作。

最后，团队合作精神和沟通能力也是高校教师必备的。在教学和科研中，教师需要与同事、学生和其他人员进行有效的沟通和协作，以实现共同的目标。

（二）高校教师职业素养与基础教育教师的区别

高校教师职业素养与基础教育教师的区别主要体现在以下几个方面：

首先，从教学目标来看，高校教师的主要目标是培养学生的专业素养和独立思考能力，注重学术研究和创新能力的培养。他们更侧重于引导学生深入探索学科领域，培养学生的批判性思维和创新能力。而基础教育教师则更加注重培养学生的基础知识、基本技能和道德品质，为学生的全面发展打下坚实的基础。

其次，从学科专业性来看，高校教师通常更加专注于某一特定学科或领域的教学和研究，具有更深入的专业知识。他们需要不断更新自己的学科知识和研究方法，以跟上学科发展的步伐。而基础教育教师则需要具备跨学科的知识面，包括语文、数学、科学、体育等多个学科，以便能够全面指导学生。

再次，在科研能力方面，高校教师通常具备更强的科研能力和创新能力，他们需要承担科研项目，发表学术论文，推动学科的发展。而基础教育教师虽然也需要进行教育研究，但相对而言，其科研要求并不如高校教师那么严格和高深。

最后，从职业成长路径来看，高校教师的职业成长往往与学术研究成果紧密相关，他们在学术界的地位和影响力很大程度上取决于其科研成果。而基础教育教师的职业成长则更多地依赖于教学经验和教育教学方法的改进。

（三）高校教师职业素养在教学与科研中的体现

高校教师职业素养在教学与科研中的体现主要表现在以下几个方面：

首先，在教学方面，高校教师应具备扎实的专业知识和广博的文化修养，能够深入浅出地为学生讲解课程内容，帮助学生建立完整的知识体系。同时，他们还应具备先进的教育理念和教学方法，能够根据学生的特点和需求，制订合理的教学计划，组织有效的教学活动，激发学生的学习兴趣和积极性。此外，高校教师还应具备高度的责任感和敬业精神，关心学生的成长和发展，为学生提供必要的指导和帮助。

其次，在科研方面，高校教师应具备精湛的科研能力和创新能力，能够跟踪学科前沿，开展高水平的学术研究。他们应积极参与科研项目，发表高质量的学术论文，推动学科的发展和进步。同时，高校教师还应注重将科研成果转化为教学资源，将最新的学术成果引入到教学中，丰富教学内容，提高教学质量。

最后，高校教师在教学和科研中还应体现良好的职业道德和团队合作精神。他们应坚守学术诚信，杜绝学术不端行为，为学生树立榜样。同时，他们还应积极与同事、学生和其他研究人员进行合作和交流，共同推动教学和科研工作的开展。

（四）培养高校教师独特职业素养的途径

培养高校教师独特职业素养的途径是多元化且综合性的，以下是一些关键方法：

首先，持续的专业学习和培训是基础。高校教师应该定期参加专业培训，更新自己的学科知识和教育教学方法。这包括参加学术会议、研讨会，阅读最新的学术文献，以及与同行进行深入的学术交流。同时，他们还可以通过进修课程、攻读更高学位等方式，进一步提升自己的专业素养。

其次，科研实践是培养高校教师独特职业素养的重要途径。通过参与科研项目，教师可以深入了解学科前沿，提升自己的科研能力和创新精神。此外，将科研成果转化为教学资源，不仅可以丰富教学内容，还可以激发学生的学习兴趣，提高教学质量。

再次，教学实践和经验积累也是不可或缺的。高校教师应该注重教学实践，通过不断探索和尝试，形成自己独特的教学风格和方法。同时，他们还可以通过观摩优秀教师的教学活动，学习借鉴他人的成功经验，进一步提升自己的教学水平。

然后，师德师风建设也是培养高校教师职业素养的重要方面。高校应该加强对教师的师德师风教育，引导教师树立正确的教育观、人才观和价值观。同时，建立健全师德考核机制，对教师的师德表现进行定期评估，确保教师始终保持良好的职业道德风尚。

最后，营造良好的校园文化和学术氛围也是培养高校教师职业素养的重要条件。高校应该注重校园文化建设，营造积极向上、开放包容的学术氛围。同时，鼓励教师之间的交流与合作，形成良好的学术共同体，为教师职业素养的提升提供有力支持。

三、新时代对教师职业素养的新要求

（一）新时代背景下的教师职业素养挑战

新时代背景下的教师职业素养面临多方面的挑战。随着社会的快速发展和教育改革的不断深化，教师职业对教师的职业素养提出了更高要求。以下是一些主要的挑战：

首先，新时代强调学生的全面发展和个性化教育，要求教师不仅关注学生的知识学习，还要注重培养学生的创新能力、批判性思维、沟通协作等综合素质。这需要教师具备更加全面和深入的专业素养，能够不断更新教育理念和教学方法，以适应新时代的教育需求。

其次，信息技术的迅猛发展对教育领域产生了深远影响，教师需要具备信息素养和媒体素养，能够利用信息技术手段改进教学方式，提高教学效果。同时，教师还需要具备跨学科素养，能够整合不同学科的知识和方法，为学生提供更加全面和深入的学习体验。

此外，新时代背景下的教育环境日益复杂多变，教师需要具备更强的适应能力和应变能力，能够灵活应对各种教育情境和问题。同时，教师还需要具备较高的心理素质和情绪管理能力，以应对工作中的压力和挑战。

最后，新时代强调教师的职业道德素养和责任意识。教师需要坚守教育初心，忠诚于教育事业，以身作则，为学生树立良好的榜样。同时，教师还需要积极参与教育治理，发挥专业特长和职业道德素养的作用，为促进教育的发展和提高教育质量作出贡献。

（二）信息技术对教师职业素养的影响

信息技术对教师职业素养的影响深远且广泛，主要体现在以下几个方面：

首先，信息技术显著改变了教师的教学方式。传统的课堂教学模式已经逐渐被多媒体、网络等现代信息技术手段所替代，这使得教师必须掌握相应的信息技术知识，能够熟练利用这些工具进行教学设计和实施。这种转变不仅提高了教学的效率和效果，也使得教学更加生动、直观和有趣。

其次，信息技术促进了教师的专业发展。通过在线学习、远程培训等方式，教师可以方便地获取最新的教育理念和教学方法，不断提升自己的专业素养和教学能力。同时，信息技术也为教师提供了更广阔的交流平台，使他们能够与同行进行更加便捷、深入的交流和合作。

再次，信息技术还对教师的学习能力提出了更高的要求。在信息时代，知识更新速度极快，教师必须具备持续学习的能力，不断跟上时代的步伐。他们需要利用信息技术手段进行自主学习，不断更新自己的知识结构和认知体系。

最后，信息技术也对教师的师德修养提出了新的挑战。在信息爆炸的时代，学生可以通过各种渠道获取信息，教师的言论和行为更容易受到社会的关注和评价。因此，教师必须更加注重自己的言行举止，以良好的师德修养为学生树立榜样。

（三）新时代教师需要具备的创新素养

新时代教师需要具备的创新素养，是对传统教育模式的挑战和超越，也是适应教育现代化、培养创新人才的关键要素。以下是对新时代教师应具备的创新素养的详细解析：

首先，创新素养体现在教学理念上。新时代教师应摒弃传统的灌输式教学，积极拥抱启发式、探究式等新型教学方式，以激发学生的主动性和创造性。他们应该敢于尝试新的教学方法和手段，不断探索适合学生发展的教育模式。

其次，创新素养表现在教学内容和资源的开发上。教师应具备跨学科的知识背景，能够整合不同学科的知识和资源，为学生构建多元化、开放性的学习环境。同时，他们还应关注社会热点和科技发展，将最新的知识和信息引入到教学中，使教学内容保持与时俱进。

再次，创新素养还体现在教学评价的改进上。新时代教师应打破单一的评价模式，采用多元化的评价方式，全面、客观地评价学生的学习成果和发展潜力。他们应注重过程评价，关注学生的成长过程和学习体验，以激发学生的创新精神和探索欲望。

然后，创新素养还要求教师具备科研意识和能力。教师应积极参与科研项目和学术活动，通过科研实践不断提升自己的创新能力和学术水平。同时，他们还应将科研成果转化为教学资源，丰富教学内容，提高教学质量。

最后，创新素养还需要教师具备开放的心态和合作精神。教师应积极与其他教师、学生和社会各界进行合作和交流，共同推动教育创新和发展。他们应善于借鉴他人的成功经验，不断丰富自己的教育理念和教学方法。

（四）如何适应新时代对教师职业素养的要求

为了适应新时代对教师职业素养的要求，教师需要从多个方面进行努力和调整。以下是一些关键策略和建议：

首先，持续学习并更新知识体系。新时代的教育环境日新月异，教师需要不断跟进最新的教育理念、教学方法和学科知识。通过参加专业培训、阅读专业文献、参与学术交流等方式，教师可以保持对新知识、新技能的敏感度和掌握能力，确保自己始终站在教育的前沿。

其次，提升信息化教学能力。信息技术在教育领域的应用越来越广泛，教师需要掌握相关的信息技术工具和方法，如多媒体教学、在线教育、远程教学等。通过利用信息技术手段，教师可以创新教学方式，提高教学效果，满足学生多样化的学习需求。

再次，加强跨学科学习和整合能力。新时代的教育注重培养学生的综合素质和创新能力，教师需要具备跨学科的知识背景和能力，能够将不同学科的知识和方法进行有机整合，为学生提供更加丰富和全面的学习体验。

然后，注重培养创新精神和实践能力。教师需要鼓励学生进行创新思维和实践探索，为他们提供支持和指导。通过组织课外活动、开展项目式学习、引导学生参与社会实践等方式，教师可以帮助学生培养创新精神和实践能力，促进他们的全面发展。

最后，保持开放的心态和合作精神。新时代的教育是一个开放、合作、共享的过程，教师需要保持开放的心态，与其他教师、学生、家长和社会各界进行合作和交流。通过分享经验、交流思想、合作研究等方式，教师可以不断提升自己的职业素养和能力水平，共同推动教育的进步和发展。

第二节　师德师风建设与践行

一、师德师风的核心内容与价值

（一）师德师风的内涵及其教育意义

1.师德师风的内涵

师德师风的内涵包括教师的道德认识、道德情感、道德意志、道德信念、道德行为和道德习惯。它涵盖了教师职业道德的核心内容，体现了教师对待教育事业的态度、对待学生的情感以及自身的行为规范和道德修养。

2.师德师风的教育意义

师德师风的教育意义主要体现在以下几方面：

首先，有助于培养良好的师生关系。教师的师德师风直接影响学生对教师的认同和信任程度。具备高尚师德和良好师风的教师能够以身作则、言传身教，从而使学生更容易接纳其教诲，形成良好的师生关系，这有利于教育教学工作的顺利进行。

其次，师德师风是树立教师权威的重要因素。教师的师德师风体现了其道德水平和职业素养。优秀的师德师风能够使学生在尊重教师的同时，更愿意接受教师的教导，从而提高教师在班级教学中的权威地位，使其更好地完成教育使命。

再次，师德师风对学生的人格发展具有重要影响。优秀的教师不仅能够提供优质的教育资源，更能够潜移默化地影响学生的人格形成。教师的言行举止、价值观念和教育方式都将对学生产生深远的影响。通过正确的引导和示范，教师能够帮助学生树立正确的道德观念和价值观，培养学生的品德修养，促进学生的全面发展。

最后，师德师风对整个社会的发展也有重要意义。优秀的师德师风能够提升教育行业的整体形象，增强社会对教育的信任和尊重。同时，它也有助于推动教育事业的健康发展，为社会培养出更多具有高尚品德和优秀才能的人才，从而推动社会的进步和发展。

因此，加强师德师风建设是教育事业发展的重要任务之一。学校和社会应共同努力，为教师提供良好的成长环境和发展空间，促进教师职业道德素养的不断提升。同时，教师也应自觉加强自身的师德修养，不断提高自身的专业素养和教育教学能力，以更好地履行教育职责和使命。

（二）师德师风在教师专业发展中的重要性

师德师风在教师专业发展中具有不可或缺的重要性，主要体现在以下几个方面：

首先，师德师风是教师专业发展的基石。教师的职业道德和风尚是其从事教育工作的根本，它决定了教师对待教育事业、对待学生的态度和行为。一个具备高尚师德和良好师风的教师，会更加热爱教育事业，尊重学生，关心学生的成长，从而在教育工作中表现出更高的专业素养和教育教学能力。

其次，师德师风有助于提升教师的教育影响力。教师的教育影响力不仅取决于其知识和技能，更在于其道德品质和人格魅力。优秀的师德师风能够使教师成为学生心目中的楷模和榜样，从而更容易得到学生的认可和尊重，进而提升教育的效果和质量。

再次，师德师风是推动教师持续学习和专业成长的动力。一个具备高尚师德的教师，会不断追求自我提升和完善，积极学习新的教育理念和教学方法，以适应教育现代化的需求。同时，良好的师风也会促使教师之间形成相互学习、相互借鉴的良好氛围，从而推动整个教师团队的专业成长。

最后，师德师风对于提升教师的职业声誉和社会地位也具有重要意义。优秀的师德师风能够树立教师的良好形象，增强社会对教师的信任和尊重，从而提升教师的职业声誉和社会地位。这不仅有利于教师的个人发展，也有利于整个教育行业的健康发展。

（三）师德师风对学生成长的深远影响

师德师风对学生成长的深远影响是全面而深刻的，它渗透到学生的知识学习、情感发展、价值观形成以及未来人生道路的选择等多个方面。

首先，在知识学习方面，教师的师德师风直接影响到学生的学习态度和效果。具有高尚师德和优良师风的教师会以身作则，严谨治学，对待教学工作认真负责。他们的敬业精神和对知识的热爱会感染学生，激发学生的学习兴趣和动力，使学生更加专注于学习，提高学习效果。

其次，在情感发展方面，教师的师德师风对学生的情感成长具有重要影响。教师的关爱、理解和尊重能够让学生感受到温暖和信任，有助于建立良好的师生关系。在这种和谐的氛围中，学生会更加自信、乐观和积极，有利于形成健康的情感态度和人际交往能力。

再次，在价值观形成方面，教师的师德师风是学生价值观形成的重要参照。教师的道德品质和言行举止会对学生产生潜移默化的影响。优秀的教师会以自己的言行向学生传递正确的价值观，引导学生形成积极向上的人生态度和道德观念。这种影响会伴随学生的一生，成为他们人生道路上的重要指引。

最后，在未来人生道路选择方面，教师的师德师风也会对学生产生深远影响。教师的职业态度和人生追求会激发学生对未来的憧憬和规划。优秀的教师会通过自己的经历和故事，引导学生思考人生意义和价值，帮助学生明确自己的人生目标和方向。

（四）师德师风与教育质量的关系

师德师风与教育质量之间存在密切的关系。师德师风不仅是教师职业素养的重要组成部分，更是提高教育质量的关键因素。以下是对师德师风与教育质量关系的详细探讨：

首先，良好的师德师风是提升学生学习动力的关键因素。一位具备高尚师德和良好师风的教师，能够以自身的道德修养和严谨的教学态度，激发学生的学习兴趣，使他们更加积极地投入到学习中。这样的教师会成为学生学习的榜样，激励学生不断追求卓越，从而提升学习效果。

其次，师德师风对教育环境的塑造起着至关重要的作用。优秀的教师会通过自身的言行来传递正能量，营造出一个积极、健康的学习氛围。这种氛围有利于学生的成长和发展，使学生在轻松愉快的环境中获取知识，提升能力。

再次，师德师风对教育公平的实现也具有重要意义。一位公正、无私的教师，会关注每一个学生的发展，不因学生的背景、成绩等因素而有所偏袒。这样的教师会努力消除教育中的不公平现象，让每一个学生都能享受到平等的教育机会和资源。

最后，师德师风还影响着教师的教学方法和策略。具备高尚师德的教师，会不断探索适合学生的教学方法，关注学生的个体差异，因材施教。这样的教学方法能够提高学生的学习效果，进而提升整体教育质量。

二、师德师风建设的具体举措

（一）加强师德师风培训与教育

加强师德师风培训与教育对提升教师的职业道德素养和教育教学能力具有重要意义。以下是一些具体的策略和建议，以推动师德师风培训与教育工作的深入开展：

首先，明确师德师风培训的目标和内容。师德师风培训旨在帮助教师树立正确的教育理念，提升职业道德素养，形成良好的教育教学行为。培训内容应涵盖教师职业道德、教育法律法规、教育心理学、教育教学方法等多个方面，以确保教师全面了解并践行师德师风要求。

其次，制订科学合理的培训计划和方案。学校应根据教师的实际需求和工作特点，制定有针对性的培训计划和方案。培训形式可以包括专题讲座、案例分析、小组讨论、实践体验等多种形式，以提高培训的针对性和实效性。

再次，加强师德师风培训师资队伍的建设。优秀的培训师资是保障培训质量的关键。学校应选拔具有丰富教育教学经验和良好师德师风的教师担任培训师资，同时，也可以邀请教育专家、学者等外部资源进行授课，以拓宽教师的视野和思路。

最后，建立健全师德师风考核评价机制。学校应制定完善的师德师风考核评价标准和方法，定期对教师的师德师风表现进行评价和考核。同时，将师德师风评价结果作为教师职称晋升、评优评先等重要依据，以激发教师自觉践行师德师风的积极性。

另外，营造良好的师德师风建设氛围。学校应通过各种渠道和形式，宣传师德师风建设的重要性和意义，树立师德师风典范，引导广大教师自觉践行师德师风要求。同时，加强校园文化建设，营造尊师重教的良好氛围，为教师的成长和发展提供良好的环境。

（二）建立师德师风评价机制

建立师德师风评价机制是提升教师职业道德水平、推动教育事业发展的重要举措。以下是一些关于建立师德师风评价机制的建议：

首先，明确评价的目标和标准。师德师风评价的目标应聚焦于教师的道德品质和专业素养，如师德操守、教育理念、教学能力等方面。评价标准需要具体明确，用以衡量教师的优劣，确保评价更加准确和有效。

其次，采用多元化的评价方式。除了传统的问卷调查方式外，还可以结合教学观摩、学生评价、同事评价等多种方式，以全面了解教师的师德师风状况。这样可以避免单一评价方式可能带来的主观性和片面性。

再次，建立师德师风评价小组或委员会。这个小组或委员会应由学校领导、教师代表、家长代表和学生代表等多方参与，确保评价的公正性和客观性。评价小组或委员会应定期开展工作，对教师的师德师风进行全面、系统的评价。

最后，将师德师风评价结果作为教师评优评先、职称晋升、进修培训等的重要依据。这不仅可以激励教师积极履行师德师风要求，还可以为教师的职业发展提供有力的支持。

另外，加强师德师风评价结果的反馈和整改。评价结束后，应及时向教师反馈评价结果，指出存在的问题和不足，并提出具体的改进建议。同时，对于师德师风问题严重的教师，应进行及时的纠正和帮扶，确保其能够尽快改进并达到要求。

建立师德师风评价机制需要明确目标、采用多元评价方式、建立评价小组、注重结果应用以及加强反馈和整改。这样的机制有助于全面、客观地评价教师的师德师风表现，推动教师职业道德水平的提升和教育事业的健康发展。

（三）树立师德师风先进典型

树立师德师风先进典型，对于激发广大教师积极践行师德师风、推动教育事业健康发展具有重要意义。以下是一些关于如何树立师德师风先进典型的建议：

首先，明确树立先进典型的标准。这些标准应体现教师的道德品质、教育教学能力、学生关爱程度以及对教育事业的贡献等方面。通过这些标准，能够全面、客观地评价教师的表现，从而选出真正具有代表性的先进典型。

其次，深入开展师德师风评选活动。学校可以定期组织师德师风评选活动，通过教师自评、互评、学生评价以及学校评审等方式，选拔出具有高尚师德和优秀师风的教师。同时，要确保评选过程的公开、公平和公正，让广大教师信服。

再次，广泛宣传先进典型的事迹。通过校园广播、校报、宣传栏以及社交媒体等多种渠道，大力宣传先进典型的事迹和精神风貌。这些事迹应真实感人、具有启发性，能够激发广大教师学习先进、争当先进的热情。

最后，组织学习交流活动。学校可以邀请先进典型教师开展讲座、分享会等活动，让广大教师深入了解他们的教育理念和教学方法。同时，鼓励教师之间开展交流学习，相互借鉴、共同进步。

另外，建立激励机制。对于表现突出的先进典型教师，学校应给予适当的表彰和奖励，如颁发荣誉证书、给予物质奖励等。这不仅能够激励先进典型教师继续发挥模范带头作用，还能够激励其他教师积极向先进典型看齐、努力提升自身师德师风水平。

（四）师德师风建设与校园文化建设相结合

师德师风建设与校园文化建设相结合，是提升学校整体教育品质、塑造良好教育环境的重要途径。这种结合有助于形成积极向上的校园氛围，促进学生的全面发展，同时也能够提升教师的职业素养和教育教学能力。

首先，师德师风建设是校园文化建设的重要组成部分。教师的道德品质和职业素养直接影响学生的成长和发展，是形成健康、和谐的校园文化氛围的关键因素。因此，加强师德师风建设，提高教师的师德水平和教育教学能力，对于推动校园文化建设具有重要意义。

其次，校园文化建设为师德师风建设提供了平台和支撑。校园文化是学校所具有的特定的精神环境和文化气氛，包括学校的传统、校风、学风、人际关系、集体舆论以及学校的各种规章制度等。这种文化氛围和价值观念为教师提供了职业发展的方向和动力，引导教师不断提升自身的品德修养和职业素养。

再次，在具体实施中，可以将师德师风教育与学校文化的融合作为重要内容。通过组织教师学习学校文化、参与校园文化活动等方式，使教师对学校文化价值观有更深的认同和理解。同时，注重在校园文化建设中突出师德师风的元素，如设立师德师风宣传栏、举办师德师风主题活动等，营造浓厚的师德师风氛围。

然后，建立激励机制和约束机制也是促进师德师风建设与校园文化建设相结合的有效手段。通过设立奖励机制，表彰在师德师风建设和校园文化建设中表现突出的教师，激发教师的积极性和创造力。同时，建立完善的约束机制，对教师违反师德师风的行为进行纪律处分，维护学校的教育秩序和正常运行。

最后，学校领导在师德师风建设与校园文化建设相结合的过程中发挥着关键作用。领导应树立自身的榜样形象，积极引导教师融入学校文化的建设中。通过定期召开教师大会、开展教师座谈会等形式，倾听教师的需求和建议，共同推动学校的发展和进步。

三、师德师风先进典型的案例分享

（一）全国师德师风先进典型介绍

全国师德师风先进典型众多，他们以自己的实际行动诠释了师德师风的深刻内涵，为广大教师树立了榜样。以下是一些全国师德师风先进典型的介绍：

于洪珍教授：中国矿业大学的教授，她是首届全国教学名师奖获得者。于洪珍教授在讲台上坚守了59年，讲授了20门课程，并自创了"启发式创新教学法"。她不仅关注学生的知识学习，更关心学生的成长和进步，为能源事业高层次人才建设作出了突出贡献。

李粉霞教授：山西机电职业技术学院的教授，首批全国高校黄大年式教师团队带头人。她在教学上不断创新，实施"项目化＋思政化＋信息化"教学改革，致力于打造有趣、易懂、接地气的课堂。同时，她还注重团队建设，构建了一套有效的教师培养模式，为职业教育创新作出了贡献。

孙正聿教授：吉林大学教授，从教40年来，他坚持"以科研支撑教学，用理论铸魂育人"的理念，树立了高尚的师德师风。他不仅关注学生的学术成长，还用自己的奖金设立教育教学改革基金，以鼓励青年教师进行教学创新。

这些先进典型都以自己的实际行动践行了师德师风的真谛，他们用自己的智慧和汗水为教育事业作出了杰出的贡献。他们的事迹不仅激励了广大教师积极投身教育事业，也为学生们树立了学习的榜样。我们应该向他们学习，不断提升自己的师德师风水平，为培养更多优秀人才贡献自己的力量。

（二）本校师德师风优秀案例分享

在本校，有许多优秀的师德师风案例，这些案例展示了教师们的高尚品质和敬业精神。以下是一些具体的案例分享：

案例一：忠诚于教育事业，以身作则

李老师是我们学校的一位资深班主任，她始终坚守教育岗位，以身作则，为学生树立了良好的榜样。她每天与学生一同参与跑操、课间操，身体力行地示范了健康的生活方式；每周的值日大扫除，她也亲自参与劳动，以实际行动教育学生要勤劳、有责任感。同时，她时刻关注学生的学习和生活，无论是课上的纠错指导，还是课后的心理疏导，她都耐心细致，用自己的行动诠释了"忠于职守，以身作则"的育人理念。

案例二：关心学生，用爱教育

王老师是一位深受学生喜爱的教师，她始终把学生的成长放在首位，用爱心和耐心去关心每一位学生。她不仅关注学生的学业成绩，更关注他们的心理健康和个性发展。每当有学生遇到困难或问题时，她总是第一时间给予帮助和支持，用温暖的话语和行动让学生感受到家的温暖。在她的关爱下，学生们不仅学业有成，更在人格上得到了发展。

案例三：创新教学方法，激发学生兴趣

张老师是一位具有创新精神的教师，她不断探索新的教学方法和手段，以激发学生的学习兴趣和积极性。她利用多媒体技术、实验教学等方式，将抽象的知识变得生动有趣，让学生在轻松愉快的氛围中掌握知识。同时，她还注重培养学生的实践能力和创新精神，鼓励他们积极参与课外活动和竞赛，展示自己的才华和潜力。

这些优秀的师德师风案例不仅展示了本校教师的专业素养和敬业精神，也为学生们树立了良好的榜样。我们应该向这些优秀教师学习，不断提升自己的师德师风水平，为培养更多优秀人才贡献自己的力量。同时，学校也将继续加强师德师风建设，营造更加良好的教育环境，为学生的全面发展提供有力保障。

（三）从师德师风先进典型中学到的教育智慧

从师德师风先进典型中，我们可以学到许多宝贵的教育智慧。这些教育智慧不仅体现在他们的教育教学实践中，也体现在他们对待学生和教育的态度上。

首先，先进典型们强调尊重和关爱每一位学生。他们深知每个学生都是独一无二的个体，需要被尊重和理解。他们用心倾听学生的声音，关注学生的需求，努力营造一个安全、和谐、积极向上的学习环境。这种尊重和关爱不仅让学生感受到温暖和关怀，也激发了他们的学习热情和自信心。

其次，先进典型们注重培养学生的创新精神和实践能力。他们鼓励学生大胆尝试、勇于探索，提供丰富的实践机会和资源，让学生在实践中学习、成长。这种教学方式不仅提高了学生的综合素质，也培养了他们的创新精神和解决问题的能力。

再次，先进典型们还具备深厚的专业知识和教育教学能力。他们不断更新教育观念，学习新的教学方法和手段，以适应时代的发展和学生的需求。他们善于激发学生的学习兴趣和潜能，引导学生自主学习、合作学习，让学生在学习过程中体验到成功的喜悦。

最后，先进典型们以身作则，为学生树立了良好的榜样。他们用自己的言行和行动诠释了师德师风的真谛，让学生看到了什么是真正的教育者应有的品质和行为。这种身教胜于言教的方式，让学生更加敬佩和信任教师，也更容易接受教师的教诲和指导。

（四）如何将师德师风融入日常教学中

将师德师风融入日常教学中，是教师职业发展的重要一环，也是提升教育质量的关键举措。以下是一些具体的方法和建议，帮助教师实现这一目标：

首先，教师应以身作则，树立良好的师德榜样。在日常教学中，教师的言行举止都会对学生产生深远的影响。因此，教师应该始终保持积极向上的态度，注重自身修养，做到言行一致、言传身教。通过自身的行为示范，让学生感受到教师的高尚品质和敬业精神，从而激发他们的学习热情和向上心。

其次，注重培养学生的品德教育。在教学过程中，教师应将品德教育贯穿始终，通过引导学生树立正确的价值观、人生观和世界观，帮助他们形成良好的道德品质和行为习惯。例如，在课堂上可以结合教学内容，开展一些有关道德品质的讨论和活动，让学生在参与中体验到道德的力量和价值。

再次，关注学生的个体差异，实施因材施教。每个学生都有自己独特的特点和需求，教师应该尊重这些差异，根据学生的实际情况进行有针对性的教学。在备课和授课过程中，充分考虑学生的兴趣和需求，设计多样化的教学活动和作业，让每个学生都能在适合自己的方式下得到发展和提高。

然后，建立良好的师生关系，营造和谐的课堂氛围。师德师风的核心是关爱学生、尊重学生。教师应该积极与学生沟通交流，了解他们的想法和需求，关心他们的成长和发展。在课堂上，教师应营造轻松、愉快的氛围，鼓励学生积极参与、大胆表达，让课堂成为师生互动、共同成长的场所。

最后，持续反思和提升自己的师德师风水平。教师应该经常反思自己的教学行为和师德表现，查找存在的问题和不足，并制定改进措施。同时，积极参加各种师德师风培训和交流活动，学习先进的教育理念和教学方法，不断提升自己的专业素养和教育智慧。

第三节　教师职业发展规划与自我管理

一、职业发展规划的重要性与步骤

（一）为什么教师需要职业发展规划

教师需要职业发展规划的原因有多方面，这些原因不仅关系到教师个人的成长与发展，也直接影响到教育质量和学生的成长。以下是一些主要的原因：

首先，职业发展规划有助于教师明确职业目标和发展方向。通过制定规划，教师可以清楚地认识到自己在职业发展中的优势和不足，进而设定明确的短期和长期目标。这有助于教师在教育工作中保持方向感和动力，避免职业迷茫和倦怠。

其次，职业发展规划能够提升教师的专业素养和教育能力。为了实现职业目标，教师需要不断学习和提升自己的教育教学技能、科研能力、管理能力等。这种持续的学习和提升过程，有助于教师跟上教育改革的步伐，更好地适应教育工作的需要。

再次，职业发展规划还有助于教师实现个人价值和社会价值的统一。通过规划，教师可以更好地将个人发展与学校发展、社会发展相结合，实现个人价值的同时，也为教育事业和社会发展作出贡献。

最后，职业发展规划能够增强教师的职业满意度和幸福感。当教师按照自己的规划逐步实现职业目标时，会感受到职业成长的喜悦和成就感，进而增强对职业的认同感和满意度。这种积极的职业态度，有助于教师更好地投入到教育工作中，提升教育质量。

教师需要职业发展规划的原因是多方面的，它对于教师个人的成长与发展、教育质量的提升以及学生的成长都具有重要意义。因此，教师应该重视职业发展规划的制定和实施，不断提升自己的专业素养和教育能力，为教育事业的发展贡献自己的力量。

（二）制定职业发展规划的关键步骤

制定教师职业发展规划的关键步骤主要包括以下几个方面：

（1）自我评估。这是制定职业发展规划的起点。教师需要深入了解自己的兴趣、技能、价值观以及职业目标和优先级。通过自我反思、问卷调查、与同事或导师交流等方式，可以更全面地认识自己，为后续的规划奠定基础。

（2）职业研究。在自我评估的基础上，教师需要进行职业研究。这包括了解不同职业领域和岗位的要求、前景和发展机会，以及教育行业的趋势和变化。通过与行业专家、教育机构和现有从业人员的交流，教师可以获取有关该行业的实用信息，为制定合适的职业发展方向提供指导。

（3）设定目标。基于自我评估和职业研究的结果，教师需要设定明确的职业目标。这些目标应该是具体的、可衡量的，并且与教师的兴趣和价值观相一致。例如，设定成为学科领域的专家、获得更高的教育学位或在学校中担任领导职务等目标。

（4）制订行动计划。为了实现设定的目标，教师需要制订详细的行动计划。这包括具体的步骤、时间表、资源需求等。例如，为了提升教育教学能力，教师可以计划参加专业培训课程、参与教学研讨会、与同事合作开展教学项目等。

（5）持续学习与发展。职业发展是一个不断学习和成长的过程。教师需要积极参加各种培训和学习活动，不断提高自己的专业技能和知识水平。同时，也要关注教育行业的最新动态和趋势，以便及时调整自己的职业发展路径。

（6）评估与调整。教师需要定期评估自己的职业发展规划的实施情况，并根据实际情况进行调整。这包括检查目标的完成情况、评估行动计划的有效性以及应对职业发展中的挑战和变化。

在整个制定职业发展规划的过程中，教师需要保持积极的心态和坚定的信念，克服可能遇到的困难和挑战。同时，寻求专业帮助和建议也是非常重要的，如与职业顾问、教育机构和同事交流等，可以更好地实现职业规划。

（三）如何根据自身特点进行职业规划

根据自身特点进行职业规划是一个个性化且至关重要的过程，它能够帮助教师更好地了解自己的优势和劣势，设定符合自身实际的职业目标，并制订出有效的行动计划。以下是一些建议，帮助教师根据自身特点进行职业规划：

首先，深入了解自己的特点和兴趣。这包括分析自己的性格、能力、价值观以及职业倾向。通过反思自己的工作经历、学习经历以及兴趣爱好，教师可以明确自己的优势领域和潜在短板，从而为职业规划提供准确的依据。

其次，明确职业目标和愿景。基于对自己的了解，教师需要设定具体的职业目标，这些目标应该与个人的特点和兴趣相契合。同时，要思考自己的长远愿景，即希望在未来成为怎样的教师或教育领域的工作者。

再次，制订个性化的行动计划。针对设定的职业目标和愿景，教师需要制订详细的行动计划。这包括确定需要提升的技能和知识，寻找合适的培训和学习机会，以及规划职业发展的具体步骤和时间表。在行动计划中，要充分考虑自己的特点和实际情况，确保计划的可行性和有效性。

然后，关注行业动态和趋势。教师需要关注教育领域的最新发展、政策变化以及市场需求等信息，以便及时调整自己的职业规划。通过参加行业会议、阅读专业文献以及与同行交流等方式，教师可以保持对行业的敏锐洞察力和适应能力。

最后，不断反思和调整职业规划。在实施职业规划的过程中，教师要定期反思自己的进展和成果，评估行动计划的有效性。当发现实际情况与预期不符时，要及时调整职业目标和行动计划，确保职业规划与个人发展的动态匹配。

另外，保持积极的心态和行动力。职业规划是一个持续的过程，需要教师保持积极的心态和坚定的信念。在面对挑战和困难时，要勇于尝试、敢于突破，不断寻求新的机会和发展空间。同时，要付诸实践，将职业规划转化为具体的行动和成果。

（四）职业规划与教师职业成长的关系

职业规划与教师职业成长之间存在紧密而不可分割的关系。职业规划作为教师个人发展的战略性规划，为教师职业成长提供了明确的方向和路径。而教师的职业成长则是职业规划得以实施并取得成效的具体体现。

首先，职业规划有助于教师明确职业目标和成长方向。通过深入的自我评估和市场调研，教师可以清晰地认识到自己在职业发展中的优势和不足，进而设定明确的职业目标。这些目标不仅指引着教师日常的教育教学工作，还激励着他们不断追求个人成长和专业进步。

其次，职业规划促进教师提升专业素养和教育能力。为了实现职业目标，教师需要不断学习和掌握新的教育理念、教学方法和技术手段。这个过程不仅有助于教师提升教学质量和效果，还能增强他们的自信心和职业满意度。同时，职业规划还鼓励教师积极参与科研、学术交流等活动，从而拓宽他们的专业视野和影响力。

再次，职业规划有助于教师实现职业价值和社会价值的统一。通过规划，教师可以更好地将个人发展与学校发展、社会发展相结合，将自己的专业技能和知识贡献给教育事业和社会进步。这种价值的实现不仅让教师感受到职业的意义和价值，也进一步激发了他们的工作热情和创造力。

最后，职业规划还有助于教师应对职业倦怠和挑战。在教育工作中，教师可能会遇到各种困难和挑战，如工作压力、学生问题、教育改革等。而一个明确的职业规划可以帮助教师保持积极的心态和行动力，使他们能够勇敢地面对挑战并寻求解决方案。同时，职业规划还提供了教师自我调整和成长的空间，让他们在不断变化的教育环境中保持竞争力和适应能力。

二、自我管理与时间管理的技巧

（一）教师自我管理的核心要素

教师自我管理的核心要素主要包括以下几个方面：

（1）时间管理。教师的工作往往繁忙而复杂，因此有效的时间管理至关重要。通过设定明确的目标，制订合理的工作计划，并严格按照计划执行，教师可以确保教育教学工作的有序进行。同时，合理安排工作与休息的时间，保持身心健康，也是时间管理的重要一环。

（2）情绪管理。教师的情绪状态直接影响到教学质量和课堂氛围。因此，教师需要学会有效地管理自己的情绪，保持平和、积极的心态。在面对工作压力、学生问题等挑战时，能够冷静应对，理性处理，避免情绪化决策和行为。

（3）专业发展。教师作为专业人员，需要不断提升自己的专业素养和教育能力。通过参加专业培训、学术研究、教学实践等活动，教师可以不断更新知识体系，提高教学水平，实现个人和职业的共同成长。

（4）资源管理。教学资源是教师工作的重要支撑。教师需要有效地管理和利用各种教学资源，如教材、教具、多媒体设备等，以提高教学效率和质量。同时，教师还需要善于利用外部资源，如同事、家长、社区等，共同促进学生的成长和发展。

（5）自我反思与调整。教师需要具备自我反思的能力，定期对自己的工作进行总结和评估，发现问题并及时调整。通过反思自己的教学实践、教育理念、行为方式等，教师可以不断完善自我，提高教育教学水平。

（二）高效时间管理策略与方法

高效时间管理对于教师来说至关重要，以下是一些有效的策略和方法：

（1）制订明确的目标和计划。教师应将长期目标分解为短期目标，并为每个目标设定具体的时间框架。制定每日、每周或每月的工作计划，明确优先事项，确保重要任务得到足够的时间。

（2）优先级排序。将任务按照重要性和紧急性进行分类，优先处理重要且紧急的任务，避免在不必要的琐事上浪费时间。

（3）使用时间块法。将工作时间划分为若干时间块，每个时间块专注于完成特定的任务。这有助于保持专注，提高工作效率。

（4）避免拖延。认识到拖延只会浪费时间，应设定明确的截止日期，逐步完成任务。使用番茄钟等技术，将工作时间划分为固定的时间段，并在每个时间段内集中完成任务。

（5）有效利用碎片时间。充分利用日常生活中的碎片时间，如课间休息、等车时间等，用于处理一些简单的任务或进行阅读、思考等有益的活动。

（6）减少干扰。创建一个安静、整洁的工作环境，减少不必要的干扰。关闭手机通知、社交媒体等可能分散注意力的应用，保持专注。

（7）学会委托与协作。将一些次要的、可以交给他人的任务委托出去，以节省自己的时间。同时，与同事、学生等建立良好的合作关系，共同完成任务，提高工作效率。

（8）定期回顾与调整。定期回顾自己的时间管理情况，总结经验教训，并根据实际情况调整时间管理策略和方法。

（三）如何平衡教学与个人发展

平衡教学与个人发展对教师而言是一个持续的挑战，但也是一个必要的追求。以下是一些建议，帮助教师实现这一平衡：

首先，设定明确的优先级。教师需要清晰地认识到教学和个人发展都是不可或缺的。在教学任务繁重时，要优先保证教学质量和学生的学习效果；在个人发展方面，也要安排出足够的时间和精力进行学习和提升。

其次，合理规划时间。时间管理是实现平衡的关键。教师可以利用时间管理技巧，如制定时间表、设定目标、分解任务等，来确保教学和个人发展都能得到适当的关注。同时，要学会拒绝一些不必要的干扰和琐事，将时间用在真正重要的事情上。

再次，寻求支持与合作。与同事、学校管理层或学生家长保持良好的沟通，寻求他们的理解和支持，有助于减轻教学压力，为个人发展腾出更多空间。此外，与其他教师分享经验和资源，共同解决问题，也能提高教学效率，减轻个人负担。

然后，持续自我提升。个人发展是教师职业生涯中不可或缺的一部分。教师可以通过参加培训、阅读专业书籍、参与学术研究等方式，不断提升自己的专业素养和教育能力。这样不仅能提高教学质量，也能增强职业竞争力，为未来的职业发展打下坚实的基础。

最后，保持积极心态。面对教学和个人发展的挑战时，保持积极的心态至关重要。教师要学会调整自己的心态，以乐观、自信的态度面对困难。同时，也要学会释放压力，保持身心健康，这样才能更好地平衡教学和个人发展。

（四）提升自我管理能力的途径

提升自我管理能力对教师而言是实现个人和职业发展的关键。以下是一些有效的途径，可以帮助教师提升自我管理能力：

（1）SMART 目标设定。利用 SMART 原则（具体、可衡量、可达成、相关、时限）来设定个人和职业发展目标，确保目标具有明确性和可操作性。

（2）详细计划。制订详细的行动计划，包括具体的步骤、时间表和预期成果，以便有条不紊地推进目标的实现。

（3）专业阅读。定期阅读教育领域的专业书籍、期刊和文章，了解最新的教育理念和教学方法，拓宽知识视野。

（4）参加培训。参加各类教育培训和研讨会，与同行交流学习，提升教育教学水平和自我管理能力。

（5）教学日志。记录教学过程中的得失和经验，定期回顾并总结，以便发现问题并及时调整教学策略。

（6）同事互评。邀请同事观摩自己的课堂，听取他们的意见和建议，从中发现自身的不足并加以改进。

（7）规律作息。保持规律的作息时间，保证充足的睡眠和饮食，有助于提升工作效率和精力水平。

（8）运动锻炼。定期进行运动锻炼，保持身体健康，同时也有助于缓解工作压力和提升心情。

（9）寻求支持。在面对困难和挑战时，主动寻求同事、朋友或家人的支持和帮助，共同解决问题。

（10）加入社群。加入教师社群或专业组织，与志同道合的人一起交流学习，共同成长。

三、职业发展与自我成长

（一）职业发展中的自我挑战与突破

在职业发展中，自我挑战与突破是教师不断成长和进步的关键环节。以下是一些关于如何在职业发展中面对自我挑战并实现突破的建议：

首先，教师需要清晰地认识到自己在职业发展中遇到的挑战和瓶颈。这可能包括教学技能的局限、知识结构的不足、管理能力的欠缺等。通过自我反思和与他人交流，教师可以更准确地定位自己的问题所在。

其次，一旦识别了挑战和瓶颈，教师需要设定具体的挑战目标。这些目标应该具有挑战性和可达成性，能够激发教师的积极性和动力。同时，目标也要与个人职业发展的长远规划相契合，确保每一步的突破都是朝着正确的方向前进。

再次，为了实现挑战目标，教师需要制订详细的行动计划。这包括具体的步骤、时间表、资源需求等。行动计划要具有可操作性和可衡量性，以便教师能够有条不紊地推进实施。

然后，面对挑战和突破，教师需要保持持续学习和提升的态度。通过参加专业培训、阅读专业书籍、参与学术研究等方式，教师可以不断提升自己的专业素养和教育能力。同时，也要关注行业动态和最新教育理念，以便及时调整自己的发展方向和策略。

最后，突破往往需要教师走出舒适区，勇于实践和尝试新的教学方法和策略。即使在过程中遇到困难和挫折，教师也要保持积极的心态和坚定的信念，不断总结经验教训，调整自己的行动方案。

另外，在挑战与突破的过程中，教师不应孤军奋战。积极寻求同事、领导或专业人士的支持和反馈，可以帮助教师更好地应对挑战，发现问题并及时调整方向。同时，通过与他人交流分享，教师也能获得新的启示和灵感，为突破提供更多可能性。

（二）持续学习与自我提升的重要性

持续学习与自我提升对教师而言，具有极其重要的意义。以下是关于其重要性的几个方面的详细阐述：

（1）教育领域不断发展和变革，新的教育理念、教学方法和技术手段不断涌现。如果教师停止学习，就难以跟上时代的步伐，难以适应教育的变革和发展。通过持续学习，教师可以及时了解并掌握最新的教育动态和趋势，更新自己的教育观念和教学方法，以更好地满足学生的需求和社会的期望。

（2）学习是教师提升教学质量和效果的关键途径。通过不断学习新的知识和技能，教师可以更加熟练地掌握教学技巧，更加深入地理解学科知识，从而能够更有效地传授给学生。同时，学习也能帮助教师发现和解决教学中的问题，提高教学质量和效果，为学生的成长和发展提供更好的支持。

（3）在竞争激烈的职场环境中，持续学习是教师增强职业竞争力和适应力的关键。通过学习，教师可以不断提升自己的专业素养和能力水平，增强自己在职业市场上的竞争力。同时，学习也能帮助教师更好地适应各种工作环境和挑战，提高自己的适应能力和应变能力。

（4）持续学习不仅是教师职业发展的需要，也是个人成长和全面发展的需要。通过学习，教师可以不断拓宽自己的视野和思维方式，提高自己的综合素质和能力水平。这种成长和进步不仅有助于教师在职业上取得更好的成就，也有助于提升教师的个人魅力和幸福感。

（三）教师在职业发展中的心理调适

教师在职业发展中面临诸多挑战和压力，因此心理调适显得尤为重要。以下是关于教师在职业发展中如何进行心理调适的建议：

（1）教师需要认识到自己在职业发展中可能产生的各种情绪，如焦虑、沮丧、挫败感等。这些情绪是正常的反应，不应被忽视或否认。接受自己的情绪，允许自己感受并处理它们，是心理调适的第一步。

（2）当教师面临职业挑战时，应积极寻求同事、朋友或家人的支持和理解。与他们分享自己的感受和困惑，听取他们的建议和意见，有助于缓解心理压力，增强应对能力。

（3）乐观的态度有助于教师在面对困难时保持积极的心态。尽管职业发展中会遇到挫折和困难，但要相信自己的能力，相信未来会有更好的机会和可能性，这种乐观的态度能够激励教师继续前进。

（4）职业发展的道路往往充满挑战和压力，教师需要学会放松和休息，以缓解身心的疲惫。通过运动、冥想、旅行等方式，教师可以放松心情，恢复精力，以更好的状态应对职业发展中的挑战。

（5）职业发展是一个不断学习和提升的过程。通过参加专业培训、阅读专业书籍、参与学术研究等方式，教师可以不断提升自己的专业素养和教育能力，增强自信心和职业竞争力。这种成长和进步也有助于教师更好地应对职业挑战和压力。

（6）教师需要对自己的职业发展有合理的期望，既不过于追求完美，也不应过于悲观。理解并接受自己的局限性，同时设定可实现的目标，有助于保持积极的心态和动力。

（四）如何实现职业与自我成长的双赢

教师在职业发展中面临诸多挑战和压力，因此心理调适显得尤为重要。以下是关于教师在职业发展中如何进行心理调适的建议：

（1）教师需要认识到自己在职业发展中可能产生的各种情绪，如焦虑、沮丧、挫败感等。这些情绪是正常的反应，不应被忽视或否认。接受自己的情绪，允许自己感受并处理它们，是心理调适的第一步。

（2）当教师面临职业挑战时，应积极寻求同事、朋友或家人的支持和理解。与他们分享自己的感受和困惑，听取他们的建议和意见，有助于缓解心理压力，增强应对能力。

（3）乐观的态度有助于教师在面对困难时保持积极的心态。尽管职业发展中会遇到挫折和困难，但相信自己的能力，相信未来会有更好的机会和可能性，这种乐观的态度能够激励教师继续前进。

（4）职业发展的道路往往充满挑战和压力，教师需要学会放松和休息，以缓解身心的疲惫。通过运动、冥想、旅行等方式，教师可以放松心情，恢复精力，以更好的状态应对职业发展中的挑战。

（5）职业发展是一个不断学习和提升的过程。通过参加专业培训、阅读专业书籍、参与学术研究等方式，教师可以不断提升自己的专业素养和教育能力，增强自信心和职业竞争力。这种成长和进步也有助于教师更好地应对职业挑战和压力。

（6）教师需要对自己的职业发展有合理的期望，既不过于追求完美，也不应过于悲观。理解并接受自己的局限性，同时设定可实现的目标，有助于保持积极的心态和动力。

第四节　教师心理健康与压力管理

一、教师心理健康的现状与挑战

（一）教师心理健康状况分析

教师心理健康状况是一个复杂且多维度的议题，涉及个人、职业、社会等多个层面的因素。以下是对教师心理健康状况的一个综合分析：

首先，从个人层面来看，教师的心理健康与其个人的生活经历、性格特点、情绪管理能力等密切相关。一些教师可能因为家庭问题、个人压力等原因，导致情绪波动大、焦虑不安等心理问题。同时，教师的性格特点也会影响其应对压力和挑战的方式，有些人可能更容易产生挫败感和消极情绪。

其次，从职业层面来看，教师的工作压力、职业发展前景、工作满意度等都会影响其心理健康状况。例如，一些教师可能因为工作压力过大、职称晋升困难、学生管理问题等而感到焦虑、抑郁等负面情绪。此外，社会对教师的期望和要求也在不断提高，这也给教师带来了一定的心理压力。

最后，从社会层面来看，教师的心理健康还受到社会环境、教育改革、学校文化等因素的影响。例如，教育改革的推进可能给教师带来新的挑战和机遇，但也可能导致一些教师产生不适应和焦虑情绪。同时，学校文化、同事关系、学生家长的态度等也会对教师的心理健康产生影响。

总体来说，教师的心理健康状况是一个复杂的问题，需要综合考虑多个因素。为了改善教师的心理健康状况，可以从以下几个方面入手：加强教师的心理健康教育，提高教师的心理素质和应对压力的能力；优化教育环境，减轻教师的工作压力，提高教师的工作满意度；建立健全的社会支持系统，为教师提供必要的帮助和支持。

同时，教师自身也应积极寻求自我成长和突破，不断提升自己的专业素养和教育能力，以更好地应对职业挑战和压力。通过个人努力和社会支持的结合，期待教师心理健康状况得到进一步的改善和提升。

（二）教师面临的主要压力来源

教师面临的主要压力来源多种多样，这些压力不仅影响教师的心理健康，还可能对教学质量和职业发展产生负面影响。以下是一些教师面临的主要压力来源：

（1）教育教学是教师的主要职责，因此也是其压力的主要来源之一。这包括制订教学计划、设计教案、组织课堂活动、评估学生表现等。为了提高学生的学习效果，教师需要不断更新教学方法和手段，这无疑增加了他们的工作压力。同时，面对学生的个体差异和学习困难，教师也需要投入更多的时间和精力进行辅导和关注。

（2）教师的职业发展同样充满压力。他们需要不断提升自己的专业素养和教育能力，以适应教育改革和发展的需要。这包括参加各类培训、学习新的教育理念和技术、参与课题研究等。此外，职称晋升、绩效考核等也是教师职业发展的重要方面，这些过程往往伴随着激烈的竞争和较高的要求，给教师带来不小的压力。

（3）教师不仅需要管理学生，还需要应对各种学校行政事务。包括学生纪律管理、家长沟通、活动组织等。这些工作往往需要花费大量时间和精力，而且容易引发矛盾和冲突，给教师带来心理压力。

（4）社会对教师的期望往往较高，认为他们应该具备高尚的道德品质、丰富的知识储备和出色的教育能力。这种期望无形中给教师增加了压力，使他们感到必须时刻保持完美形象，否则就会受到质疑和批评。

（5）教师的个人生活也可能成为压力的来源。例如，家庭问题、经济压力、健康问题等都可能分散教师的注意力，影响他们的教学工作和心理健康。

（三）心理健康对教师职业的重要性

心理健康对教师职业的重要性不言而喻，它直接关系到教师的教育质量、工作效率以及个人成长与幸福感。以下是关于心理健康对教师职业重要性的详细阐述：

首先，心理健康是教师履行职责的基础。教育是一项需要投入大量情感和精力的工作，而心理健康的教师更能够积极应对工作中的挑战和压力，保持稳定的情绪状态，从而为学生提供更好的教育服务。

其次，心理健康有助于提高教师的教育质量和效率。心理健康的教师能够更清晰地思考、更准确地判断，制订出更合理的教学计划和策略。他们更容易激发学生的学习兴趣，促进学生的全面发展。同时，心理健康的教师能够更好地处理与学生、家长和同事之间的关系，营造良好的教育环境。

最后，心理健康也有助于教师的个人成长和幸福感。面对职业竞争和压力，心理健康的教师能够更积极地应对挑战，寻求自我突破和成长。他们更能够享受生活，感受到工作的乐趣和意义，从而拥有更高的职业满意度和幸福感。

然而，值得注意的是，教师也是心理健康问题的易发人群。由于工作压力大、社会期望高、个人生活等多重因素的影响，教师容易出现焦虑、抑郁等心理问题。这些问题不仅影响教师的身心健康，还可能对教育质量产生负面影响。

因此，关注教师的心理健康问题，采取有效的措施进行预防和干预，具有重要的现实意义。学校和社会应该为教师提供必要的支持和帮助，如开展心理健康教育、建立心理咨询服务、优化工作环境等，以维护教师的心理健康，促进教师的职业发展。

（四）如何正视教师心理健康问题

正视教师心理健康问题是一个重要而紧迫的议题。为了有效地应对这一问题，需要从多个方面入手，包括提高认识、建立支持系统、提供专业培训以及倡导健康的生活方式等。

首先，要提高对教师心理健康问题的认识。认识到教师心理健康问题的存在及其可能带来的影响，是正视问题的第一步。这需要广泛宣传心理健康知识，让社会各界都了解教师心理健康的重要性，以及可能出现的问题和应对策略。

其次，建立支持系统是关键。学校和社会应该为教师提供必要的支持，如设立心理咨询热线、建立心理健康档案、定期组织心理健康活动等。这些支持可以帮助教师及时发现和应对心理健康问题，减轻他们的心理压力。

再次，提供专业培训也是必不可少的。通过培训，教师可以学习如何有效地管理情绪、应对压力、处理人际关系等，提高他们的心理素质和应对能力。同时，培训还可以帮助教师了解学生的心理需求，更好地与学生互动和沟通。

最后，倡导健康的生活方式也很重要。教师应该注重自己的身体健康，合理安排工作和休息时间，保持充足的睡眠和饮食。此外，积极参加体育锻炼、培养兴趣爱好、与家人和朋友保持良好的沟通等，都有助于缓解压力、提高心理健康水平。

二、有效的压力管理与心理调适方法

（一）认识压力并学会自我调节

教师职业作为一份充满挑战和使命的工作，往往伴随着各种压力。这些压力可能来源于教育教学任务、职业发展、人际关系、家庭生活等多个方面。因此，认识压力并学会自我调节，对教师的心理健康和职业发展至关重要。

首先，教师需要正确认识和理解压力。压力并非全然消极，适度的压力可以激发我们的动力和潜能。然而，当压力超过个人承受能力时，就可能导致焦虑、抑郁等负面情绪的出现，影响工作效率和生活质量。因此，教师需要明确自己的压力来源和程度，以便更好地应对和管理压力。

其次，学会自我调节是缓解压力的关键。自我调节包括情绪调节、时间管理、压力释放等多个方面。在情绪调节方面，教师可以通过深呼吸、冥想、放松训练等方法来缓解紧张情绪，保持冷静和理智。在时间管理方面，教师可以合理规划自己的工作时间和生活时间，避免过度劳累和压力过大。在压力释放方面，教师可以通过运动、旅游、音乐等方式来放松身心，释放压力。

再次，建立积极的应对策略也是非常重要的。教师可以通过提高自己的专业素养和教育教学能力来增强自信心和应对压力的能力。同时，积极寻求同事、朋友或家人的支持和帮助，共同应对压力，也是一种有效的策略。

最后，保持积极的心态和乐观的情绪对于应对压力至关重要。教师可以从多个角度看待问题，发现生活中的美好和积极面，从而减轻负面情绪的影响。同时，培养自己的兴趣爱好和社交圈子，也有助于提升幸福感和应对压力的能力。

（二）心理调适技巧与方法介绍

心理调适技巧与方法对教师来说，是应对压力、保持心理健康的重要工具。以下是一些具体的心理调适技巧与方法：

（1）在面对困难和压力时，教师可以使用自我暗示的方法，告诉自己"我可以""我能行"，以增强自信心和应对能力。同时，积极思考也是非常重要的，从积极的角度看待问题，关注问题的解决方案，而非一味沉浸于问题的负面影响中。

（2）情绪管理是心理调适的核心。教师可以通过深呼吸、冥想、渐进式肌肉松弛等方法来放松身心，缓解紧张情绪。这些方法有助于降低压力水平，提高自我控制能力。

（3）合理的时间管理可以减轻工作压力。教师可以制订明确的工作计划和目标，按照优先级进行任务分配，避免过度忙碌和焦虑。同时，也要学会合理安排休息时间，避免过度劳累。

（4）与家人、朋友和同事保持良好的沟通，分享自己的感受和困惑，寻求他们的支持和理解，有助于缓解心理压力。当遇到难以解决的问题时，不要害怕寻求专业心理咨询师的帮助。

（5）培养一些兴趣爱好，如阅读、运动、旅行等，有助于丰富生活，转移注意力，缓解工作压力。同时，也可以尝试一些放松身心的活动，如瑜伽、太极等，以提升生活质量。

总之，心理调适技巧与方法多种多样，教师应根据自己的实际情况选择适合自己的方法。同时，也要保持开放和积极的态度，不断学习和探索新的心理调适方法，以更好地应对压力和挑战。

（三）寻求专业心理支持与帮助

对教师来说，当自我调适技巧与方法不足以应对心理压力或困扰时，寻求专业心理支持与帮助是至关重要的。以下是一些建议的途径和方式：

（1）寻找专业的心理咨询机构是一个很好的选择。这些机构通常配备有经验丰富的心理咨询师，能够提供针对个体需求的咨询服务。教师可以选择与心理咨询师进行面对面或在线的咨询，讨论自己的问题，寻求专业的建议和指导。

（2）很多学校都设有心理健康服务中心，为教师提供心理支持和帮助。这些服务中心通常配备有专业的心理咨询师或心理医生，能够针对教师的职业特点和需求提供定制化的心理咨询服务。

（3）心理健康热线是另一个方便易行的寻求心理支持的途径。教师可以通过拨打热线电话，与专业的心理咨询师进行沟通，获得即时的心理支持和建议。这些热线通常提供 24 小时服务，方便教师在需要时随时拨打。

（4）参加心理支持小组或工作坊也是寻求专业心理支持的一种有效方式。在这些小组或工作坊中，教师可以与其他同行分享自己的经验和感受，共同学习和成长。同时，专业的心理咨询师也会提供指导和建议，帮助教师更好地应对心理压力。

（5）在寻求专业心理支持时，教师还需要注意选择合适的咨询师。建议教师在选择咨询师时了解其专业背景、经验和资质，以确保能够得到有效的帮助。

（6）在寻求专业心理支持与帮助的过程中，教师需要保持开放和诚实的态度，与咨询师建立良好的沟通和信任关系。同时，也要积极配合咨询师的建议和指导，努力改善自己的心理状况。

需要强调的是，寻求专业心理支持与帮助并不是软弱的表现，而是对自己负责、关爱自己的体现。教师应该积极面对自己的心理问题，勇敢寻求帮助，以便更好地应对工作和生活中的挑战。

（四）建立健康的生活方式与心态

建立健康的生活方式与心态对教师来说至关重要，这不仅有助于缓解工作压力，还能提升个人的整体幸福感和生活质量。以下是一些具体的建议：

（1）教师应确保每天有足够的睡眠时间，并保持规律的作息习惯。早睡早起有助于调整生物钟，使身体和精神都保持在最佳状态。同时，合理安排工作和休息时间，避免过度劳累。

（2）饮食是维持身体健康的基础。教师应选择营养丰富的食物，如蔬菜、水果、全谷类食物和优质蛋白质来源。避免过多摄入高糖、高脂和高盐的食物。保持饮食的多样性和均衡性，有助于为身体提供充足的能量和营养。

（3）运动是缓解压力、提升心情的有效途径。教师可以根据自己的喜好和身体状况选择适合的运动方式，如散步、跑步、瑜伽等。每周进行几次适度的运动，不仅可以改善身体健康，还能增强心理韧性。

（4）兴趣爱好是丰富生活、转移注意力的好方法。教师可以利用业余时间培养自己的兴趣爱好，如阅读、绘画、音乐等。这些活动不仅可以缓解工作压力，还能提升个人的文化素养和生活品质。

（5）积极的心态是应对挑战和困难的关键。教师应学会调整自己的心态，以乐观、积极的态度面对工作和生活。当遇到问题时，尝试从多个角度思考，寻找解决问题的办法。同时，也要学会接受自己的不完美，以宽容和理解的态度对待自己和他人。

（6）与家人、朋友和同事保持良好的沟通和联系，分享彼此的生活和感受。在需要时，可以向他们寻求支持和帮助。同时，也可以积极参与社交活动，扩大自己的社交圈子，增强社交支持力量。

三、教师心理健康维护

（一）定期进行心理健康自我评估

教师进行心理健康自我评估是维护自身心理健康的重要一环。通过定期进行心理健康自我评估，教师可以更好地了解自己的心理状态，及时发现潜在问题，并采取相应的措施进行干预和调整。

首先，进行心理健康自我评估可以帮助教师建立自我认知。通过反思自己的情绪、行为和思维模式，教师可以更加清晰地认识自己的优点和不足，从而更有针对性地制订个人成长计划。

其次，自我评估有助于教师及时发现心理困扰和问题。在繁忙的工作中，教师可能会面临各种压力和挑战，导致心理问题的出现。通过自我评估，教师可以及时察觉自己的负面情绪、焦虑或抑郁症状，以便尽早寻求专业帮助或进行自我调适。

最后，定期进行心理健康自我评估还可以帮助教师建立积极的生活态度。通过关注自己的情绪和心态，教师可以更好地调整自己的生活方式和工作习惯，培养乐观、向上的心态，增强应对困难和挑战的能力。

为了有效进行心理健康自我评估，教师可以参考一些专业的心理健康评估工具，如心理量表、问卷等。同时，也可以结合自身的实际情况和感受，进行自我观察和反思。在评估过程中，教师应保持客观、真实的态度，避免过度乐观或悲观，以便得到更加准确的结果。

需要注意的是，自我评估只是维护心理健康的一个方面。当教师发现自己存在较为严重的心理问题时，应及时寻求专业心理咨询师的帮助，进行更加深入和系统的评估和治疗。

（二）参加心理健康培训与辅导活动

教师参加心理健康培训与辅导活动对于提升个人心理健康水平和教育教学能力具有重要意义。

首先，这些活动能够帮助教师更好地理解和应对心理健康问题。通过参与培训和辅导，教师可以系统学习心理学知识和技能，深入了解学生和其他教师的心理需求，掌握有效的心理调适方法和应对策略。

其次，参加心理健康培训与辅导活动有助于教师增强心理素质和应对能力。在面对工作压力、学生问题、职业挑战等情境时，教师能够运用所学的心理学知识，保持冷静、理智和乐观的态度，有效应对各种挑战。

最后，这些活动还可以提升教师的教育教学能力。教师通过学习心理健康教育的理念和方法，可以将其融入日常教学中，帮助学生更好地认识自己、了解他人、处理人际关系，促进学生的全面发展。

（三）建立良好的社会支持系统网络

建立良好的社会支持系统网络对教师的心理健康至关重要。一个稳固的支持系统可以为教师提供情感上的支持、实际帮助以及应对压力的策略，有助于教师更好地应对工作和生活中的挑战。

首先，家庭是教师社会支持系统的重要组成部分。教师应与家人保持良好的沟通和互动，分享工作中的喜怒哀乐，共同面对生活中的挑战。家人的理解和支持能够为教师提供情感上的安慰和力量，使教师更有信心面对工作中的困难。

其次，同事之间的支持和帮助也是非常重要的。教师可以与同事建立积极的合作关系，共同分享教学经验、探讨教学方法，相互鼓励和支持。在遇到困难时，可以向同事寻求帮助和建议，共同解决问题。

最后，教师还可以通过参加社交活动、加入专业组织或团体等方式，扩大自己的社交圈子，结交更多的朋友和同行。这些社交活动不仅可以为教师提供情感上的支持，还可以为教师提供学习和成长的机会，促进教师的专业发展。

在建立社会支持系统网络的过程中，教师需要积极主动地寻求和建立关系。可以通过主动参加各类活动、积极与他人交流、主动寻求帮助等方式，来拓展自己的社交圈子和支持系统。同时，也需要学会倾听和表达，尊重他人的意见和感受，以建立良好的人际关系。

（四）关注个人兴趣与爱好，丰富精神生活

关注个人兴趣与爱好，丰富精神生活，对教师来说，不仅是舒缓工作压力的有效途径，更是保持身心健康、提升生活质量的重要方式。

首先，个人兴趣和爱好是教师调节情绪、释放压力的良方。当教师面临工作压力和困扰时，可以通过参与自己喜爱的活动，如绘画、音乐、阅读等，来转移注意力，放松心情，缓解紧张情绪。这些活动能够帮助教师从工作中暂时抽离，享受属于自己的时光，从而恢复精力和积极情绪。

其次，个人兴趣和爱好也是教师拓宽视野、提升自我的途径。通过深入学习和探索自己感兴趣的领域，教师可以不断丰富自己的知识储备和人生体验，增强

自信心和满足感。同时，这些爱好还可能成为教师与他人交流的桥梁，增进人际关系，提升社交能力。

最后，关注个人兴趣和爱好还有助于教师形成积极向上的生活态度。当教师对自己的生活充满热情和兴趣时，他们更容易保持积极的心态，面对工作和生活中的挑战。这种积极的生活态度也会感染到学生，对教育教学产生积极的影响。

因此，教师应该注重培养和发展自己的兴趣和爱好，让它们成为自己精神生活的重要组成部分。可以通过参加兴趣小组、社团活动、培训课程等方式，结交志同道合的朋友，共同分享乐趣和成长。同时，也要合理安排时间，确保工作和兴趣爱好之间的平衡，让自己的生活更加丰富多彩。

第五节　教师团队建设与文化建设

一、教师团队建设的意义与策略

（一）团队建设对教师职业发展的重要性

团队建设对教师职业发展的重要性主要体现在以下几个方面：

（1）提升教师整体素质。通过团队建设活动，教师可以相互沟通、协作和交流，共同分享教育经验和方法，从而提升教育理论水平和实践能力。这种互动与合作的过程有助于教师更好地适应教育教学需求，提高教育教学的质量和效果。

（2）促进教育创新。团队建设鼓励教师共同探索新的教育方法和理念，促进教育教学的创新。通过团队研讨、集体备课等活动，教师可以集思广益，发挥集体智慧，推动教育教学改革，提升学校的整体教育水平。

（3）增强教师归属感与凝聚力。团队建设活动有助于增强教师之间的凝聚力和归属感，形成积极向上的团队氛围。在这种氛围中，教师可以相互支持、鼓励，共同面对工作中的挑战和困难，提高工作效率和满意度。

（4）推动教师个人发展。团队建设不仅关注整体的发展，也注重教师的个人成长。通过提供培训、学习机会和资源支持，团队建设可以帮助教师实现自我提升和发展，提高职业竞争力和专业素养。

（二）打造高效协作的教师团队的方法

打造高效协作的教师团队是一个持续的过程，涉及多个方面的策略和行动。以下是一些建议，可以帮助你实现这一目标：

（1）明确共同目标和愿景。确保整个教师团队对共同的目标和愿景有清晰的认识。这有助于激发教师之间的合作和团结，共同朝着相同的目标努力。

（2）建立信任和尊重的文化。在团队中营造一种相互信任、尊重和包容的氛围。鼓励教师分享自己的经验和知识，同时倾听他人的观点和建议。

（3）明确角色和责任。每个团队成员都应明确自己的角色和责任，避免工作重叠和遗漏。通过合理的分工，确保团队工作的高效进行。

（4）加强沟通与协作。建立有效的沟通机制，如定期召开团队会议、使用即时通信工具等，以便及时分享信息、交流想法和解决问题。鼓励教师之间跨部门、跨学科合作，共同探索教育教学方法的创新。

（5）提供持续的支持和培训。为教师提供必要的资源和支持，如培训、学习材料和技术支持等。帮助他们不断提升自己的教育教学能力，更好地适应团队工作的需要。

（6）建立激励机制。对团队中的优秀表现给予认可和奖励，激励教师积极参与团队工作，发挥自己的优势。同时，关注教师的个人发展，为他们提供晋升和成长的机会。

（7）利用现代技术提升效率。借助现代化的办公技术和工具，如在线教育平台、协作软件等，提升教师团队的工作效率。这些技术可以帮助教师更好地组织和管理教学资源，加强与学生和家长的沟通，以及实现远程协作等。

（三）团队建设中领导力的作用与发挥

团队建设中，领导力的作用至关重要，它涉及引领团队方向、激发成员潜能、促进团队协作和创新等多个方面。

1.领导力的作用

（1）引领团队方向。优秀的领导者能够为团队设定明确的目标和愿景，使成员能够明确工作方向，形成共同的努力目标。

（2）激发成员潜能。通过激励和信任，领导者能够激发团队成员的潜能，使他们更加积极地投入工作，发挥出更高的工作效率和质量。

（3）促进团队协作。领导者通过建立信任、明确角色和责任，以及鼓励开放沟通，能够促进团队成员之间的协作，使团队更加和谐高效。

（4）推动创新。优秀的领导者鼓励团队成员尝试新方法、提出新想法，从而推动团队的创新和持续发展。

2.发挥领导力的方法

（1）建立信任与尊重。领导者应通过诚信和有效的行为赢得团队成员的信任，并尊重每个成员的观点和贡献。

（2）明确目标与角色。为团队设定清晰的目标，并为每个成员分配明确的角色和责任，以确保团队工作的高效进行。

（3）有效沟通。建立开放、透明的沟通渠道，鼓励团队成员分享想法、提出建议，确保信息在团队内部畅通无阻。

（4）关注成员需求。领导者应关心团队成员的成长和发展，提供必要的支持和资源，帮助他们克服工作中的困难。

（5）持续学习与发展。领导者应保持对新知识、新技能的热情，不断提升自己的领导能力和素质，以更好地引领团队发展。

（四）如何激发团队成员的积极性与创造力

激发团队成员的积极性与创造力是团队建设过程中的重要任务，它直接影响到团队的绩效和整体发展。以下是一些有效的方法，可以帮助激发团队成员的积极性与创造力：

（1）设定明确且具有挑战性的目标。为团队成员设定明确、具体且具有一定挑战性的目标，能够激发他们的斗志和积极性。确保这些目标与团队的整体愿景和使命相契合，使成员能够感受到自己的工作价值。

（2）提供充分的支持与资源。团队成员在面临挑战时，需要得到足够的支持和资源来克服困难。领导者应关注成员的需求，为他们提供必要的培训、技术和物资支持，使他们能够全身心地投入到工作中。

（3）营造开放、包容的氛围。一个开放、包容的团队氛围有助于激发成员的创造力和积极性。鼓励成员提出自己的想法和建议，允许他们在工作中尝试新方法、新思路。同时，领导者应尊重每个成员的观点，避免对异见进行打压或贬低。

（4）建立有效的激励机制。通过设立奖励制度、晋升机会等激励机制，可以激发团队成员的积极性和创造力。这些奖励应与团队成员的贡献和表现挂钩，确保公平、公正。此外，定期的表彰和认可也能够提升成员的归属感和工作动力。

（5）鼓励跨界合作与交流。不同领域、不同背景的团队成员之间进行交流与合作，有助于激发新的创意和想法。领导者应鼓励团队成员打破部门、岗位之间的界限，积极参与跨界合作与交流活动，共同探索新的可能性。

（6）培养团队成员的自主学习能力。鼓励团队成员进行自主学习，提升自己的专业知识和技能水平。通过提供学习资源和培训机会，帮助成员不断成长和进步，从而更好地适应团队工作的需要。

二、团队文化的培育与塑造

（一）团队文化的核心价值与意义

团队文化的核心价值与意义体现在多个方面，对于团队的凝聚力、执行力以及创新能力的提升都具有至关重要的作用。

首先，团队文化的核心价值体现在目标导向、合作共赢、创新精神和诚信守约等方面。这些价值观为团队成员提供了清晰的行为准则和共同追求，使大家能够围绕共同的目标而努力。在目标导向下，团队成员能够明确自己的职责和任务，形成高效的工作节奏；在合作共赢的氛围中，成员之间能够相互支持、共同进步，形成强大的团队合力；在创新精神的激励下，团队成员敢于尝试新方法、新思路，推动团队不断创新发展；而诚信守约则是团队稳定发展的基石，能够维护团队的信任和秩序。

其次，团队文化的意义在于它能够凝聚人心、提高团队执行力。通过团队文化的建设，可以使团队成员之间形成强烈的归属感和认同感，将个人的发展与团队的发展紧密联系在一起。这种凝聚力使得团队成员在面对困难和挑战时能够团结一心、共同克服，从而提高团队的执行力和战斗力。

再次，团队文化还能够激发团队成员的积极性和创造力。在一种积极、开放、包容的团队文化中，成员能够充分发挥自己的潜能和才华，敢于提出自己的想法和建议，为团队的创新发展贡献自己的力量。这种创造力的发挥不仅能够推动团队不断进步，还能够提升团队的整体竞争力。

最后，优秀的团队文化还能够取代刻板的规章制度，使团队成员由被动服从转变为主动接受，从而提高工作效率和减少执行成本。这种文化氛围使得团队成员能够更加自觉地遵守团队规则和要求，形成良好的工作习惯和行为模式，进一步推动团队的高效运转。

（二）塑造积极向上的团队文化氛围

塑造积极向上的团队文化氛围是提升团队凝聚力、促进团队成员之间合作与交流、激发创新活力的重要途径。以下是一些建议，有助于塑造和维持一个积极向上的团队文化氛围：

（1）明确团队的核心价值观，如团队合作、创新进取、诚信尊重等，并通过各种渠道和方式进行传播，使每个团队成员都能够深入理解并认同这些价值观。这有助于团队成员形成共同的价值取向，增强团队凝聚力。

（2）鼓励团队成员保持积极、乐观的工作态度，面对困难和挑战时能够保持冷静、积极应对。通过定期的团队建设活动、分享会等形式，让成员们交流工作心得，分享成功经验，激发团队的正能量。

（3）积极营造开放、坦诚的沟通氛围，鼓励团队成员之间互相交流、分享想法。建立定期的团队会议、座谈会等沟通平台，让成员们能够充分表达自己的观点和建议，促进团队内部的和谐与合作。

（4）加强团队建设，提升团队的整体素质和能力。通过组织各种形式的培训、学习活动，帮助团队成员提升专业技能、拓宽知识视野。同时，注重培养团队成员的团队合作意识和能力，使他们能够更好地融入团队、发挥作用。

（5）鼓励团队成员敢于尝试、勇于创新，为团队的发展提供新的思路和方法。设立创新奖励机制，对在工作中表现出色的创新成果给予表彰和奖励。同时，为团队成员提供创新所需的资源和支持，激发他们的创新热情。

（6）通过组织各种形式的团建活动、庆祝活动等，增强团队成员之间的凝聚力和归属感。让成员们感受到团队是一个大家庭，每个人都是这个家庭的重要一员，从而更加珍惜和热爱这个团队。

（三）团队文化在凝聚团队力量中的作用

团队文化在凝聚团队力量中起着至关重要的作用。一个积极、健康的团队文化能够增强团队成员之间的凝聚力和向心力，使大家心往一处想、劲往一处使，共同为团队的目标而努力。

首先，团队文化能够明确团队的共同目标和价值观，使每个团队成员都清楚自己的角色和职责，从而形成一种共识和默契。这种共识和默契有助于减少冲突和分歧，使团队成员更加团结和协作。

其次，团队文化还能够激发团队成员的积极性和创造力。一个具有创新精神和开放氛围的团队文化，能够鼓励团队成员敢于尝试新方法、新思路，勇于挑战传统观念和做法。这种氛围有助于激发团队成员的潜力和创造力，推动团队不断创新和进步。

再次，团队文化还能够提升团队的凝聚力和向心力。通过组织各种形式的团队活动和交流，加强团队成员之间的了解和信任，增强团队的凝聚力和向心力。这种凝聚力和向心力能够使团队成员在面对困难和挑战时更加坚定和勇敢，共同克服各种困难，实现团队的目标。

最后，团队文化还能够塑造团队的形象和声誉。一个具有积极健康、向上向善的团队文化，能够提升团队在外部环境中的形象和声誉，增强团队的吸引力和影响力。这有助于吸引更多优秀的人才加入团队，进一步提升团队的凝聚力和竞争力。

（四）如何通过活动加强团队文化建设

通过活动加强团队文化建设是一种非常有效的方式，它不仅能够增强团队成员之间的凝聚力和向心力，还能够深化团队文化的内涵，推动团队文化的不断发展。以下是一些建议，帮助通过活动加强团队文化建设：

在组织活动之前，首先要明确活动的目标，确保活动与团队文化的核心价值相契合。例如，如果团队文化强调合作与创新，那么活动可以围绕团队合作和创新主题展开，如组织团队创新竞赛或合作完成某项任务。

多样化的团队活动能够满足不同成员的兴趣和需求，增加活动的吸引力和参与度。可以组织户外拓展训练、团队运动比赛、主题分享会、文化沙龙等活动，让成员在轻松愉快的氛围中增进了解、加深友谊。

在活动过程中，要注重成员的参与和互动，鼓励他们积极表达自己的想法和观点，分享自己的经验和见解。可以设置小组讨论、角色扮演、互动游戏等环节，让成员充分参与到活动中来，增强团队的凝聚力和向心力。

在活动的策划和执行过程中，要巧妙融入团队文化的元素，让成员在活动中深刻感受到团队文化的内涵。例如，可以在活动场地布置上体现团队的标志和口号，或者在活动环节中穿插团队文化的相关内容和故事。

活动结束后，要及时进行总结和反馈，分析活动的成果和不足，以便更好地指导下一次活动的组织。同时，也要关注成员们的反馈和建议，了解他们对活动的看法和感受，以便不断优化活动方案，更好地加强团队文化建设。

三、优秀教师团队的案例展示

（一）国内外优秀教师团队案例分析

国内外优秀教师团队案例众多，每个团队都有其独特的特点和优势。以下是一些具体的案例分析：

1. 国内案例

（1）北京市某学校教师教学创新团队。这个团队由一批具有丰富教学经验和较高专业水平的教师组成，以开展教育教学科研工作为主要任务。团队成员之间相互协作，共同探讨教学方法和教学手段，不断积累教学经验，提升教学质量。

（2）上海市某学校教师教学创新团队。这个团队由多位年轻教师组成，他们积极探索新的教学模式和方法，开展多样化的教学实践活动，取得了良好的教学效果。该团队注重教师的专业成长和发展，通过互相交流和学习，不断提升自身的教学水平。

2. 国外案例

（1）某国外学校科学教师团队。这个团队注重培养学生的科学探究能力和实验技能。他们采用项目式学习的方式，让学生围绕某个科学主题进行深入探究，通过实践操作、数据分析和报告撰写等过程，培养学生的综合科学素养。

（2）某国外学校跨学科教师团队。该团队由不同学科背景的教师组成，他们共同合作，开展跨学科的教学和研究项目。通过整合不同学科的知识和方法，培养学生的创新思维和解决问题的能力。

这些教师团队案例的共同点在于，他们都注重教学理念的创新、教学方法的改进以及教师团队的合作与成长。他们不断探索和实践，以提高教学质量和效果，为学生的全面发展提供有力支持。

当然，每个团队都有其独特的经验和做法，值得其他教师团队学习和借鉴。通过分析和总结这些案例，可以更好地了解优秀教师团队的特点和优势，为提升我国教师团队的整体水平提供有益的参考。

如需了解更多国内外优秀教师团队的案例，可以查阅相关教育类期刊、新闻报道或在线教育资源平台，以获取更详细的信息和更深入的分析。

（二）本校优秀教师团队经验分享

本校优秀教师团队的经验分享，可以围绕以下几个方面展开：

1. 团队合作与分工

本校优秀教师团队注重团队成员之间的合作与分工。他们明确各自的职责和任务，通过定期的团队会议和沟通，确保教学工作顺利进行。同时，团队成员之间互相支持、互相学习，形成了良好的合作氛围。这种合作与分工的模式不仅提高了教学效率，也促进了团队成员之间的专业成长。

2. 教学理念与方法的创新

本校优秀教师团队不断追求教学理念与方法的创新。他们关注教育前沿动态，学习新的教学理论和技术，积极将其应用于教学实践中。例如，他们尝试采用项目式学习、翻转课堂等新型教学方式，激发学生的学习兴趣和主动性。同时，他们还注重培养学生的创新能力和实践能力，通过组织各类实践活动和竞赛，提升学生的综合素质。

3. 教研活动的深入开展

本校优秀教师团队重视教研活动的深入开展。他们定期组织教研活动，围绕教学中的问题和挑战展开探讨，分享各自的教学经验和心得。通过集体备课、听课、评课等方式，团队成员相互学习、相互借鉴，不断提高教学水平。此外，他们还积极参与课题研究、论文发表等学术活动，推动教学研究的深入发展。

4. 教师个人成长与专业发展

本校优秀教师团队注重教师个人成长与专业发展。他们鼓励团队成员参加各类培训和学习活动，提升专业素养和教育教学能力。同时，他们还建立了一套完善的评价和激励机制，对在教学和科研方面取得突出成绩的团队成员给予表彰和奖励。这种机制激发了团队成员的积极性和创造力，推动了教师团队的持续发展。

（三）从优秀教师团队中学到的管理智慧

从优秀教师团队中，我们可以学到许多宝贵的管理智慧。这些智慧不仅适用于教育领域，也对于其他领域的管理具有指导意义。以下是我从优秀教师团队中汲取的管理智慧：

（1）优秀教师团队总是能够清晰地阐述他们的目标和愿景，确保每个成员都明确团队的方向和期望成果。他们通过制订明确的教学计划和目标，使每个成员都能够理解自己的角色和责任，从而更加高效地协作。这种明确的目标与愿景为团队提供了强大的动力，确保团队成员能够朝着共同的方向努力。

（2）优秀教师团队非常重视团队成员之间的沟通与协作。他们通过定期的团队会议、教学研讨、经验分享等方式，保持信息的畅通和共享。团队成员之间互相尊重、互相支持，共同解决问题和应对挑战。这种良好的沟通与协作机制有助于增强团队的凝聚力和向心力，促进团队成员之间的共同成长。

（3）优秀教师团队懂得如何激励和认可团队成员的努力和成果。他们通过设立奖励机制、举办表彰活动等方式，对在教学和科研方面取得突出成绩的团队成员给予表彰和奖励。这种激励和认可不仅激发了团队成员的积极性和创造力，也提升了团队的整体士气和凝聚力。

（4）优秀教师团队始终保持对新知识、新技能的学习和追求。他们关注教育前沿动态，参加专业培训和学习活动，不断提升自己的专业素养和教育教学能力。同时，他们也注重反思和改进自己的教学实践，通过总结经验教训，不断优化教学方法和策略。这种持续学习与改进的精神有助于推动团队的不断发展和创新。

（5）面对不断变化的教育环境和学生需求，优秀教师团队能够灵活适应并不断创新。他们善于捕捉新的教育理念和教学方法，将其融入自己的教学实践中。同时，他们也注重培养学生的创新能力和实践能力，鼓励学生勇于尝试和探索。这种灵活适应与创新的精神有助于团队在竞争激烈的市场中保持领先地位。

（四）如何借鉴优秀教师团队的成功经验

借鉴优秀教师团队的成功经验对于提升教育质量、推动教师个人成长以及增强教师团队的凝聚力具有重要意义。以下是一些建议，帮助我们有效地借鉴优秀教师团队的成功经验：

（1）需要对优秀教师团队进行深入了解和研究。通过阅读相关文献、观看教学视频、参加研讨会等方式，了解他们的教学理念、教学方法、团队合作模式等方面的成功经验。同时，也可以与优秀教师团队的成员进行交流，获取更直接和具体的经验分享。

（2）在借鉴优秀教师团队的成功经验时，需要结合自身的实际情况进行考虑。每个学校和教师团队都有其独特的环境和条件，因此我们不能简单地照搬他人的经验，而应根据自身情况进行适当的调整和改进。例如，我们可以借鉴优秀教师团队的教学方法，但需要根据自己学生的特点和需求进行个性化调整。

（3）借鉴优秀教师团队的成功经验不仅仅是理论学习，更重要的是将其应用于实践中，并通过实践进行反思和总结。我们可以尝试将优秀教师团队的教学方法、团队合作模式等应用于自己的教学中，观察其效果，并根据实践结果进行反思和调整。通过不断实践和反思，我们可以逐渐找到适合自己的教学和管理方式。

（4）借鉴优秀教师团队的成功经验是一个持续的过程，需要建立持续学习与分享的机制。可以定期组织教师团队进行经验交流和分享，邀请优秀教师团队举办讲座或工作坊，提供学习资源和平台，鼓励团队成员不断学习和提升自己的专业素养。同时，也可以建立一种互相学习、互相帮助的氛围，让团队成员之间能够相互借鉴、共同进步。

（5）优秀教师团队的成功经验往往与其独特的团队文化和氛围密不可分。因此，在借鉴过程中，我们也需要关注团队文化与氛围的营造。可以学习优秀教师团队在团队建设、沟通协作、激励认可等方面的做法，努力营造积极向上、互相支持、共同成长的团队氛围。

第七章 高校教师继续教育体系的构建与实施

第一节 教师继续教育的意义与现状

一、继续教育的价值与作用

（一）提升教师教学水平与专业素养

提升教师的教学水平与专业素养是一个持续不断的过程，涉及多个方面的努力和实践。以下是一些具体的建议：

（1）教师应不断深化教学内容，掌握学科的专业知识，并关注最新的教育理念和教学方法。同时，应灵活运用多种教学方式，如讨论、小组合作、角色扮演等，以激发学生的学习兴趣和主动性。

（2）教育教学技能是提升教学水平的关键。教师应注重提高自己的课堂管理能力、评价与反馈能力、学生沟通能力等。这些技能不仅有助于维持良好的课堂秩序，还能更有效地指导学生，帮助他们解决学习中的问题。

（3）教师应积极参加教育培训课程和学术交流活动，以了解最新的教育动态和研究成果。通过与其他教师的交流和学习，可以共享教育经验，共同提升教育水平。

（4）教学实践是提升教学水平的重要途径。教师应积极参与教学实践，通过反思自己的教学过程和效果，发现问题并寻求改进。同时，可以互相观察课堂，进行评价和反馈，共同提高教学水平。

（5）教师应深入了解学生的需求和特点，以便更好地进行学生管理和指导。通过与学生建立良好的师生关系，关注学生的成长和发展，可以更有效地满足学生的学习需求，提高教学效果。

（6）教师应加强与其他学科教师的合作，实现学科间的融合与互补。通过跨学科合作，可以拓宽教学视野，丰富教学内容，提高教育效果。

（7）教师应保持持续的学习状态，不断提升自己的专业素养。可以通过阅读专业书籍、参加在线课程、参与课题研究等方式，不断充实自己的知识储备，提高教学水平。

（二）适应教育发展与技术更新的需求

适应教育发展与技术更新的需求是每位教师和教育工作者都面临的挑战。为了有效应对这一挑战，以下是一些具体的策略和建议：

（1）随着教育的发展，新的教育理念不断涌现，教学方式也在不断更新。教师应积极了解和掌握最新的教育理念，如以学生为中心、注重培养学生的创新能力和实践能力等，并尝试将这些理念融入自己的教学中。同时，也应积极探索和尝试新的教学方式，如项目式学习、翻转课堂等，以提高教学效果和学生的学习兴趣。

（2）技术的发展为教育提供了更多的可能性。教师应关注最新的教育技术，如人工智能、大数据、虚拟现实等，并了解这些技术在教育中的应用。同时，应积极尝试将这些技术融入自己的教学中，以提高教学效率和学生的学习体验。例如，可以利用在线平台进行远程教学，利用 AI 技术进行智能辅导，利用虚拟现实技术为学生创造更真实的学习场景等。

（3）教育和技术都在不断发展，教师应保持持续学习的态度，不断提升自己的专业素养和教学能力。可以参加教育培训课程、学术研讨会等活动，了解最新的教育动态和技术进展。同时，也应注重自我反思和总结，不断调整和改进自己的教学方式和方法。

（4）面对教育发展与技术更新的挑战，教师之间应加强团队协作，共同应对挑战。可以通过组建教学团队、开展集体备课等方式，共享教学资源、交流教学经验、解决教学问题。同时，也可以利用网络平台等渠道，与其他地区的教师进行交流和合作，共享优质的教育资源。

（三）促进教师个人职业成长与发展

促进教师个人职业成长与发展是一个持续的过程，涉及多方面的策略和实践。以下是一些具体的建议：

（1）教师应根据自身的兴趣、特长和发展目标，制定明确的个人职业发展规划。规划应包含短期、中期和长期的目标，并明确实现这些目标所需的步骤和策略。通过制定规划，教师可以更有目的地提升自己的职业素养和能力。

（2）教师应保持持续学习的态度，不断提升自己的专业知识和教育技能。可以通过参加培训课程、研讨会、学术会议等活动，了解最新的教育理念和教学方法。同时，也可以利用网络平台进行自主学习，拓宽知识视野。

（3）教师应积极参与教学实践，通过反思和总结自己的教学经验，不断改进教学方法和策略。可以定期组织教学观摩、评课、议课等活动，与同事交流教学经验，互相学习、共同进步。

（4）教师应积极参与教育研究和学术探索，通过参与课题研究、撰写论文等方式，提升自己的研究能力和学术水平。这不仅可以推动教育的创新和发展，也有助于提升教师的职业地位和影响力。

（5）教师应积极拓展人际关系和网络资源，与同行、专家、学者等建立联系，分享教学经验、交流学术观点。可以通过参加学术组织、建立个人博客或社交媒体账号等方式，扩大自己的影响力，获取更多的职业成长机会。

（6）教师在追求职业成长的同时，也应关注自己的身心健康和平衡生活。合理安排工作和休息时间，保持积极的心态和乐观的情绪。同时，也应关注家庭和社会生活，实现个人与职业的和谐发展。

（四）提高学校教育质量与竞争力

提高学校教育质量与竞争力是一个系统工程，需要综合考虑多个方面。以下是一些具体的建议：

（1）学校应投入资金，优化教育资源和设施，为师生提供良好的学习和教学环境。这包括更新教学设备、改善教室和实验室条件、建设图书馆和体育设施等。良好的硬件设施有助于提升教学效果，吸引更多的学生。

（2）加强师资队伍建设是提高教育质量的关键。学校应招聘具有丰富教学经验和专业知识的教师，并为他们提供持续的专业发展和培训机会。同时，建立健全的激励机制，鼓励教师积极参与教学研究、课程改革和学术活动，提升他们的教学水平和专业素养。

（3）深化课程改革和教学方法创新是提高教育质量的重要途径。学校应根据学生的需求和特点，制定符合时代要求的课程体系，注重培养学生的创新精神和实践能力。同时，鼓励教师探索新的教学方法和手段，如利用信息技术进行线上线下混合式教学，激发学生的学习兴趣和积极性。

（4）学校文化是学校竞争力的重要组成部分。学校应形成独特的文化特色，营造积极向上、和谐包容的校园文化氛围。通过组织各种文化活动和竞赛，丰富学生的校园生活，提高他们的文化素养和综合素质。

（5）强化学校管理与评估是提高教育质量的重要保障。学校应建立健全的管理制度和评估体系，确保教学工作的规范化和科学化。通过定期对教学质量进行评估和反馈，及时发现问题并采取有效措施进行改进。

二、当前继续教育的实施情况

（一）继续教育的主要形式与途径

继续教育的主要形式与途径多种多样，旨在满足不同学习者的需求和背景。

1.继续教育的主要形式

（1）网络继续教育。随着信息技术的发展，网络教育成为继续教育的重要形式。学习者可以通过在线平台参加各种课程，随时随地学习，并与其他学习者进行互动和交流。

（2）面授继续教育。传统的面授教育形式在某些领域和课程中仍然占据重要地位。学习者可以直接与教师和同学面对面交流，获得更为深入的学习体验。

（3）自学考试。对于自学能力强、希望自主安排学习进度的学习者，自学考试是一个很好的选择。学习者可以根据考试大纲自主学习，并参加考试以检验学习成果。

2.继续教育的主要途径

（1）专业培训机构。许多专业培训机构提供针对不同行业和领域的继续教育课程，学习者可以根据自己的职业需求选择合适的课程。

（2）高校开放课程。许多高校提供开放课程，包括在线课程和远程教育课程，学习者可以通过这些途径获得高质量的继续教育资源。

（3）行业组织或协会。一些行业组织或协会会为其成员提供继续教育的机会和资源，包括研讨会、讲座、培训课程等。

此外，还有一些其他途径，如企业内部培训、社区学院等，都可以为学习者提供继续教育的机会。

总体来说，继续教育的主要形式与途径具有多样性和灵活性，学习者可以根据自己的需求和兴趣选择合适的形式和途径进行学习。同时，随着技术的不断进步和社会的发展，继续教育的形式与途径也将不断更新和完善。

（二）教师在继续教育中的参与度

教师在继续教育中的参与度是一个复杂而多维的问题，它受到多种因素的影响。以下是一些影响教师参与度的主要因素及相关的讨论：

首先，教师的职业规划和目标是决定其参与度的重要因素。当教师对自己的职业发展有清晰的认识和规划时，他们更有可能积极参与继续教育，以提升自己的专业素养和教学能力。因此，学校和教育机构应该积极帮助教师进行职业生涯规划，为他们提供明确的发展方向和机会。

其次，教育政策对教师的参与度也有显著影响。有效的教育政策可以激励教师更积极地参与继续教育。例如，对参与继续教育的教师给予一定的奖励或晋升机会，可以显著提高他们的参与度。同时，政策制定者还需要关注教师的实际需求，制定符合他们发展需要的政策。

再次，课程内容的质量和实用性也是影响教师参与度的重要因素。如果继续教育课程能够紧密结合教师的实际教学工作，提供有针对性的知识和技能，那么教师就更有可能积极参与其中。因此，课程设计者需要深入了解教师的需求，确保课程内容既具有前瞻性又符合实际教学需要。

最后，教师的个人因素，如年龄、教学经验、学历等也会对参与度产生影响。例如，年轻教师可能更愿意接受新的教育理念和教学方法，因此他们的参与度可能更高。而具有丰富教学经验的教师可能更注重实践性和操作性的课程。因此，在推广继续教育时，需要充分考虑教师的个体差异，提供多样化的课程和学习方式。

为了提高教师在继续教育中的参与度，可以采取以下策略：

（1）加强职业规划指导，帮助教师明确职业发展方向和目标。

（2）制定激励性的教育政策，为参与继续教育的教师提供必要的支持和奖励。

（3）优化课程内容设计，确保课程与教师的实际需求紧密结合。

（4）提供多样化的学习方式和课程形式，以满足不同教师的需求。

（5）营造积极的学习氛围和文化，鼓励教师之间的交流和合作。

（三）继续教育资源的投入与利用情况

继续教育资源的投入与利用情况，直接关系到继续教育工作的质量和效果。在当前社会背景下，随着对人才需求的不断提高，继续教育资源的投入也在逐年增加，以满足广大学习者的学习需求。

从投入方面来看，各级政府和企事业单位都加大了对继续教育资源的投入力度。政府通过制定相关政策，鼓励社会资本进入继续教育领域，同时加大公共财政对继续教育的扶持力度。企事业单位则根据自身发展的需要，投入资金建设内部培训体系，为员工提供更多的学习机会。

在资源投入的具体形式上，除了资金外，还包括场地、设备、教材等硬件设施的投入，以及师资队伍、课程设置等软件资源的建设。这些资源的投入，为继续教育提供了坚实的基础。

从利用情况来看，继续教育资源的利用效率也在不断提高。一方面，通过优化资源配置，实现资源共享，提高了资源的使用效率。例如，一些高校和培训机构通过开放在线课程，使得更多的人能够享受到优质的教育资源。另一方面，通过创新教学方式和手段，如线上线下相结合的教学模式、互动式学习等，激发了学习者的学习兴趣，提高了学习效果。

然而，也需要注意到，在继续教育资源的投入与利用过程中，仍存在一些问题。例如，部分地区和领域存在资源分配不均的情况，导致一些学习者无法获得足够的学习资源；同时，部分资源的质量不高，难以满足学习者的需求。

为了解决这些问题，需要进一步完善继续教育资源的投入与利用机制。一方面，加大投入力度，确保资源的充足性；另一方面，优化资源配置，提高资源的使用效率。同时，还需要加强资源的监管和评估，确保资源的质量和效果。

（四）继续教育对教师职业发展的影响

继续教育对教师职业发展具有深远的影响，它不仅是教师个人素质提升的重要途径，也是推动学校教育质量提升的关键因素。

首先，继续教育有助于教师个人素质的提升。通过参与各种形式的继续教育，教师可以不断更新自己的知识和技能，提高教育教学能力。这包括学科知识的更新、教育教学方法的改进以及教育理念的更新等。同时，继续教育还可以帮助教师拓宽视野，增强创新意识，提高解决问题的能力，从而提升个人的职业竞争力。

其次，继续教育有助于推动学校教育质量的提升。教师的专业素养和教育能力直接关系到学校教育质量的高低。通过继续教育，教师可以更好地适应教育发展的新趋势和新要求，提高教学效果和学生的学习成绩。同时，继续教育还可以促进教师之间的交流与合作，共同研究解决教育教学中遇到的问题，推动学校教育的整体发展。

再次，继续教育还为教师提供了更多的职业晋升机会。在教育行业中，具备较高专业素养和教育能力的教师往往更容易获得晋升和提拔的机会。通过继续教育，教师可以提升自己的职业地位和影响力，为未来的职业发展打下坚实的基础。

最后，也需要认识到当前继续教育在教师职业发展中的一些问题。例如，部分教师对继续教育的认识不足，缺乏参与的积极性；同时，一些继续教育课程的质量不高，难以满足教师的实际需求。因此，需要进一步加强继续教育的宣传和推广工作，提高教师的参与意识和积极性；同时，还需要优化继续教育课程设计，确保课程质量与教师需求相匹配。

三、继续教育面临的挑战与机遇

（一）新时代教育背景下的挑战

新时代教育背景下，教育领域面临多方面的挑战。以下是一些主要的挑战：

首先，教育资源分配不均是一个显著的问题。在一些地区，优质教育资源匮乏，导致许多学生和家庭面临升学压力和焦虑。与此同时，在另一些地区，特别是发达地区，出现了过度追求升学率的现象，这可能导致学生的综合素质和创新能力受到限制。这种不均衡的资源分配状况，对教育公平性和学生全面发展构成了挑战。

其次，教育方式的单一性也是一个亟待解决的问题。传统的教育方式往往以灌输式、填鸭式为主，缺乏对学生个性和兴趣的关注。这不仅难以激发学生的学习兴趣和积极性，还可能限制学生的创造力和想象力。在新时代，推广多元化的教育方式，注重学生的个性和兴趣发展，成为教育改革的重要方向。

再次，家庭教育缺失也是一个不容忽视的问题。随着社会节奏的加快和工作压力的增大，许多家长往往忽略了家庭教育的重要性。这导致孩子在成长过程中缺乏必要的家庭支持和引导，可能对其身心健康和学业发展产生负面影响。因此，加强学校与家庭之间的沟通和协作，共同为孩子的成长创造良好的环境和条件，成为新时代教育的重要任务。

然后，教育评价体系不完善也是一个亟待解决的挑战。当前的教育评价体系往往以分数为主要评价指标，缺乏对学生全面素质的关注。这可能导致教育过于功利化，忽视了学生的综合素质和能力发展。因此，建立科学、全面的教育评价体系，关注学生的多元发展，是新时代教育的重要课题。

最后，教育信息化程度不高也是新时代教育背景下面临的一个挑战。随着信息技术的快速发展，教育信息化已经成为当前教育发展的重要趋势。然而，目前许多地区和学校在教育信息化方面还存在不足，如信息技术应用不广泛、教育资源数字化程度不高等。这限制了教育的创新和发展，影响了教育质量的提升。

（二）教师继续教育需求的多样化

教师继续教育需求的多样化是新时代教育背景下的一个显著特点，它反映了教师群体在职业发展、知识更新、技能提升等方面的多元化追求。这种多样化需求主要源于以下几个方面：

首先，教育改革的不断深化对教师素质提出了更高的要求。随着新课程标准的实施和教学方法的创新，教师需要不断更新教育理念和教学方法，以适应新时代教育发展的需要。因此，教师对继续教育的需求越来越强烈，希望通过学习新的教育理论、掌握新的教学技能，提高自己的教育教学水平。

其次，教师个人职业发展的多样化也导致了继续教育需求的多样化。不同的教师有着不同的职业规划和目标，有的希望成为学科带头人，有的希望成为教育管理者，有的则希望在教育科研方面有所建树。这些不同的职业发展方向需要教师具备不同的知识和技能，因此他们对继续教育的需求也各不相同。

最后，信息技术的快速发展也为教师继续教育提供了新的可能性和挑战。教师需要学习和掌握新的信息技术工具，以便更好地开展教育教学工作。同时，他们也需要了解信息技术在教育领域的应用趋势，以便更好地将信息技术与教育教学相结合，提高教学效果。

针对教师继续教育需求的多样化，需要采取一系列措施来满足教师的不同需求。首先，要完善继续教育的课程体系，提供丰富多样的课程选择，以满足不同教师的学习需求。其次，要加强继续教育的师资队伍建设，提高教师的教育教学水平，确保他们能够为学员提供高质量的教学服务。此外，还要创新继续教育的培训模式和方法，采用线上线下相结合的方式，为教师提供更加灵活、便捷的学习体验。

（三）技术发展对继续教育的推动作用

技术发展对继续教育的推动作用不可忽视，主要体现在以下几个方面：

首先，技术发展为继续教育提供了更丰富的教学资源。例如，互联网、云计算和大数据等技术使得教育资源的获取和共享变得更加便捷。教师可以利用这些技术获取全球范围内的优质教育资源，并将其整合到自己的教学中，从而提升教学质量和效果。同时，学生也可以通过在线学习平台随时随地获取所需的学习资源，实现自主学习和个性化学习。

其次，技术发展创新了继续教育的教学方式。在线学习、远程教育和虚拟课堂等新型教学方式的出现，打破了传统教育的时空限制，使得学习变得更加灵活和高效。这些教学方式不仅为学生提供了更多的学习选择，也为教师提供了更多的教学手段和工具，有助于提升教学效果。

再次，技术发展还促进了继续教育的教学评估和反馈机制的完善。通过数据分析、学习跟踪等技术手段，教师可以更准确地了解学生的学习情况和需求，从而及时调整教学策略，提供更加精准的教学服务。同时，学生也可以通过在线评估和反馈系统及时表达自己的学习感受和需求，与教师进行更有效的沟通和互动。

最后，技术发展还推动了继续教育的普及和扩大。随着移动互联网的普及和智能终端的普及，越来越多的人可以通过手机、平板电脑等设备参与到继续教育中来。这使得继续教育不再局限于传统的课堂教学，而是延伸到了更广泛的领域和人群中。

然而，也需要注意到技术发展带来的挑战和问题，例如，如何保障在线教育的质量和效果、如何保护学生的隐私和数据安全等。因此，在推动技术发展的同时，也需要加强相关政策和法规的制定和实施，以确保继续教育的健康、有序发展。

（四）继续教育创新与发展的机遇

继续教育创新与发展的机遇主要源于多个方面的进步与变革，这些变革为继续教育提供了广阔的空间和可能性。

首先，政策环境的优化为继续教育创新与发展提供了有力保障。随着国家对教育事业的重视和支持，继续教育在政策层面得到了更多的关注和支持。政策环境的优化不仅为继续教育提供了更多的资金和资源支持，还为其创新与发展提供了良好的政策导向和保障。

其次，科技发展为继续教育创新与发展提供了强大的动力。随着信息技术的快速发展，在线教育、远程教育等新型教育形式不断涌现，为继续教育提供了更多的选择和可能性。同时，人工智能、大数据等技术的应用也为继续教育提供了更加精准、个性化的服务，提高了教学效果和质量。

再次，社会需求的转变也为继续教育创新与发展提供了广阔的市场空间。随着经济社会的发展，人们对知识和技能的需求也在不断更新和升级。越来越多的人意识到终身学习的重要性，积极参与各类继续教育活动，这为继续教育提供了庞大的市场需求和广阔的发展空间。

然后，教育理念的更新也为继续教育创新与发展提供了新的思路。随着教育改革的深入推进，新的教育理念如以学生为中心、注重能力培养等逐渐深入人心。这些教育理念的更新为继续教育提供了更多的创新点和发展方向，有助于推动其向更高水平发展。

最后，国际合作与交流也为继续教育创新与发展提供了重要机遇。随着全球化的加速推进，国际教育交流与合作日益频繁。通过与国际先进继续教育机构的合作与交流，可以引进先进的教育理念和技术手段，推动国内继续教育的创新与发展。

第二节　继续教育课程体系的设计

一、课程设计的原则与目标

（一）课程设计的基本原则

课程设计的基本原则是确保教学活动能够有效、有针对性地满足学生的学习需求，促进他们的全面发展。以下是课程设计的一些基本原则：

（1）目标导向性。课程设计应明确教学目标，确保教学活动紧密围绕目标展开，引导学生发展所需的知识、技能和态度。

（2）学生中心性。课程设计应以学生为中心，充分考虑学生的年龄、兴趣、认知水平和学习需求，确保课程内容与学生的实际情况相符。

（3）系统性。课程设计应具有整体性和系统性，确保各部分内容相互衔接、层次分明，形成一个完整的知识体系。

（4）循序渐进性。课程设计应遵循循序渐进的原则，从简单到复杂、从基础到高级，逐步引导学生掌握知识和技能。

（5）实践性。课程设计应注重实践性，将理论知识与实践活动相结合，帮助学生将所学知识应用于实际生活中。

（6）合作与探究性。课程设计应鼓励学生进行合作学习和探究学习，培养他们的团队协作精神和创新能力。

（7）跨学科性。课程设计应具有跨学科性，引导学生从多个学科角度认识问题，培养他们的综合素质和跨学科思维能力。

总之，课程设计的基本原则是确保教学活动能够高效、有针对性地促进学生的全面发展，同时关注学生的个体差异和学习需求，为他们提供个性化的学习体验。

（二）课程目标的设定与达成

课程目标的设定与达成是教育过程中至关重要的环节。有效的课程目标能够指引教师进行教学设计，确保学生获得预期的学习成果。以下是关于课程目标设定与达成的一些关键要点：

（1）明确性与具体性。课程目标应该明确、具体，避免笼统和模糊。教师应清晰描述学生完成课程后应达到的知识、技能和态度水平，以便学生能够明确自己的学习方向。

（2）整体性与层次性。课程目标需要具有整体性，反映学科的整体要求，并与教学大纲的目的保持一致。同时，考虑到学生的个体差异和认知能力发展的阶段性，目标应具有层次性，满足不同学生的需求。

（3）可操作性与可检测性。课程目标应具有可操作性和可检测性，便于教师设计教学活动和评价学生的学习成果。目标应具体到可以观察和测量的程度，以便教师及时调整教学策略。

（4）选择合适的教学方法。根据课程目标的性质和学生的学习特点，教师应选择合适的教学方法，如讲授、实践、讨论等，以激发学生的学习兴趣和积极性，促进目标的达成。

（5）提供丰富的教学资源。教师应提供与课程目标相符合的教材、教辅材料和其他教学资源，以确保学生获得必要的学习支持。

（6）实施有效的教学评价。教师应根据课程目标设计相应的评价方式和标准，对学生的学习成果进行及时、准确的评价。通过评价，教师可以了解学生的学习进度和存在的问题，以便及时调整教学策略，确保课程目标的达成。

（7）关注学生的个体差异：教师应关注每个学生的学习需求和特点，提供个性化的学习支持和指导，确保每个学生都能在课程学习中取得进步，实现课程目标。

（三）课程内容的针对性与实用性

课程内容的针对性与实用性是课程设计的核心要素，它们直接决定了课程能否满足学习者的实际需求，并有效促进学习者的知识和能力发展。以下将详细讨论课程内容的针对性与实用性的重要性及其实现方法。

1. 针对性

课程内容的针对性是指课程内容应紧密围绕学习者的实际需求和特定目标进行设计和选择。为了实现课程内容的针对性，需要从以下几个方面入手：

（1）学习者分析。在课程设计之初，需要对学习者的背景、兴趣、已有知识水平等进行深入分析，以便了解他们的学习需求和特点。这有助于我们设计出更符合学习者实际情况的课程内容。

（2）目标导向。课程内容应明确指向学习目标，确保每一项内容都与实现学习目标紧密相关。这有助于学习者在学习过程中始终保持清晰的方向感，提高学习效率。

（3）内容筛选。在选择课程内容时，应遵循"少而精"的原则，剔除与学习目标无关或重复的内容，保留对学习者最具价值的核心知识点。

2. 实用性

课程内容的实用性是指课程内容应具有实际应用价值，能够帮助学习者解决现实生活中的问题或提高工作技能。为了实现课程内容的实用性，需要关注以下几个方面：

（1）与现实生活和工作场景的对接。课程内容应紧密结合现实生活和工作场景，提供与实际问题相关的案例、练习和解决方案。这有助于学习者将所学知识应用于实际情境中，提高解决问题的能力。

（2）技能培养。除了理论知识外，课程内容还应注重技能的培养。可以通过设计实践活动、模拟操作等方式，让学习者在实践中掌握和运用所学技能。

（3）更新与迭代。课程内容应根据时代发展和行业变化进行更新和迭代。

这有助于确保课程内容始终与最新技术和趋势保持一致，满足学习者的实际需求。

（四）课程设计的创新性与前瞻性

课程设计的创新性与前瞻性对于提升教学质量、培养学生的综合素质和应对未来挑战具有重要意义。

1. 创新性

创新是课程设计的重要驱动力，它有助于打破传统的教学模式，激发学生的学习兴趣和积极性。在课程设计中，可以通过以下几个方面来体现创新性：

（1）教学方法的创新。采用多样化的教学方法，如项目式学习、翻转课堂、混合式教学等，以适应不同学生的学习需求和特点。这些方法能够提高学生的参与度，培养他们的自主学习和合作学习能力。

（2）教学内容的创新。引入前沿知识、跨学科内容和实践案例，使课程内容更加丰富和具有时代性。这有助于拓宽学生的视野，提高他们的综合素质和创新能力。

（3）教学技术的创新。利用现代信息技术手段，如人工智能、大数据、虚拟现实等，为教学提供新的可能性。这些技术能够为学生提供更加直观、生动的学习体验，提高教学效果。

2. 前瞻性

前瞻性课程设计意味着需要在设计时考虑到未来的发展趋势和需求，以便为学生提供更具前瞻性的知识和技能。前瞻性课程设计可以从以下几个方面入手：

（1）关注行业趋势和未来技能。了解行业发展动态和未来技能需求，将相关知识和技能融入课程中。这有助于学生为未来的职业生涯做好准备，提高他们的就业竞争力。

（2）培养学生的终身学习能力。注重培养学生的自主学习能力、批判性思维和创新精神，使他们能够适应不断变化的社会环境和技术发展。

（3）跨学科融合与综合素质培养。通过跨学科融合，培养学生的综合素质和解决问题的能力。同时，注重培养学生的社会责任感和全球视野，使他们成为具有社会责任感和国际竞争力的未来人才。

二、课程内容的选择与组织

（一）核心内容的选择依据与标准

核心内容的选择依据与标准主要基于以下几个方面：

首先，学科知识是选择核心内容的基石。课程内容应确保学科知识的系统性和科学性，体现学科的本质和核心思想。这意味着所选内容应涵盖学科的关键概念、原理和方法，有助于学生形成对学科的整体理解和深度把握。

其次，学生需求是选择核心内容的另一重要依据。这包括学生的年龄、认知水平、兴趣爱好以及学习需求等方面。课程内容应与学生的实际生活和经验相联系，激发他们的学习兴趣和动力，促进他们的全面发展。

最后，社会发展需求也是选择核心内容的关键因素。随着时代的发展和科技的进步，社会对人才的需求也在不断变化。因此，课程内容应关注当前社会的热点问题和未来发展趋势，培养学生的创新精神和实践能力，使他们能够适应未来社会的挑战。

在选择核心内容的过程中，还应考虑教学方法的适用性。不同的内容可能需要采用不同的教学方法，如讲授、讨论、实践等。因此，在选择内容时，应考虑其是否适合特定的教学方法，以确保教学效果的最大化。

至于标准方面，核心内容的选择应满足清晰性、连贯性和深度性的要求。清晰性意味着所选内容应明确、具体，易于理解和掌握；连贯性则要求内容之间应相互关联，形成一个有机的整体；深度性则强调所选内容应具有一定的深度和广度，能够引发学生的深入思考和探究。

（二）课程模块的设置与逻辑关系

课程模块的设置与逻辑关系是课程设计中的重要环节，它们决定了课程内容的组织和呈现方式，对于学习者的学习体验和效果具有重要影响。

在设置课程模块时，首先要明确课程的目标和核心内容，然后根据这些要素来划分不同的模块。每个模块都应围绕一个特定的主题或知识点展开，确保内容的完整性和独立性。同时，模块之间应存在一定的逻辑关系，可以是并列关系、递进关系或包含关系，以便学习者能够按照逻辑顺序逐步深入学习。

逻辑关系在课程模块中主要体现在：顺序性，即模块之间应按照一定的顺序进行排列，确保学习者能够循序渐进地掌握知识；层次性，不同模块在难度和深度上应有所区分，以满足不同学习者的需求；互补性，模块之间应相互补充、相互支撑，共同构成一个完整的知识体系。

为了实现课程模块之间的逻辑关系，可以采用多种方法。例如，可以使用流程图或思维导图来展示模块之间的关联和顺序；可以在每个模块的开头或结尾设置引言或总结，以便学习者明确该模块在整体课程中的地位和作用；还可以通过案例、项目或问题等方式将不同模块的内容进行串联，使学习者能够在实践中体验和掌握知识的逻辑关系。

（三）理论与实践的结合方式

理论与实践的结合是课程设计中至关重要的原则，旨在确保学生能够将所学知识应用于实际情境中，提高其解决问题的能力。以下是几种常见的理论与实践结合的方式：

（1）案例分析是一种有效的理论与实践结合方式。通过分析真实或模拟的案例，学生可以深入了解理论知识在实际问题中的应用。案例的选择应具有代表性和典型性，能够反映行业或领域的实际情况。在分析过程中，教师应引导学生运用所学理论对案例进行深入剖析，找出问题的关键所在，并提出解决方案。这种方式有助于培养学生的分析能力和解决问题的能力。

（2）实践项目是另一种理论与实践紧密结合的方式。通过参与实际项目，学生可以在实践中运用所学知识，提高实际操作能力。实践项目的选择应与学生的专业背景和课程目标相契合，确保学生能够在项目中获得充分的锻炼。在项目实施过程中，教师应提供必要的指导和支持，帮助学生解决实践中遇到的问题，确保项目的顺利完成。

（3）实验教学是理论与实践结合的重要途径。通过实验，学生可以亲自操作、观察和分析实验结果，从而加深对理论知识的理解。实验设计应紧扣课程内容，注重培养学生的实验技能和科学素养。在实验过程中，教师应注重培养学生的独立思考能力和创新意识，鼓励他们尝试新的实验方法和思路。

（4）实地考察与调研也是理论与实践结合的有效方式。通过实地考察和调研，学生可以深入了解行业或领域的实际情况，收集第一手资料，为理论学习提供有力支撑。在考察和调研过程中，教师应指导学生如何观察、分析和记录信息，培养他们的实践能力和团队协作精神。

（四）课程资源的整合与利用

课程资源的整合与利用是提升教学质量、丰富教学内容和满足学生学习需求的关键环节。在整合与利用课程资源时，需要综合考虑多个方面，以确保资源的有效性和适用性。

首先，要明确课程资源的类型和来源。课程资源包括教材、教辅资料、多媒体教学资源、网络资源、实践基地等。这些资源各自具有不同的特点和优势，需要根据课程目标和教学需求进行选择和整合。

其次，要注重课程资源的优化与筛选。在选择课程资源时，要关注其质量、适用性和时效性。对于教材资源，要选择内容新颖、结构合理、符合课程标准的教材；对于多媒体教学资源，要注重其交互性和趣味性，以激发学生的学习兴趣；对于网络资源，要筛选出权威、可靠的信息，避免信息的误导和错误。

再次，还需要考虑课程资源的互补性和协调性。不同课程资源之间可能存在重复或交叉的内容，需要进行合理的取舍和调整，以确保资源的互补性和协调性。此外，还需要关注课程资源与教学方法的融合，使资源能够更好地服务于教学目标的实现。

然后，在整合课程资源的过程中，还可以利用技术手段提高资源的利用率。例如，通过数字化技术将纸质教材转化为电子教材，方便学生随时随地进行学习；利用网络平台建立资源共享平台，实现资源的共享和交流；通过大数据分析学生的学习行为和需求，为个性化教学提供支持。

最后，要注重课程资源的更新与维护。随着社会和科技的不断发展，课程资源也在不断更新和变化。因此，需要定期对课程资源进行检查和更新，以确保其时效性和准确性。同时，还需要建立课程资源库，对资源进行统一管理和维护，方便教师查找和使用。

三、课程体系的优化与更新

（一）课程体系的定期评估与调整

课程体系的定期评估与调整是确保教育质量和满足学生需求的重要环节。通过这一过程，可以了解课程的实施效果，发现存在的问题，并及时采取改进措施，以优化课程体系，提高教学效果。

首先，评估是课程体系调整的前提和基础。评估的目的在于收集和分析课程实施过程中的数据和反馈，以了解课程的优点和不足。评估可以包括学生评价、教师自评、专家评审等多种方式，以确保评估结果的全面性和客观性。在评估过程中，需要关注课程的各个方面，如教学内容、教学方法、教学资源等，以便发现存在的问题和改进的方向。

其次，根据评估结果，需要对课程体系进行必要的调整。调整的内容可以涉及课程内容的更新、教学方法的改进、教学资源的优化等方面。例如，针对评估中发现的课程内容陈旧问题，可以引入新的知识点和案例，使课程内容更加贴近实际需求和时代发展；针对教学方法单一的问题，可以尝试采用多样化的教学方法，如翻转课堂、项目式学习等，以激发学生的学习兴趣和主动性。

再次，调整课程体系还需要注重与其他教育环节的衔接和配合。例如，需要关注课程与培养目标的一致性，确保课程能够为实现培养目标提供有力支持；同时，还需要关注课程与其他教学活动的互补性，避免内容的重复和交叉。

最后，课程体系的调整是一个持续的过程。随着社会和科技的不断发展，教育需求也在不断变化。因此，需要定期对课程体系进行评估和调整，以适应新的教育需求和挑战。同时，还需要关注教育领域的新动态和新理念，不断引入新的元素和思路，以推动课程体系的创新和发展。

（二）新兴领域的课程开发与引入

新兴领域的课程开发与引入对教育体系的更新和完善具有重要意义。随着科技的飞速进步和社会的快速发展，新兴领域如人工智能、大数据、生物科技等不断涌现，这些领域对于培养具有创新精神和实践能力的人才至关重要。

首先，课程开发需要紧密结合新兴领域的发展趋势和前沿技术。通过深入研究这些领域的关键技术和应用方向，确定课程的核心内容和教学目标。例如，在人工智能领域，可以开发涵盖机器学习、深度学习、自然语言处理等内容的课程，帮助学生掌握人工智能的基本原理和应用技能。

其次，引入新兴领域的课程需要注重跨学科融合。新兴领域往往涉及多个学科的知识和技术，因此，在课程设计中应打破学科壁垒，促进不同学科之间的交叉融合。通过跨学科的学习，学生可以更全面地理解新兴领域的复杂性和多样性，培养综合运用多学科知识解决问题的能力。

再次，新兴领域的课程开发与引入还需要关注实践性和创新性。通过设计实践项目、开展实验活动等方式，让学生亲身参与新兴领域的研究和实践，提高他们的实践能力和创新意识。同时，可以邀请行业专家和学者参与课程设计和教学，引入最新的研究成果和技术动态，保持课程的时效性和前瞻性。

最后，新兴领域的课程开发与引入需要建立有效的评估机制。通过定期收集和分析学生反馈、教学效果等数据，对课程进行持续改进和优化。同时，可以与其他高校和机构进行合作，共享资源和经验，共同推动新兴领域课程的发展和完善。

同时，新兴领域的课程开发与引入也面临一些挑战，如教师知识储备的更新、教学资源的配置、学生学习能力的差异等。因此，在推进新兴领域课程开发与引入的过程中，需要充分考虑这些因素，制定针对性的策略和措施，以确保新兴领域课程能够顺利落地并取得良好效果。

另外，随着技术的不断进步和社会的快速发展，新兴领域也在不断演变和拓展。因此，新兴领域的课程开发与引入需要保持开放和灵活的态度，及时调整和优化课程内容，以适应不断变化的需求和挑战。

（三）教师需求反馈与课程改进

教师需求反馈与课程改进是教育领域中至关重要的环节，它们对于提升教学质量和满足学生学习需求具有重要意义。

首先，教师需求反馈是课程改进的基础。教师作为教学的直接参与者，他们的经验和见解对于课程的完善至关重要。通过收集教师的需求反馈，可以了解教师在教学过程中遇到的困难、挑战以及对于课程内容的看法和建议。这些信息可以帮助我们更准确地把握教学的实际状况，发现存在的问题和不足，从而为课程改进提供有针对性的指导。

其次，课程改进是教师需求反馈的直接体现。在收集到教师的需求反馈后，需要对课程进行有针对性的改进。这包括调整课程内容、优化教学方法、完善教学资源等多个方面。例如，根据教师的反馈，可以对课程内容进行更新和补充，使之更加符合学生的实际需求；同时，也可以尝试引入新的教学方法和手段，以提高学生的学习兴趣和参与度。

在实施课程改进的过程中，需要注重与教师的沟通和协作。教师不仅是课程改进的执行者，也是课程改进的重要参与者。他们可以提供宝贵的实践经验和建议，帮助我们更好地完善课程。因此，需要与教师保持密切的联系，定期听取他们的意见和建议，及时调整和改进课程。

最后，还需要建立一套完善的教师需求反馈与课程改进机制。这包括明确反馈渠道、规范反馈流程、制定改进措施等多个方面。通过这一机制，可以确保教师的需求反馈能够及时、准确地传达到相关部门和人员手中，并得到有效的处理和回应。

总之，教师需求反馈与课程改进是相互促进、相互补充的过程。通过不断收集教师的需求反馈并据此进行课程改进，可以不断提高教学质量和满足学生学习需求，推动教育事业的持续发展。

（四）课程体系优化的实施策略

课程体系优化的实施策略是一个系统性、复杂性的过程，它涉及教育理念、课程目标、课程内容、教学方法、评价体系等多个方面。

1. 明确优化理念与目标

（1）坚持以个性化发展和综合素质培养为核心理念。

（2）目标应设定为培养具有专业知识、综合素养和创新能力的学生，使他们能够适应社会需求，并具备多元智能。

2. 构建科学合理的课程体系

（1）注重基础学科教育的同时，纳入科技、艺术、体育等课程，以培养学生的实践能力与创新精神。

（2）跨学科与协同教学，通过不同学科之间的交叉与融合，提升学生的综合素质和解决问题的能力。

3. 优化课程内容与时间安排

（1）精选课程内容，避免重复和过时，确保课程的前沿性和实用性。

（2）合理安排教学时间，减轻学生课业负担，为学生留出足够的个人发展时间。

4. 引入创新教学方法

（1）采用项目式学习、翻转课堂、小组讨论等多样化教学方法，激发学生的学习兴趣和主动性。

（2）利用信息化手段，如在线课程、虚拟实验室等，丰富教学手段，提高教学效果。

5. 建立综合评价体系

（1）摒弃单一的分数评价方式，引入学科成绩、创新项目、社会实践等多个评价维度。

（2）注重过程性评价，关注学生的学习过程和能力发展，提供及时反馈和指导。

6.加强师资培训与教研合作

（1）组织各类教师培训，提升教师的教学水平和专业素养。

（2）鼓励教师参与教研活动，分享教学经验，共同推动课程体系的优化。

7.强化实践环节与校企合作

（1）增加实验、实习等实践环节，让学生将所学知识应用于实际生活中。

（2）与企业合作，建立实习基地，为学生提供更多的实践机会和职业发展平台。

8.建立反馈机制与持续改进

（1）定期收集学生和教师的反馈意见，对课程体系进行评估和调整。

（2）鼓励创新尝试和实验性改革，不断优化课程体系，以适应时代发展和学生需求的变化。

第三节　继续教育实施与管理的创新

一、实施模式的探索与实践

（一）线上线下相结合的教学模式

线上线下相结合的教学模式是教育领域应对数字化时代挑战、提升教学质量与效率的创新举措。该模式通过整合线上与线下的教学资源与优势，为学生提供更加灵活、个性化的学习体验。

1.线上教学的优势

（1）时空灵活性。学生可以根据自己的时间安排和地点选择进行学习，不受传统课堂的时空限制。

（2）资源丰富性。线上平台可以汇集大量的教学资源，包括课程视频、电子教材、在线测试等，方便学生随时获取。

（3）互动多样性。通过在线讨论、作业提交、实时问答等方式，学生可以与教师和其他同学进行互动交流，增强学习体验。

2.线下教学的优势

（1）面对面交流。师生可以直接交流，有助于解决复杂问题和深入讨论。

（2）实践操作。实验室、工作坊等线下环境为实践操作提供了便利，有助于学生将理论知识应用于实际。

（3）集体学习氛围。线下课堂能够营造集体学习的氛围，促进学生的相互学习和竞争。

3.线上线下相结合的实践策略

（1）课前线上预习。教师可以通过线上平台发布预习资料，引导学生提前了解课程内容，为线下课堂做好准备。

（2）课中线下讲解与互动。教师在课堂上针对重难点进行讲解，同时组织学生进行小组讨论、实践操作等活动，提高课堂参与度。

（3）课后线上复习与拓展。学生可以通过线上平台复习课堂内容，完成课后作业，并参加线上测试以检验学习效果。同时，教师可以发布拓展学习资源，满足学生的个性化学习需求。

4.挑战与应对

线上线下相结合的教学模式也面临一些挑战，如学生的自律性问题、线上线下的衔接问题等。为应对这些挑战，教师可以采取以下措施：

（1）加强线上学习的监督与指导。通过定期发布学习提醒、检查学习进度等方式，督促学生按时完成线上学习任务。

（2）优化线上线下教学的衔接。确保线上线下教学内容的有效衔接，避免重复或脱节现象的发生。

（3）提升教师的信息化素养。加强教师的信息技术培训，提高他们运用线上教学平台的能力，为线上线下相结合的教学模式提供有力支持。

（二）工作坊、研讨会等互动式学习

工作坊和研讨会作为互动式学习的重要形式，在提升学习者实践能力和深化专业领域理解方面发挥着关键作用。它们为参与者提供了一个平台，通过实践操作、讨论交流和案例分析等方式，促进知识的内化和能力的提升。

工作坊通常以实践为基础，强调互动参与和问题解决。它鼓励学生根据自身需求和兴趣选择参与的主题，并在导师或专家的引导下，通过小组合作、角色扮演等活动，完成实际任务或解决具体问题。工作坊的灵活性使其能够根据实际情况进行调整和优化，确保学生获得最佳的学习体验。

例如，在教育领域，教师可以组织针对特定教学技能或教学策略的工作坊。参与者通过模拟教学、观摩评议等方式，亲身实践并反思自己的教学行为，从而提升教学效果。

研讨会则是一种更为学术化的交流形式，旨在推动研究者之间的思想碰撞和知识分享。它通常由具有较高学术水平的专家学者组织，并邀请相关领域的学者和研究人员参与。研讨会的形式多样，包括主题报告、专题讨论、研究成果展示等，为参与者提供了充分的交流和学习机会。

在研讨会上，研究者可以分享自己的最新研究成果和见解，通过口头报告、海报展示或小组讨论等方式与同行进行深入交流。这种互动式的学术交流有助于拓宽研究者的视野，激发创新思维，推动学术领域的进步。

工作坊和研讨会的共同点在于它们都强调互动式学习。这种学习方式能够显著提高学习者的参与度和主动性，使他们在实践中学习和成长。通过小组讨论、案例分析、角色扮演等活动，学习者不仅能够加深对知识的理解，还能够培养团队协作、问题解决和批判性思维等能力。

此外，互动式学习还能够促进学习者之间的交流和合作，帮助他们建立更广泛的人际关系网络。这种网络不仅有助于学习者在学术或职业领域的发展，还能够为他们提供更多的资源和机会。

（三）校企合作与教育实习模式

校企合作与教育实习模式是当代教育领域中的重要组成部分，旨在通过学校与企业之间的深度合作，为学生提供实践机会，增强他们的实际操作能力和职业素养。

校企合作是指高校与企业之间建立的一种合作模式，旨在通过资源共享、优势互补，实现教育和产业的良性互动。这种合作不仅有利于高校优化人才培养体系，提高学生的实践能力和创新能力，也有助于企业吸引和培养高素质的人才，提升核心竞争力。

教育实习模式的特点主要体现在以下几个方面：

（1）实践性强。学生不仅仅在课堂上学习理论知识，还能够将所学知识应用于实际工作中，通过实习提高实际操作能力。

（2）社会化程度高。学生进入企事业单位实习，与真实的工作环境和工作人员进行互动，对就业市场有更直观的了解。

（3）教与学相结合。实习教育将理论与实践有机结合，通过实践环节促进学生的自主学习和能力培养。

校企合作与教育实习对于提高人才培养质量和促进学生就业具有重要意义。

（1）提高学生的就业竞争力。通过实习，学生能够接触到真实的工作环境，了解职业发展的要求和就业市场的需求，从而有针对性地提升自己的职业素养和技能，增强就业竞争力。

（2）培养学生的职业素养。实习过程中，学生需要遵守企业的规章制度，与同事合作完成任务，这有助于培养他们的职业道德、沟通能力和团队协作精神。

（3）优化高校的课程设置。通过与企业的合作，高校可以更加准确地把握行业发展趋势和人才需求，从而调整和优化课程设置，使教学内容更加贴近实际。

在实际操作中，许多高校和企业已经成功开展了校企合作与教育实习项目。例如，某理工学院与电商公司合作建立了电子商务校外实践基地，学生在此进行实习，不仅提高了专业技能，还为企业输送了优秀人才。这样的合作模式既实现了学校与企业之间的资源共享和优势互补，也为学生提供了宝贵的实践机会。

尽管校企合作与教育实习模式取得了显著成效，但仍面临一些挑战，如合作机制不够健全、实习过程管理不够规范等。未来，随着社会对人才培养质量要求的不断提高，校企合作与教育实习模式将进一步完善和发展，成为高等教育领域的重要发展方向。

（四）个性化学习路径的设计与实施

个性化学习路径的设计与实施是教育领域的重要议题，旨在满足学生的独特需求和兴趣，提升学习效果。以下是个性化学习路径的设计与实施策略：

首先，需要深入了解学生的需求、兴趣、学习风格和能力水平。这可以通过调查问卷、学习风格测试、学生反馈等方式进行。对学生的全面了解有助于为他们提供符合其特点和需求的学习资源和策略。

其次，个性化学习路径的设计应遵循灵活性、适应性、针对性、系统性等原则。灵活性意味着学习路径可以根据学生的实际情况进行调整；适应性要求学习路径能够根据学生的进步和反馈进行动态优化；针对性则强调学习路径应针对学生的具体需求和问题进行设计；系统性则要求学习路径具有完整性和连贯性，确保学生能够系统地掌握知识和技能。

再次，根据学生的需求和特点，整合各种学习资源，包括在线课程、电子书籍、学习工具等。利用智能推荐系统，为学生推荐适合他们的学习资源和学习路径。这可以帮助学生快速找到适合自己的学习内容和方式，提高学习效率。

然后，学习策略的制定是个性化学习路径的关键环节。根据学生的学习风格和能力水平，为他们提供不同的学习策略和建议。例如，对视觉型学习者，可以提供图表、图片等视觉资料；对听觉型学习者，可以提供音频资料或讲解视频。同时，鼓励学生采用多样化的学习方式，如自主学习、合作学习、探究学习等，以激发他们的学习兴趣和主动性。

最后，在实施个性化学习路径的过程中，需要定期监控学生的学习进展和效果。通过收集学生的学习数据、作业反馈、测试成绩等信息，了解学生的学习情况，及时发现问题并进行调整。同时，与学生保持密切沟通，听取他们的意见和建议，不断完善学习路径。

另外，建立有效的评价和反馈机制，对学生的学习成果进行客观、全面的评价。评价可以包括标准化测试、作业反馈、项目评价等多种形式。同时，向学生提供及时反馈，指导他们调整学习策略，提高学习效果。

除此之外，利用现代技术工具来实施个性化学习路径是非常重要的。在线学习平台、智能教学系统、自适应学习软件等技术工具可以为学生提供更加便捷、高效的学习体验。同时，这些工具还可以帮助教师更好地管理学生的学习进度和效果，实现精准教学。

二、管理机制的完善与创新

（一）建立健全的管理制度与流程

建立健全的管理制度与流程对组织的运行和发展至关重要。它不仅有助于确保各项工作的有序进行，还能提高组织效率，降低运营风险。以下是一些关于如何建立健全的管理制度与流程的建议：

（1）需要明确管理制度与流程建立的目标和原则。目标应围绕提升组织效率、保障工作质量、降低运营风险等方面展开；原则则包括公正公平、公开透明、规范操作等，以确保制度的科学性和合理性。

（2）对组织现有的管理制度与流程进行全面梳理，了解其运行状况、存在问题及改进需求。这有助于为后续的制度建设提供有针对性的建议。

（3）根据目标和原则，结合组织实际情况，制定具体的管理制度与流程。

制度应涵盖组织运行的各个方面，如人事管理、财务管理、项目管理等；流程则应明确各项工作的操作步骤、责任人及时间节点，以确保工作的有序进行。

（4）制定好制度与流程后，需要加强员工的培训与宣传工作。通过培训，使员工了解并熟悉新的制度与流程，提高其执行力度；通过宣传，增强员工对制度与流程的认同感和遵守意识。

（5）为确保制度与流程的有效执行，需要建立监督与反馈机制。监督机制可以通过定期检查、专项审计等方式实现，以确保各项制度与流程的落实；反馈机制则可以通过员工建议、投诉渠道等方式收集员工对制度与流程的意见和建议，为后续的改进提供依据。

（6）管理制度与流程并非一成不变，随着组织的发展和市场环境的变化，需要不断进行优化与更新。因此，应定期对制度与流程进行评估和调整，以适应新的发展需求。

（二）激励机制与约束机制的平衡

激励机制与约束机制在现代企业管理中起着至关重要的作用，它们共同构成了企业管理的核心部分。如何平衡好这两者，以激发员工的积极性和创造力，同时规范员工的行为，确保公司的正常运营，是企业管理者需要深思的问题。

激励机制主要是通过一定的手段和方法，使员工产生工作动力，激发其创造力和潜力，从而提高工作效率和质量。一个有效的激励机制应该能够明确员工的工作目标，并设定可衡量的任务指标。同时，也要根据员工的不同需求和特点进行有针对性的设计，以满足员工的个性化需求。例如，通过提供晋升机会、奖金、福利等奖励，来激发员工的工作热情和积极性。

然而，仅有激励机制是不够的，还需要有相应的约束机制来规范员工的行为。约束机制是通过一定的规章制度和手段，使员工明确目标、知晓策略、清晰路径，并能够有效地理解目标、承载重负。这些规章制度和手段包括企业的各项规章制度、道德规范、行业规范等，它们共同构成了员工行为的约束框架。通过约束机制，可以确保员工在工作中遵守规定，避免出现违规行为。

在平衡激励机制与约束机制时，管理者需要注重以下几点：

首先，要确保激励与约束的目标一致，都是为了实现战略目标。

其次，要根据员工的实际情况和需求，灵活调整激励和约束的力度和方式。例如，对表现优秀的员工，可以给予更多的激励；而对行为不规范的员工，则需要加强约束和惩罚。

最后，要注重激励与约束的公平性，避免出现偏袒或歧视的情况，以确保员工的信任和忠诚度。

（三）质量监控与评估体系的建立

质量监控与评估体系的建立对确保和提升组织的工作质量至关重要。以下是关于如何建立有效的质量监控与评估体系的一些关键步骤：

（1）明确目标与原则。首先，需要明确质量监控与评估的目标，如提高产品或服务的质量、提升客户满意度等。同时，应确立一系列原则，如公正性、透明性、持续改进等，以确保监控与评估工作的科学性和有效性。

（2）设立专门机构。为了有效推进质量监控与评估工作，组织应设立专门的部门或机构，负责监控与评估的策划、实施和管理。这些机构应具备专业的知识和技能，以确保监控与评估工作的准确性和可靠性。

（3）制定指标体系。制定一套合理的质量监控与评估指标体系是体系建立的关键。这些指标应能够全面、准确地反映组织的工作质量，并符合组织的实际情况和目标。例如，可以包括产品质量合格率、客户满意度、员工绩效等指标。

（4）设计监控与评估流程。应设计一套科学、合理的监控与评估流程，包括确定监控与评估的时间节点、选择合适的监控与评估方法（如问卷调查、实地观察等）、收集和分析数据等步骤。这些流程应确保监控与评估工作的全面性和及时性。

（5）实施监控与评估。按照设计的流程和方法，对组织的工作质量进行定期的监控与评估。在监控与评估过程中，应确保数据的真实性和准确性，并及时发现和解决存在的问题。

（6）反馈与改进。将监控与评估的结果反馈给相关部门和人员，以便他们了解自己的工作表现并采取相应的改进措施。同时，应根据监控与评估的结果，对指标体系、流程和方法进行持续优化和改进，以不断提升组织的工作质量。

此外，为了确保质量监控与评估体系的有效性，还应注重以下几点：

（1）培训与教育。加强对员工的培训和教育，提高他们的质量意识和技能水平，使他们能够更好地理解和执行质量标准和要求。

（2）沟通与协作。加强部门之间的沟通与协作，确保质量监控与评估工作能够顺利开展并得到有效的支持。

（3）资源保障。为质量监控与评估工作提供必要的资源和支持，包括人力、物力、财力等方面的保障。

通过以上步骤和措施的实施，可以建立一套有效的质量监控与评估体系，为组织的持续改进和发展提供有力的支持。

（四）管理创新的实践与效果评估

管理创新的实践与效果评估是组织在追求持续进步与发展过程中不可或缺的一环。通过管理创新，组织能够优化资源配置、提高工作效率、增强竞争力，从而适应不断变化的市场环境。

管理创新实践涉及多个方面，包括但不限于以下几个方面：

（1）创新策略制定。组织需要明确创新的目标和方向，制定与自身发展战略相契合的创新策略。这包括确定创新的重点领域、制订实施计划以及设定预期目标等。

（2）创新文化培育。营造鼓励创新、容忍失败的文化氛围对管理创新的成功至关重要。组织可以通过培训、激励机制等方式培养员工的创新意识和能力。

（3）组织结构优化。为了适应管理创新的需要，组织可能需要调整其结构，如扁平化、网络化等，以提高决策的效率和灵活性。

（4）技术应用与整合。利用新技术、新方法来推动管理创新是当代组织的重要趋势。例如，利用大数据、人工智能等技术来优化决策过程、提高工作效率等。

对管理创新实践的效果进行评估，有助于组织了解创新的成效，发现存在的问题并为后续的改进提供依据。效果评估可以从以下几个方面进行：

（1）创新产出评估。通过对比创新实施前后的数据，如销售额、市场份额、利润等，来评估创新对组织经济效益的贡献。

（2）过程效率评估。评估创新过程中的效率指标，如创新周期、创新成本、创新成功率等，以了解创新活动的效率和成本效益。

（3）员工满意度与参与度评估。通过员工调查和反馈，了解员工对创新实践的接受程度、满意度以及参与度，从而评估创新对组织内部环境的影响。

（4）客户反馈与市场反应评估。收集客户对创新产品或服务的反馈，以及市场对新产品的接受程度等信息，以评估创新对市场的影响。

此外，还可以采用问卷调查、专家评审、案例研究等多种方法来收集数据和信息，以便更全面、客观地评估管理创新的效果。

三、实施效果的评价与反馈

（一）评价指标体系的构建与应用

评价指标体系的构建与应用是一个涉及多个步骤和考虑因素的复杂过程。以下是关于如何构建与应用评价指标体系的详细解释：

（1）明确评价目标与原则。需要清晰地定义评价的目标是什么，以及希望通过评价达到什么效果。同时，确立评价的原则，如公正性、客观性、可操作性等，为整个体系的构建提供指导。

（2）选择合适的评价方法。根据评价目标和原则，选择适合的评价方法。常见的评价方法包括目标导向法、层次分析法、因素分析法、绩效驱动法等。每种方法都有其特点和适用场景，需要根据实际情况进行选择。

（3）确定评价指标。在明确了评价方法和原则后，需要具体确定评价指标。这些指标应能够全面、准确地反映评价对象的各个方面。指标的确定需要考虑数据的可获取性、可量化性以及与评价目标的关联度等因素。

（4）构建指标体系。将确定的指标按照一定的逻辑和层次进行组合，形成一个完整的指标体系。在构建过程中，要确保指标之间的独立性、互补性和层次性，避免指标的重复和交叉。

（5）数据收集与处理。根据构建的指标体系，收集相关的数据。这些数据可能来自不同的来源，需要进行清洗、整合和标准化处理，以确保数据的准确性和一致性。

（6）评价实施。利用收集到的数据，按照构建的指标体系进行评价。评价过程应遵循公正、客观的原则，确保评价结果的准确性。

（7）结果分析与反馈。对评价结果进行深入分析，找出存在的问题和不足，并提出改进意见和建议。同时，将评价结果反馈给相关部门和人员，以便他们了解自己的工作表现并采取相应的改进措施。

（8）持续改进。根据评价结果和反馈，对指标体系进行持续改进和优化。这包括调整指标、完善评价方法、优化评价流程等，以适应不断变化的评价需求和环境。

（二）学生反馈的收集与整理方式

学生反馈的收集与整理对于改进教学方法和提升教学质量具有重要意义。

1.学生反馈的收集

（1）问卷调查。设计包含多个维度（如教学内容、教学方法、讲师表现等）的问卷，通过线上或线下的方式发放给学生，让他们匿名填写并提交。问卷可以包含选择题、填空题、打分题等多种形式，以便全面收集学生的反馈。

（2）面对面交流。在课程结束后，组织学生进行小组讨论或个别面谈，鼓励他们就课程内容和教学方法发表意见和建议。这种方式可以更加直观地了解学生的真实感受，并且有利于进一步深入交流。

（3）在线平台反馈。利用在线平台（如学校的教学管理系统、课程论坛等）收集学生的实时反馈。学生可以随时在平台上发表自己的看法和建议，与其他学生和教师进行交流。

（4）学生日志。要求学生定期书写学习日志，记录自己的学习感受、困惑和进步。这种方式可以帮助教师了解学生的学习态度、动力以及自主学习的情况。

2.整理学生反馈的方式

（1）分类整理。将收集到的反馈按照内容（如教学内容、教学方法、教师表现等）进行分类整理，以便更清晰地了解学生在各个方面的意见和建议。

（2）统计分析。对分类整理后的反馈进行统计分析，识别常见问题和趋势。这有助于发现课程的改进点和优化方案。

（3）建立档案。将学生反馈整理成档案，包括原始反馈、分类整理结果、统计分析报告等。这些档案可以为后续的课程改进和教学决策提供有力支持。

（三）评价结果的运用与改进策略

评价结果的运用与改进策略是确保评价工作产生实际效果并推动持续进步的关键环节。以下是对这两个方面的详细探讨：

（1）指导决策制定。评价结果可以为组织或个人的决策提供有力支持。例如，在企业管理中，根据绩效评估结果，可以决定员工的晋升、奖励或培训需求。在教育领域，学生的学业评价结果可以为教师调整教学方法和课程内容提供依据。

（2）资源分配优化。根据评价结果，可以更合理地分配资源。对于表现优异的部门或个人，可以给予更多的资源和支持，以促进其进一步发展。同时，对于表现不佳的方面，可以调整资源投入，优化资源配置。

（3）激励与约束。评价结果可以用于激励表现优秀的员工或学生，同时也可以对表现不佳者进行约束和提醒。这种激励与约束机制有助于形成积极向上的组织氛围。

（4）分析问题与不足。根据评价结果，深入分析存在的问题和不足。这包括识别主要问题和次要问题，理解问题的根源和影响，以及评估问题的紧迫性和重要性。

（5）制定改进方案。针对问题和不足，制定具体的改进方案。这些方案应明确目标、措施、责任人和时间节点，确保改进措施具有可操作性和可衡量性。

（6）实施改进措施。按照改进方案，逐步实施改进措施。这可能需要跨部门或跨团队的协作，以确保改进措施的有效实施。

（7）跟踪与评估。在改进措施实施过程中，进行持续的跟踪和评估。这有助于及时发现问题、调整措施，并评估改进措施的效果。

总体来说，评价结果的运用与改进策略的制定和实施是一个持续循环的过程。通过不断地评价、反馈、改进，可以推动组织或个人不断提升绩效和水平，实现可持续发展。

（四）持续改进与提升的实施计划

持续改进与提升的实施计划是一个系统性的过程，它涉及明确改进目标、制定实施策略、监控执行过程、评估效果并作出调整等多个环节。以下是一个具体的实施计划框架：

（1）明确改进的具体目标。这些目标应该具有可衡量性、可实现性和相关性，以便能够清晰地了解改进的方向和预期成果。例如，可以设定提高客户满意度、优化工作流程、提升员工效率等目标。

（2）针对每个改进目标，制定具体的实施策略。这些策略应该包括行动计划、时间表、责任人以及所需的资源等。例如，为了提高客户满意度，可以采取优化客户服务流程、提升客户服务质量等措施。

（3）在实施过程中，确保计划的顺利执行，并及时监控执行情况。这可以通过设立专门的监控机制来实现，如定期汇报进度、收集反馈意见等。同时，还要密切关注可能出现的问题和障碍，以便及时调整策略或采取应对措施。

（4）在改进计划执行一段时间后，对改进效果进行评估。这可以通过收集数据、分析指标等方式来实现。评估结果将为我们提供关于改进是否达到预期目标、是否需要进一步调整或优化等方面的反馈。

（5）根据评估结果，对改进计划进行调整和优化。如果某些策略未能达到预期效果，需要重新考虑并改进这些策略。同时，还需要关注新的机遇和挑战，以便及时调整改进方向或制定新的改进目标。

（6）持续改进与提升是一个长期的过程，需要建立长效机制来保障这一过程的持续进行。这包括定期回顾和更新改进目标、制定新的实施策略、加强培训和指导等。

通过以上六个步骤的实施计划，可以系统地推进持续改进与提升工作，不断提升组织或个人的绩效和水平。同时，还需要保持开放和灵活的态度，随时准备应对新的挑战和机遇。

第四节　继续教育效果的评价与反馈

一、评价标准的制定与应用

（一）明确继续教育效果评价的目标和意义

明确继续教育效果评价的目标和意义对提升教育质量、优化教育资源配置以及促进个人职业发展具有重要意义。

1. 明确继续教育效果评价的目标

继续教育效果评价的核心目标在于全面、客观地评估继续教育的实际效果，以指导教育工作的改进和优化。具体来说，其目标包括：

（1）衡量教育成果。通过评价，量化继续教育的成果，如学生的知识增长、技能提升以及态度转变等，从而直观展示教育的实际成效。

（2）发现教育问题。评价过程中，可以及时发现教育中存在的问题和不足，如课程设置不合理、教学方法不当等，为改进教育工作提供依据。

（3）提升教育质量。通过评价结果的反馈和应用，推动教育内容的更新、教学方法的改进以及教育资源的优化，从而提升继续教育的整体质量。

2. 明确继续教育效果评价的意义

明确继续教育效果评价的意义有助于增强评价工作的针对性和实效性，促进教育工作的持续改进。具体来说，其意义包括：

（1）指导教育决策。评价结果可以为教育决策提供有力支持，帮助决策者了解教育现状和需求，制定更符合实际的教育政策。

（2）优化资源配置。通过评价，可以更加合理地分配教育资源，确保资源投入与教育需求相匹配，提高资源利用效率。

（3）促进个人发展。继续教育效果评价不仅关注教育的整体成效，还关注个体学生的成长和进步。通过评价，可以帮助学生了解自己的学习情况和不足之处，制订更具针对性的学习计划，促进个人职业发展。

（4）推动教育创新。评价结果可以为教育工作者提供宝贵的反馈意见，激励他们不断创新教育理念、改进教育方法，提升教育质量。

（二）制定科学的评价标准

制定科学的继续教育效果评价标准是确保评价工作具有针对性、客观性和有效性的关键。以下是制定科学评价标准的一些建议：

（1）评价标准的制定应紧密围绕继续教育的目标，确保评价标准与教育目标的一致性。通过明确教育目标，可以确定评价的重点和方向，从而制定出更加符合实际需求的评价标准。

（2）在制定评价标准时，需要综合考虑多方面因素，包括学生的学习成果、教育过程的质量、教育资源的利用效率等。这些因素相互关联、相互影响，共同构成了继续教育效果评价的完整框架。

（3）量化评价可以客观、准确地反映学生的学习成果和教育资源的利用效率，而质化评价则可以深入了解教育过程的质量和教育工作者的教学态度。因此，在制定评价标准时，应采用量化与质化相结合的评价方法，以全面、客观地评估继续教育的效果。

（4）评价标准应具有可操作性和可衡量性，以便评价者能够准确、便捷地实施评价工作。同时，评价标准还应具有明确性，避免模糊不清或过于主观的描述，以确保评价结果的客观性和公正性。

（5）随着继续教育理念和实践的不断发展，评价标准也需要不断更新与调整。在制定评价标准时，应考虑到这一点，并制定相应的更新和调整机制，以确保评价标准始终与继续教育的发展保持同步。

（6）制定科学的继续教育效果评价标准需要综合考虑多方面因素，采用量化与质化相结合的评价方法，并注重可操作性和可衡量性。同时，还需要定期更新与调整评价标准，以适应继续教育的发展需求。通过制定科学的评价标准，可以更好地评估继续教育的效果，为提升教育质量、促进个人发展提供有力支持。

（三）应用多元评价方法

应用多元评价方法在继续教育效果评价中具有重要意义，它可以从多个角度全面、客观地评估教育效果，为提升教育质量提供有力支持。以下是关于如何应用多元评价方法的一些建议：

（1）在应用多元评价方法之前，首先需要明确评价的目的和对象。评价目的是指导评价工作的核心，它决定了评价的重点和方向。评价对象则是评价工作的具体对象，如学生、课程、教育机构等。明确评价目的和对象有助于我们选择合适的评价方法和工具，确保评价工作的针对性和有效性。

（2）多元评价方法包括问卷调查、访谈、观察、测试等多种方式，每种方法都有其独特的优点和适用范围。在选择评价方法和工具时，需要根据评价目的和对象的特点进行综合考虑。例如，对于学生的学习成果评价，可以采用问卷调查和测试相结合的方式；对于教育过程的质量评价，则可以通过访谈和观察来获取更深入的信息。

（3）多元评价方法的核心在于综合运用多种评价手段，以获取更全面、客观的评价结果。在实际应用中，可以根据评价需求，将不同的评价方法相结合，形成一套完整的评价体系。例如，可以通过问卷调查了解学生的整体学习情况，再通过访谈和观察深入了解个别学生的学习困难和需求，最后结合测试结果对学生的学习成果进行量化评估。

评价结果的反馈和应用是多元评价方法的重要环节。评价结果的反馈可以帮助和教育工作者了解自己的学习和教学情况，为改进学习和教学提供依据。同时，评价结果的应用也是评价工作的最终目的，通过将评价结果用于教育决策、资源分配和质量提升等方面，可以推动继续教育的持续改进和优化。

多元评价方法的应用是一个持续改进和优化的过程。在实际应用中，需要根据评价结果的反馈和实际情况，不断调整和完善评价方法和工具，以确保评价工作的准确性和有效性。同时，还需要关注新的评价理念和技术的发展，及时将其引入到继续教育效果评价中，以推动评价工作的不断创新和发展。

（四）定期更新评价标准

定期更新继续教育效果评价标准是确保评价工作与时俱进、适应教育领域发展变化的重要措施。以下是关于如何定期更新评价标准的一些建议：

（1）教育领域是一个不断发展和变化的领域，新的教育理念、教学方法和技术不断涌现。为了保持评价标准的先进性和适用性，需要密切关注教育领域的发展动态，了解最新的研究成果和实践经验，以便及时调整和更新评价标准。

（2）评价标准的制定和应用过程中，往往会收到来自学生、教育工作者、教育机构等多方面的反馈意见。这些反馈意见是评价标准更新的重要参考依据。我们应该定期收集这些意见，并进行深入分析，了解评价标准的优点和不足，以及需要改进和完善的方面。

（3）评价标准的适用性直接影响评价结果的准确性和有效性。因此，我们需要定期评估评价标准的适用性，检查其是否与当前的教育目标、教学内容和学生需求相符合。如果发现评价标准存在不适应或过时的情况，应及时进行调整和更新。

（4）在制定和更新评价标准时，我们可以借鉴其他先进国家和地区的经验，以及国际上的相关标准。这些经验和标准可以为我们提供有益的参考和启示，帮助我们制定出更加科学、合理的评价标准。

（5）评价标准的更新是一个涉及多方利益的复杂过程，需要确保更新过程的透明度和参与度。我们可以通过组织专家研讨会、公开征求意见等方式，广泛听取各方意见，确保更新过程的公正性和合理性。同时，还需要及时将更新后的评价标准进行公示和宣传，以便广大教育工作者和学员了解和使用。

二、反馈机制的建立与完善

（一）建立及时反馈系统

建立及时反馈系统是提升继续教育效果评价工作的关键一环。通过及时、准确的反馈，教育工作者和学生能够了解教育过程中的问题和改进方向，从而优化教育效果。以下是关于建立及时反馈系统的建议：

首先，需要明确反馈的目标和内容。反馈的目标应该是帮助学生了解自己的学习状况，发现存在的问题，并提供改进建议。反馈的内容应涵盖学生的学习成果、学习态度、技能掌握情况等方面，确保信息的全面性和针对性。

其次，根据评价的目的和对象的特点，选择适合的反馈方式。例如，对于学生的学习成果，可以通过成绩报告、学习进度表等方式进行反馈；对于教育过程的问题，可以通过访谈、观察记录等方式进行反馈。同时，要注重反馈的及时性和便捷性，确保信息能够迅速传达给相关人员。

再次，建立有效的反馈渠道和机制是确保及时反馈的关键。可以设立专门的反馈平台或邮箱，方便学生和教育工作者随时提交反馈意见。同时，建立定期收集、整理和分析反馈信息的机制，确保问题能够得到及时处理和解决。

然后，反馈结果的应用是建立及时反馈系统的最终目的。针对反馈中提出的问题和建议，教育工作者应及时调整教学策略和方法，优化教育内容，以提升教育质量。同时，学生也应根据反馈结果调整自己的学习计划和态度，积极改进自身不足。

最后，反馈系统也需要随着教育实践的发展而不断完善和优化。我们可以定期对反馈系统进行评估，收集使用者的意见和建议，发现存在的问题并进行改进。同时，还可以借鉴其他领域的成功经验和技术手段，不断提升反馈系统的有效性和实用性。

定期收集和分析反馈数据是确保继续教育效果评价工作持续改进和优化的关键环节。通过定期收集和分析反馈数据，可以及时了解学生的学习情况、教育过程中的问题以及教育效果的优劣，从而为改进教育策略、优化教育资源提供有力支持。以下是关于定期收集反馈数据的一些建议：

首先，需要设定明确的反馈数据收集周期和方式。收集周期可以根据实际情况进行设定，如每周、每月或每季度进行一次收集。收集方式可以包括问卷调查、学员访谈、教学观察等多种手段，以确保数据的全面性和准确性。

其次，在收集反馈数据时，需要确保数据的真实性和完整性。这可以通过多种途径实现，如设计合理的问卷问题、采用匿名填写方式以消除学生顾虑、对收集到的数据进行严格审核等。同时，还需要关注数据的异常值和缺失值，进行合理的处理和补充。

最后，收集到反馈数据后，需要运用科学的分析方法对数据进行处理和分析。这可以包括描述性统计分析、相关性分析、因果分析等多种方法，以揭示数据背后的规律和趋势。通过数据分析，可以发现学生的学习难点、教育过程中的瓶颈以及影响教育效果的关键因素。

以下是关于分析反馈数据的一些建议：

首先，在分析反馈数据时，需要关注一些重要的指标和趋势。这些指标和趋势可能包括学生的满意度、学习成果的提升情况、教育资源的利用效率等。通过关注这些指标和趋势，可以了解教育工作的整体进展和存在的问题，为制定改进措施提供依据。

其次，分析结果的及时应用是定期收集和分析反馈数据的最终目的。我们需要将分析结果及时反馈给教育工作者和学生，以便他们了解自己的工作和学习情况，制定改进措施。同时，还需要将分析结果用于教育决策和资源分配，推动教育工作的持续改进和优化。

再次，定期收集和分析反馈数据是一个持续优化的过程。我们需要根据实践经验和数据分析结果，不断调整和优化数据收集和分析的流程和方法。这可以包括改进问卷设计、优化数据分析模型、提高数据处理效率等方面，以确保反馈数据的准确性和分析结果的有效性。

最后，定期收集和分析反馈数据是提升继续教育效果评价工作的重要环节。通过设定明确的收集周期和方式、确保数据的真实性和完整性、运用科学的分析方法、关注重要指标和趋势、及时应用分析结果以及持续优化数据收集与分析流程，可以更好地了解学生的学习情况和教育效果，为改进教育工作提供有力支持。

（二）针对反馈进行改进

针对反馈进行改进是提升继续教育效果评价工作的重要环节。通过深入分析反馈数据，可以发现教育过程中存在的问题和不足，进而提出针对性的改进措施，优化教育效果。以下是关于如何针对反馈进行改进的一些建议：

首先，需要对收集到的反馈数据进行细致的分析，了解学生的具体需求和意见。通过分析反馈内容，可以发现教育过程中的瓶颈和难点，为改进工作提供方向。

其次，根据反馈分析的结果，制定具体的改进措施。这些措施可以包括调整教学策略、优化教育内容、改进教学方法等。同时，还需要明确改进措施的实施步骤和时间节点，确保改进工作的顺利进行。

再次，在实施改进措施的过程中，需要加强教育工作者之间的沟通与协作。通过定期召开会议、分享经验、交流心得等方式，可以共同解决教育过程中遇到的问题，推动改进工作的顺利进行。

然后，改进措施的实施后，需要关注改进效果，及时收集和分析新的反馈数据。通过对比改进前后的数据变化，可以评估改进措施的有效性，为进一步优化教育效果提供依据。

最后，针对反馈进行改进是一个持续优化的过程。需要不断总结经验教训，完善改进措施和方法，确保教育工作的持续改进和优化。同时，还需要关注教育领域的发展动态，及时调整和改进教育工作，以适应不断变化的教育需求。

（三）形成闭环反馈系统

形成闭环反馈系统是提升继续教育效果评价工作的重要措施，它确保了评价过程的连续性和系统性，有助于及时发现问题并进行改进。以下是关于如何形成闭环反馈系统的一些建议：

首先，需要明确闭环反馈系统的目标和功能。该系统旨在通过持续收集和分析反馈数据，识别教育过程中的问题和不足，并推动改进措施的实施，以提升教育效果。

其次，需要建立有效的反馈数据收集机制。这包括设定合理的收集周期和方式，确保数据的真实性和完整性。同时，还需要关注数据的多样性和代表性，以便更全面地了解学生的需求和意见。

再次，需要设计科学的数据分析与处理流程。这包括数据的清洗、整理、分类和统计分析等步骤，以便从数据中提取有价值的信息。通过数据分析，可以发现教育过程中的问题和趋势，为制定改进措施提供依据。

然后，根据数据分析的结果，制定具体的改进措施，并推动其实施。改进措施应针对教育过程中的具体问题，具有可操作性和实效性。同时，还需要建立改进措施的跟踪和评估机制，确保改进工作的顺利进行。

最后，闭环反馈系统的关键在于形成持续的反馈循环。这意味着改进措施实施后，需要继续收集和分析新的反馈数据，以评估改进效果并发现新的问题。通过不断迭代和优化，可以逐步改进教育过程，提升教育质量。

此外，为了确保闭环反馈系统的稳定运行，还需要加强系统的监控与维护工作。这包括定期检查系统的运行状况，及时解决可能出现的问题和故障。同时，还需要根据实际需求对系统进行升级和优化，以适应不断变化的教育环境。

三、评价结果的运用与改进

（一）将评价结果与教学目标对比

将评价结果与教学目标进行对比是确保继续教育效果评价工作具有实际意义和应用价值的关键环节。通过对比，可以了解学生在达成教学目标方面的实际表现，进而识别教育过程中的不足和需要改进的地方。以下是关于如何将评价结果与教学目标进行对比的一些建议：

首先，需要清晰地定义教学目标，确保它们是具体、可衡量和可实现的。教学目标应该涵盖知识、技能、态度等多个方面，以便全面评估学生的学习成果。

其次，在继续教育过程中，需要通过多种方式收集评价结果，包括作业、考试、实践操作、学生反馈等。这些评价结果应该能够反映学生在达成教学目标方面的实际情况。

再次，将收集到的评价结果与事先设定的教学目标进行对比，分析学生在哪些方面达到了目标，哪些方面尚未达到或存在差距。这一对比过程可以帮助我们识别教育过程中的薄弱环节和需要改进的地方。

然后，针对对比结果中发现的问题和不足，需要深入分析其原因，并制定相应的改进措施。这些原因可能包括教学方法不当、教学资源不足、学员基础薄弱等。改进措施应针对具体问题，具有可操作性和实效性。

最后，实施改进措施后，需要继续收集评价结果，并将其与教学目标进行对比，以跟踪改进效果。通过对比改进前后的数据变化，我们可以评估改进措施的有效性，并进一步优化教育过程。

此外，为了确保评价结果与教学目标对比工作的持续性和有效性，需要定期回顾与总结这一过程的经验和教训。这有助于我们发现新的问题和不足，并及时调整和改进评价工作。

（二）制定针对性的改进措施

制定针对性的改进措施是提升继续教育效果评价工作的重要环节。在将评价结果与教学目标进行对比后，需要根据发现的问题和不足，制定具体的、切实可行的改进措施，以优化教育过程，提升教育质量。以下是一些关于如何制定针对性的改进措施的建议：

首先，在制定改进措施之前，需要对评价结果与教学目标对比中发现的问题进行深入分析，找出问题的根源和原因。这有助于我们更准确地把握问题的本质，制定更加有效的改进措施。

其次，针对发现的问题，需要明确改进目标。这些目标应该具有可操作性和可衡量性，以便我们能够评估改进工作的成效。同时，改进目标还应与教学目标相衔接，确保改进措施能够推动学生更好地达成学习目标。

再次，根据问题和原因的分析，以及明确的改进目标，需要制定具体的改进措施。这些措施可以包括调整教学策略、优化教学内容、改进教学方法、加强师资培训等方面。同时，还需要考虑如何充分利用现有资源，提高教育教学的效率和效果。

然后，为了确保改进措施能够得到有效实施，需要设定清晰的实施步骤和时间节点。这有助于我们合理安排工作进度，确保改进措施能够按计划进行。同时，还需要建立相应的监督机制，对改进工作的进展情况进行跟踪和评估。

最后，在制定和实施改进措施的过程中，需要加强教育工作者之间的沟通与协作。通过分享经验、交流心得、共同解决问题等方式，我们可以形成合力，推动改进工作的顺利进行。同时，还需要积极与学生进行沟通，了解他们的需求和意见，以便更好地满足他们的学习需求。

另外，制定改进措施并不是一次性的工作，而是一个持续改进和优化的过程。我们需要根据实践经验和反馈数据，不断调整和优化改进措施，确保其能够持续发挥作用，推动教育质量的不断提升。

除此之外，制定针对性的改进措施是提升继续教育效果评价工作的重要一环。通过深入分析问题、明确改进目标、制定具体措施、设定实施步骤、加强沟通与协作以及持续改进与优化等步骤，可以有效地解决教育过程中存在的问题和不足，提升教育质量，为学生的全面发展提供有力支持。

（三）跟踪改进效果

跟踪改进效果是确保教育质量持续提升的关键环节，它涉及对改进措施实施后的成果进行监测、评估和调整。以下是关于跟踪改进效果的一些深入分析和建议：

首先，明确跟踪的目标和内容。跟踪改进效果的前提是明确要关注哪些方面的改进，如教学方法、学习资源、评估体系等。只有明确了跟踪目标，我们才能有针对性地收集和分析数据，从而准确评估改进效果。

其次，建立有效的数据收集机制。数据是评估改进效果的基础，因此需要建立一套完善的数据收集机制，包括定期收集学员反馈、学习成绩、参与度等关键指标的数据。同时，还要确保数据的真实性和准确性，以便进行客观分析和评估。

再次，在数据分析阶段，需要运用统计学、教育学等相关理论和方法，对收集到的数据进行深入剖析。通过对比改进前后的数据变化，可以发现改进措施对教育质量的具体影响。此外，还可以利用数据分析结果来预测未来的发展趋势，为后续的改进工作提供指导。

然后，基于数据分析结果，需要对改进措施的有效性进行评估。如果改进措施取得了显著成效，应总结经验并继续推广；如果效果不佳，则需要深入分析原因，调整策略或方法。在这个过程中，需要保持开放的心态，勇于面对问题和挑战，不断寻求新的解决方案。

最后，还要建立反馈机制，及时将跟踪改进效果的结果反馈给相关人员和部门。这有助于增强各方的参与感和责任感，推动改进工作的深入开展。此外，还可以通过举办研讨会、分享会等活动，促进教育工作者之间的交流与合作，共同推动教育质量的提升。

另外，跟踪改进效果是一个持续的过程，需要在实践中不断探索和完善。我们要保持敏锐的洞察力和创新精神，及时发现并解决问题，确保教育质量得到持续提升。

除此之外，跟踪改进效果是提升教育质量的关键环节，通过明确跟踪目标、建立数据收集机制、深入数据分析、评估改进措施有效性、建立反馈机制以及持续探索和完善等措施，可以确保改进措施的有效实施，推动教育质量的持续提升。

第五节　继续教育资源的整合与共享

一、资源的整合策略与途径

（一）梳理现有继续教育资源

在梳理现有继续教育资源时，可以从以下几个方面入手：

（1）各大在线教育平台提供的课程，如网易云课堂、腾讯课堂等。

（2）专业机构或高校开设的网络课程，如MOOC（慕课）平台上的课程。

（3）行业协会或企业内部的在线培训资源。

（4）各类培训机构，如职业培训学校、技能培训机构等。

（5）高校继续教育学院或成人教育学院。

（6）电子图书、期刊和论文数据库，如知网、万方等。

（7）专业网站和论坛，提供行业资讯、经验分享和技术交流。

（8）政府推出的继续教育政策、资金和项目支持。

（9）企业提供的内部培训、岗位晋升和学历提升计划。

（10）分析资源的学科领域、行业分布和知识点覆盖情况。

（11）评估资源的专业性和深度，以及是否满足学习者的实际需求。

（12）探究资源的授课形式、教学方法和学习路径。

（13）分析资源是否具备互动性、实践性和个性化等特点。

（14）考查资源的师资力量、课程质量和教学服务。

（15）了解资源是否提供学习指导、答疑解惑和证书认证等服务。

（16）分析学习者的年龄、职业、学历和地域分布等特征。

（17）探究学习者的学习动机、需求和期望。

（18）统计各类资源的访问量、学习时长和完成率等指标。

（19）分析资源利用率的影响因素，如资源质量、学习支持和学习环境等。

（20）加强课程内容的设计与开发，提高资源的专业性和实用性。

（21）引入先进的教学方法和技术手段，提升学习者的学习体验。

（22）增加跨学科、跨行业的课程和资源，满足不同学习者的需求。

（23）加强与国际优质资源的合作与交流，提升国内继续教育资源的整体水平。

（24）加强师资队伍建设，提高教师的教学水平和服务意识。

（25）完善学习服务体系，提供个性化的学习指导和证书认证等服务。

通过以上梳理和分析，可以对现有继续教育资源有一个全面而深入的了解，为进一步优化资源利用和提高教育质量提供有力支持。

（二）建立资源整合平台

建立资源整合平台是一个系统性的工作，它涉及平台规划、技术选型、内容整合、用户服务等多个方面。以下是一个建立资源整合平台的大致步骤：

（1）确定平台定位和目标。明确资源整合平台的定位和目标，包括确定平台的服务对象、主要功能和核心价值。例如，平台可以定位为连接和整合特定行业资源的平台，为行业内的参与者提供便捷的服务和解决方案，促进行业内的合作和发展。

（2）进行平台规划和设计。在明确平台定位和目标后，需要进行平台的规划和设计，包括确定平台的内容架构、功能模块、用户界面等。平台的设计应简洁明了，易于用户操作和理解。

（3）选择合适的技术和工具。根据平台的定位和规划，选择合适的技术和工具。这可能包括选择适合的 CMS（content management system，内容管理系统）以简化建站过程，注册合适的域名和稳定的主机，以及设计必要的前端功能等。

（4）收集和整合资源。资源是平台的核心。需要手动收集、整合资源，编写精准的描述信息，确保资源的质量和有效性。这可以包括行业内的各种资源，如供应链、经营数据、市场信息、技术支持等。

（5）搭建平台并进行测试。在收集足够的资源后，可以开始搭建平台。这包括将资源上传至平台，设置功能模块，调整用户界面等。在搭建完成后，需要进行平台测试，确保平台的稳定性和功能的正常运行。

（6）推广和运营平台。平台搭建完成后，需要进行推广和运营。这可以通过线上线下的方式进行，如社交媒体推广、行业合作、举办活动等。同时，需要定期更新和维护平台，确保资源的时效性和平台的正常运行。

在建立资源整合平台的过程中，还需要注意以下几点：

（1）平台应具有良好的用户体验，包括易于使用的界面、快速的响应速度和准确的信息呈现。

（2）平台应确保资源的安全性和隐私性，采取必要的安全措施，防止数据泄露和非法访问。

（3）平台应建立有效的反馈机制，及时收集和处理用户反馈，不断改进和优化平台功能和服务。

（三）促进校际资源整合

促进校际资源整合是一个综合性的任务，它涉及多个层面和环节，旨在实现教育资源的优化配置和共享。以下是一些具体的策略和建议，以推动校际资源整合的进程：

1. 建立校际合作机制

（1）学校之间可以签订合作协议，明确资源整合的目标、原则和具体实施方案。

（2）成立校际资源整合工作小组或委员会，负责协调各方资源，推动合作项目的落实。

2. 共享教育资源

（1）建立统一的资源共享平台，包括图书资源、教学课件、实验设备等，实现资源的互通有无。

（2）推动校际课程互选和学分互认，拓宽学生的学习渠道和选择范围。

3. 开展联合办学与科研合作

（1）探索联合培养人才的模式，如共同开设特色课程、举办学术交流活动等。

（2）加强科研合作，共同申报科研项目，共享科研成果，提高学校的整体科研水平。

4. 促进师资交流

（1）鼓励教师跨校授课、参与教研活动，提升教师的教学水平和专业素养。

（2）建立教师资源共享库，方便学校之间互相借用教师资源，解决师资短缺问题。

5. 优化资源配置

（1）对各校的资源进行梳理和分类，明确各自的优势和不足，实现资源的互补。

（2）根据学校的发展定位和特色，优化资源配置，提高资源利用效率。

6. 建立评估与反馈机制

（1）对校际资源整合的成效进行定期评估，总结经验教训，及时调整合作策略。

（2）收集师生对资源整合的反馈意见，不断完善合作机制和服务水平。

在促进校际资源整合的过程中，还需要注意以下几点：

（1）注重公平性和可持续性，确保各校在资源整合中都能受益，避免资源过度集中或浪费。

（2）尊重各校的办学特色和自主权，避免一刀切的合作模式，确保合作的灵活性和有效性。

（3）加强沟通和协调，建立良好的合作关系和信任基础，为资源整合的顺利推进提供有力保障。

二、资源共享的机制与平台

（一）建立资源共享平台

建立资源共享平台是提升资源利用效率、促进资源互通有无的关键举措。以下是建立资源共享平台的主要步骤和考虑因素：

（1）需求分析。对目标用户群进行需求调研，明确他们需要哪些资源以及如何使用这些资源。

（2）平台定位。根据需求调研结果，确定平台的定位，如行业资源共享、学术资源共享等。

（3）目标设定。明确平台建设的短期和长期目标，如提高资源利用率、降低使用成本、扩大资源共享范围等。

（4）架构设计。设计合理的平台架构，包括前端展示、后端管理、数据存储等部分。

（5）功能规划。根据需求，规划平台的核心功能，如资源上传、下载、搜索、分类管理、用户权限控制等。

（6）接口设计。设计与其他系统或平台的接口，实现数据的互联互通。

（7）技术选型。根据平台需求和功能规划，选择合适的技术栈和开发工具。

（8）系统开发。按照规划进行系统的开发和测试，确保各项功能的稳定运行。

（9）部署上线。完成系统测试后，进行部署上线，确保平台的可用性和安全性。

（10）资源整合。收集、筛选和整理各类资源，确保资源的质量和有效性。

（11）资源分类。对资源进行合理的分类和标签化，方便用户查找和使用。

（12）资源上传。提供便捷的资源上传功能，允许用户或管理员将资源上传至平台。

（13）宣传推广。通过线上线下渠道，对平台进行宣传推广，吸引更多用户加入。

（14）用户培训。为用户提供必要的培训和支持，帮助他们更好地使用平台。

（15）平台维护。定期对平台进行维护和更新，确保平台的稳定性和安全性。

（16）版权问题。确保平台上的资源遵守版权法规，避免侵权问题。

（17）隐私保护。保护用户的隐私和数据安全，防止信息泄露。

（18）道德准则。制定并遵守平台的道德准则，确保资源的合法性和合规性。

（二）制定资源共享规则

制定资源共享规则对确保平台运行的有序性和资源的合理利用至关重要。以下是一些关键的步骤和考虑因素，以制定有效的资源共享规则：

（1）需要清晰地定义资源共享的目标，如提高资源利用效率、促进合作与交流、推动创新与发展等。同时，确立资源共享的基本原则，如公平性、可持续性、互利共赢等，以确保规则制定的合理性和有效性。

（2）对资源的使用范围进行明确界定，包括资源的类型、数量、质量等方面的要求。同时，规定不同用户或组织在平台上的使用权限，如上传、下载、修改、删除等操作的权限分配，以确保资源的合理使用和管理。

（3）制定详细的资源获取和共享流程，包括用户注册、资源申请、审核、授权、使用、反馈等各个环节的具体步骤和要求。确保流程的透明性和可操作性，方便用户理解和遵循。

（4）为确保资源的质量和有效性，需要规定资源的维护和更新机制，包括定期对资源进行清理、整理、更新等操作，以及对过期或无效资源进行下架处理。同时，鼓励用户积极参与资源的维护和更新工作，提供反馈和建议，促进资源的持续优化。

（5）制定明确的违规行为处理办法，对违反资源共享规则的行为进行处罚和纠正，包括警告、限制使用权限、删除违规资源、封禁账号等措施，以维护平台的秩序和资源的合理利用。

（6）制定规则后，需要加强宣传和教育，确保用户了解并遵守这些规则。可以通过平台公告、用户手册、培训等方式，向用户普及资源共享的重要性、规则的具体内容以及违规行为的后果，提高用户的规则意识和遵守规则的自觉性。

（7）随着平台的发展和用户需求的变化，资源共享规则也需要不断进行评估和调整。可以定期收集用户反馈和意见，对规则进行修订和完善，以适应新的情况和需求。

（三）推广资源共享理念

推广资源共享理念是建立有效资源共享机制的关键环节，以下是一些推广资源共享理念的具体策略：

（1）制作宣传材料。制作宣传册、海报、视频等多样化的宣传材料，生动形象地展示资源共享的优势和案例。

（2）举办宣讲活动。在学校、企业、社区等场所举办资源共享主题的宣讲活动，邀请专家学者或行业领袖进行分享和解读。

（3）开展培训课程。设计并开展针对不同群体的资源共享培训课程，提升公众对资源共享理念的认识和理解。

（4）媒体合作。与主流媒体合作，通过新闻报道、专栏文章等形式传播资源共享理念。

（5）社交媒体推广。利用微博、微信、抖音等社交媒体平台，发布资源共享相关内容，吸引更多关注和讨论。

（6）网络平台宣传。在官方网站、论坛、博客等网络平台上发布资源共享的文章、案例和教程，扩大影响力。

（7）树立典型。挖掘并宣传在资源共享方面表现突出的个人、组织或项目，树立行业标杆和典范。

（8）组织交流活动。举办资源共享经验交流会、分享会等活动，促进不同领域和行业的交流与合作。

（9）建立合作联盟。联合相关组织和机构，建立资源共享合作联盟，共同推广和实践资源共享理念。

（10）文化创作。鼓励文化创作者以资源共享为主题进行创作，如小说、电影、音乐等，通过艺术作品传播理念。

（11）公益活动。开展以资源共享为主题的公益活动，如捐赠闲置物品、组织志愿服务等，提高公众参与度。

（12）政策支持。争取政府和相关部门的政策支持，将资源共享理念纳入政策制定和实施中，推动社会整体发展。

（13）设立反馈渠道。建立线上线下的反馈渠道，收集公众对资源共享理念推广活动的意见和建议。

（14）定期评估。对资源共享理念的推广活动进行定期评估，总结经验教训，及时调整策略和方法。

（15）持续改进。根据反馈和评估结果，不断优化推广策略，提高资源共享理念的传播效果。

（四）完善共享平台功能

完善共享平台功能是提升用户体验、促进资源共享效率的关键环节。以下是一些具体的建议，以优化共享平台的功能：

（1）简洁明了的界面设计。确保平台界面清晰、直观，使用户能够迅速找到所需功能。

（2）友好的交互设计。简化操作流程，减少用户操作步骤，提供明确的操作提示和反馈。

（3）个性化推荐。根据用户的历史行为和偏好，提供个性化的资源推荐，提高资源匹配度。

（4）高效搜索引擎。建立强大的搜索引擎，支持关键词、标签、分类等多种搜索方式，提高搜索速度和准确度。

（5）智能定位。利用地理位置信息，为用户提供附近的资源共享信息，方便用户进行线下交流和合作。

（6）严格审核制度。建立严格的资源审核制度，确保上传资源的质量、合法性和合规性。

（7）分类管理。对资源进行细致的分类和标签化，方便用户查找和筛选。

（8）动态监控。对平台上的资源进行动态监控，及时发现和处理违规内容，维护平台的秩序和安全。

（9）加强数据加密。采用先进的数据加密技术，保护用户信息和资源数据的安全。

（10）隐私设置。提供用户隐私设置选项，允许用户自定义信息可见范围和权限。

（11）定期安全审计。定期对平台进行安全审计和漏洞扫描，确保平台的安全稳定运行。

（12）设立反馈渠道。建立用户反馈渠道，收集用户对平台功能的意见和建议。

（13）定期调研。通过问卷调查、用户访谈等方式，了解用户需求和使用体验，为平台改进提供依据。

（14）持续迭代。根据用户反馈和调研结果，持续对平台功能进行迭代和优化，提升用户体验和满意度。

（15）增加在线交流功能。提供用户之间的在线交流功能，如论坛、聊天室等，促进用户之间的互动与合作。

（16）提供资源定制服务。根据用户需求，提供资源定制服务，满足用户的个性化需求。

（17）与其他平台或服务整合。与其他相关平台或服务进行整合，为用户提供更便捷、更全面的资源共享体验。

第八章　高校教师国际化发展的路径与策略

第一节　教师国际化发展的时代背景

一、全球化背景下的教育国际化趋势

（一）全球化与教育国际化的关系

全球化与教育国际化之间存在着紧密的联系并相互影响。

全球化是一种概念，也是一种人类社会发展的现象过程，涉及各个国家、地区和人民在经济、社会、文化、技术和政治等领域中的相互联系和相互依存。它推动了全球范围内的交流、互动和整合，使得世界各地的人们、组织和国家在许多方面都变得更加紧密地联系在一起。

教育国际化则是第二次世界大战后国际交流、研讨、协作，解决教育上共同问题的发展趋势。这一趋势表现为国际教育组织的出现与发展，以及不同国家和地区之间在教育理念、教育系统、教育模式和教育标准等方面的差异逐渐缩小和趋于一致。

全球化对教育国际化的推动作用表现在多个方面。首先，全球化使得不同国家和地区的教育资源、理念和实践得以广泛交流和借鉴，从而促进了教育国际化的进程。其次，全球化推动了跨国教育的发展，使得越来越多的学生有机会接受国际化的教育。此外，全球化还促进了教育内容的国际化，使得教育内容更加多元和包容。

同时，教育国际化也对全球化产生了积极的影响。教育国际化有助于培养具有国际视野和跨文化交流能力的人才，这些人才在推动全球化进程中发挥着重要作用。此外，教育国际化还促进了不同国家之间的合作与交流，有助于增进国际理解和友谊，为全球化的深入发展提供了有力支持。

（二）教育国际化的历史发展进程

教育国际化的历史发展进程可以大致划分为以下几个阶段：

（1）"被动"的国际化阶段（1848—1949）。这一阶段主要是指在外国军事、文化侵略的冲击下，一些国家不得不采用与本国价值理念相背离的教育国际化模式。这一模式主要发生在殖民、半殖民地国家，主要表现为传统文化被外国先进思想、文化和技术所影响。在这一阶段，虽然国际化的进程并非出于自愿，但客观上促进了这些国家与世界的交流，为后来的教育国际化奠定了基础。

（2）第二次世界大战后，教育国际化进入了一个新的发展阶段。这一阶段的教育国际化主要表现为国际交流、研讨、协作，以解决教育上的共同问题。随着新技术革命的迅速发展，科技国际化推动了各领域的国际化，包括教育。此外，网络使用的普及也为教育国际化提供了便利，加强了这一趋势。

（3）进入 21 世纪后，教育国际化进一步加速。经济全球化和贸易自由化的大背景下，各国都充分利用国内和国际两个教育市场，优化配置教育资源，以培养具有国际竞争力的高素质人才。

近年来，虽然受到国际形势的影响，中国国际教育的发展速度有所放缓，但整体上，教育国际化的趋势并未改变。各国仍在积极寻求国际合作与交流，以推动教育的发展和创新。

（三）当前教育国际化的主要特点

当前教育国际化的主要特点可以从多个维度进行阐述：

1. 国际交流与合作的深化

（1）教育机构之间的国际合作日益频繁，通过共同办学、师生交流、科研项目合作等形式，实现了教育资源的共享和互补。

（2）国际学术会议、研讨会等交流活动日益增多，为教育工作者提供了交流思想、分享经验的平台。

2. 课程与教学的国际化

（1）许多高校引入了国际课程，将国际前沿知识和技术融入教学内容，提高了课程的国际化水平。

（2）教学方法和手段也日趋国际化，采用案例教学、小组讨论、项目式学习等多元化的教学方式，培养学生的创新能力和实践能力。

3.学生流动的全球化

（1）随着留学政策的放宽和国际化意识的提高，越来越多的学生选择到国外接受高等教育，同时也有大量外国学生来华留学，形成了全球范围内的学生流动。

（2）这种流动不仅有助于提升学生的国际视野和跨文化交流能力，也促进了不同文化之间的交流与融合。

4.教育资源的跨国配置

（1）教育资源的跨国配置成为趋势，包括在线教育平台的兴起、跨国教育集团的扩张等，使得优质教育资源得以在全球范围内共享。

（2）跨国教育投资也日趋活跃，为教育国际化提供了资金支持和发展动力。

5.质量保障与认证的国际标准

（1）教育质量的国际认证和标准化成为教育国际化的重要标志，许多教育机构通过国际认证机构进行质量评估，以确保教育质量的国际认可。

（2）国际教育质量保障体系也逐渐建立，为跨国教育提供了质量保障和监管机制。

6.文化多样性的尊重与融合

（1）在教育国际化的过程中，尊重不同文化的差异和多样性成为重要原则。教育机构在引进国际教育资源的同时，也注重本土文化的传承和发展。

（2）通过文化交流活动、文化课程等方式，促进不同文化之间的融合与理解。

二、国际化对教师发展的要求与挑战

（一）国际化背景下的教师专业素养要求

在国际化背景下，教师专业素养的要求也随之提升，具体体现在以下几个方面：

首先，教师应具备跨文化沟通能力。这是国际化教育的重要组成部分，要求教师能够熟练运用国际通用语言如英语进行交流，并理解不同文化之间的差异，包括风俗习惯、宗教信仰、人际关系等，以克服跨文化沟通的障碍。

其次，教师应具备国际视野。他们需要了解国际教育的最新动态和趋势，包括国外教育体系、教育政策、教学方法和工具等各方面的信息。同时，教师应积极参加国内外教育会议和交流活动，与国际教育界同仁交流学术想法和教育经验。

再次，教师的专业素养还应包含师德修养。加强师德教育，塑造职业精神，提升教师的人格素养，是提升教师专业素养的不竭动力。教师只有具备高尚的职业道德，才能产生提高自己业务的强烈愿望，才能克服种种困难，全身心投入到工作之中。

最后，在基础教育国际化形势下，教师应进一步提高自身素养，包括基础教育国际化理念和国际视野。他们应把学校、学科和个人的发展放到国际参照系中进行比较和检验，用国际性的眼光来分析、判断和决策基础教育改革与发展中的问题。同时，教师应保持对基础教育国际化的民族性的清醒认识，立足于本国国情和民族特点，以促进基础教育现代化为目标，加速基础教育的国际融合。

（二）跨文化交流能力的重要性

跨文化交流能力在国际化背景下具有举足轻重的重要性，主要体现在以下几个方面：

首先，跨文化交流能力有助于促进国际教育合作与理解。在全球化的今天，不同国家、地区之间的教育交流与合作日益频繁，而跨文化交流能力则是实现这一目标的基石。具备这一能力的教师和教育工作者能够更好地与不同文化背景的人进行沟通和合作，推动教育资源的共享和优化配置。

其次，跨文化交流能力有助于培养学生的全球视野和跨文化意识。在教育国际化的趋势下，培养具有全球视野和跨文化意识的人才成为重要目标。具备跨文化交流能力的教师能够在教学过程中融入多元文化元素，帮助学生了解和适应不同的文化环境，培养他们在全球化背景下所需的关键能力。

再次，跨文化交流能力还有助于提升教师的专业素养和竞争力。在全球化的教育环境中，教师需要不断更新自己的知识和技能，以适应不断变化的国际环境。具备跨文化交流能力的教师能够更好地适应这一变化，提升自己在国际舞台上的影响力和竞争力。

最后，跨文化交流能力对促进世界和平与发展也具有积极意义。通过跨文化交流，人们可以更好地理解和尊重彼此的文化差异，减少文化冲突和误解，增进国际友谊和合作。这对于构建一个和谐、包容的世界具有重要意义。

（三）国际化对教师教学方法的挑战

国际化对教师教学方法带来了多方面的挑战，表现在以下几个方面：

首先，教师需要适应不同文化背景和教育体系的学生，这就要求教师具备跨文化交流能力，能够理解并尊重学生的差异，提供个性化的教育服务。这种个性化的教育服务不仅涉及教学内容的调整，还包括教学方法和策略的灵活运用。

其次，国际化强调培养学生的创新思维和实践能力。传统的教学方法往往注重知识的灌输，而忽视了学生的主体性和创造性。因此，教师需要转变角色，从知识的传授者变为学习的引导者和促进者，通过启发式教学、项目制学习和跨学科教育等方式，激发学生的创造力和解决问题的能力。

再次，国际化还要求教师具备国际化的视野和素养。这意味着教师需要不断更新自己的知识和技能，了解国际教育的最新动态和趋势，以便将国际先进的教育理念和教学方法引入课堂。同时，教师还需要具备跨文化比较的能力，能够将本国教育与国际教育进行对比和分析，以找到适合本国学生的最佳教育方案。

最后，面对这些挑战，教师应积极参加教育培训和学术交流活动，提升自己的专业素养和跨文化交流能力。同时，教师还应关注学生的需求和发展，不断调整和优化自己的教学方法和策略，以适应教育国际化的趋势和要求。

总之，国际化对教师教学方法提出了更高的要求，教师需要不断提升自己的专业素养和跨文化交流能力，以适应这一趋势并为学生提供更优质的教育服务。

三、国际化发展的战略意义与机遇

（一）国际化与教师职业发展的紧密联系

国际化与教师职业发展之间存在紧密的联系，主要体现在以下几个方面：

首先，国际化促进了教师教育理念的更新和教学方法的创新。随着教育国际化的深入推进，教师需要不断学习和借鉴国际先进的教育理念和教学方法，以适应全球化背景下的教育需求。这种学习和借鉴不仅有助于提升教师的专业素养和教学水平，还有助于培养学生的全球视野和跨文化交流能力。

其次，国际化为教师提供了更广阔的发展空间和机会。在国际化的背景下，教师可以通过参与国际交流、合作与竞争，拓宽自己的职业视野和发展路径。例如，教师可以参与国际学术会议、教育合作项目等，与来自不同国家和地区的同行进行交流和合作，共同推动教育事业的进步。

最后，国际化还对教师职业发展的要求提出了更高的要求。教师需要具备跨文化交流能力、国际视野和全球意识等，以应对全球化带来的挑战和机遇。这种要求促使教师不断提升自己的专业素养和综合能力，以适应国际化背景下的教育需求。

因此，可以说国际化与教师职业发展紧密相连。教师在国际化的过程中不仅可以实现个人职业的发展和提升，还可以为培养具有全球视野和跨文化交流能力的人才作出贡献。同时，教师也需要不断适应和应对国际化带来的挑战和机遇，以实现自身职业的可持续发展。

（二）国际化带来的教育资源共享机遇

国际化带来的教育资源共享机遇主要体现在以下几个方面：

首先，全球化使得教育资源的跨境传播变得更为便捷。通过互联网等信息技术手段，不同国家和地区的优秀教育资源可以实现共享。这为学生和教师提供了更多接触和学习全球先进教育理念和教学方法的机会，有助于提升教育质量和效率。

其次，国际化促进了教育资源的互补和优化配置。不同国家和地区的教育体系各有特色，通过国际化合作与交流，可以互相借鉴、取长补短。这有助于丰富教育资源的种类和形式，提高教育资源的利用效率和效益。

再次，国际化还为教育资源的共享提供了更广阔的平台和渠道。例如，国际学术会议、教育合作项目、跨国教育机构等，都为教育资源的共享提供了重要的途径和载体。这些平台和渠道有助于促进教育资源的流动和共享，推动教育领域的创新与发展。

最后，也应注意到教育资源的共享也面临一些挑战和困难。例如，不同国家和地区之间的教育体制、文化背景、发展水平等存在差异，这可能导致教育资源在共享过程中存在障碍和困难。因此，需要加强国际沟通与协作，建立有效的合作机制和平台，推动教育资源的共享与利用。

总之，国际化带来的教育资源共享机遇是显著的，但也需要在实践中不断探索和完善合作机制与平台，以更好地实现教育资源的共享与利用。

（三）国际化对教师科研合作的推动作用

国际化对教师科研合作的推动作用主要体现在以下几个方面：

首先，国际化有助于教师拓宽科研视野和思路。通过参与国际学术会议、合作项目等，教师可以接触到不同国家和地区的最新科研成果和学术思想，了解国际科研前沿和动态，从而激发创新灵感，拓宽科研视野和思路。

其次，国际化有助于教师提升科研水平。与国际同行进行合作与交流，教师可以学习到先进的科研方法和技术，分享科研资源和经验，共同解决科研难题。这种合作与交流有助于提升教师的科研能力和水平，推动科研成果的产出和转化。

再次，国际化还有助于教师拓展科研合作网络和影响力。通过与国际同行建立合作关系，教师可以获得更多的合作机会和资源，拓展科研合作网络。同时，通过在国际舞台上展示科研成果和学术实力，教师可以提升个人的学术声誉和影响力，为学校和学科的发展赢得更多支持和关注。

最后，国际化还有助于推动教师科研合作的创新和发展。在国际化背景下，教师需要不断适应和应对新的挑战和机遇，这促使他们不断创新科研合作模式和机制，探索新的合作领域和方向。这种创新和发展有助于推动教师科研合作向更高层次、更广领域迈进。

第二节　教师国际交流与合作项目

一、国际交流与合作的主要形式

（一）教师互访与交流项目

教师互访与交流项目是一种促进教师间互动和合作的重要活动。通过此项目，教师可以分享彼此的经验、教学方法和教学资源，提高教学水平，并共同探索教育改革发展的路径。

在交流过程中，教师可以深入了解和体验不同学校的教学环境和文化氛围，从而拓宽专业视野，激发教学创新能力。同时，不同教师之间的合作可以互相启发，帮助他们发现并解决教学过程中的难题和问题。

此外，教师互访与交流项目也有助于增强学校之间的交流与合作。通过互访交流，学校之间可以建立起长期的合作关系，共同开展教育教学研究，推动教育资源的共享和优化配置。

为了确保交流的有效性，通常会制订详细的交流计划，包括交流对象的选择、交流时间的安排、交流内容的设定以及交流形式的选择等。交流结束后，还会对交流成果进行评估，以便为以后的交流互访提供借鉴和参考。

（二）国际合作研究与开发项目

国际合作研究与开发项目是指不同国家的两个以上的自然人、法人或其他组织，为完成一定的研究开发工作，如就新技术、新产品、新工艺或者新材料及其系统的研究与开发，由当事人各方共同投资、共同参与研究开发活动、共同承担研究开发风险并共同分享研究开发成果。

国际合作研究与开发项目具有一系列特点。首先，共同投资是合作开发的一个重要特征，这体现了各方对项目的共同承诺和投入。其次，合作开发的合作各方既可以约定共同进行全部的研究开发工作，也可以按照合同约定进行分工研究开发，这取决于项目的具体需求和各方的优势。此外，合作各方必须积极协作配合，以确保研究开发工作的顺利进行，最终实现合同的预定目标。

在国际合作研究与开发项目中，常见的合作方式包括特许协议、技术合作等。特许协议是指一个国家同外国私人投资者，约定在一定期间，在指定地区，允许其在一定条件下享有专属于国家的某种权利，投资从事于公用事业建设或自然资源开发等特殊经济活动。技术合作则是指各方在技术研发、产品推广等方面进行深度合作，共同推动项目进展。

（三）国际学术会议与研讨

国际学术会议与研讨是一种重要的学术交流活动，通常由国际学术组织或相关学术机构主办，旨在汇集来自世界各地的学者和专家，共同探讨某一学科领域的新进展、前沿技术和研究成果。这些会议与研讨为各国学者提供了交流与合作的平台，对推动学科发展、促进学术交流与合作具有重要意义。

在国际学术会议与研讨中，参会者可以通过主题演讲、分会场讨论、海报展示和交流等环节，分享自己的研究成果和思考，获取新的研究灵感和合作机会。同时，这种形式的交流也有助于拓宽学者的学术视野，增长见识，为研究工作提供新思路和新方法。

随着全球化的不断发展和科技的进步，国际学术会议与研讨也呈现出一些新的特点和发展趋势。例如，会议议题越来越呈现出交叉性和综合性，参会人员背景也更加多元化；会议形式也更加多样，包括线上会议、视频会议等，使得更多的学者能够参与其中。

（四）国际合作办学与教育援助

国际合作办学与教育援助是国际教育交流的重要组成部分，对于促进教育资源的共享、提升教育质量、推动教育公平具有重要意义。

国际合作办学通常涉及两个或多个国家的教育机构共同开展教学活动，通过合作办学的形式，引进国外优质的教育资源，提高本国教育的国际竞争力。合作办学不仅可以促进不同文化背景下的学术交流，还能为学生提供更加广阔的学术视野和国际化的教育环境。

教育援助则是指一个国家或国际组织向另一个国家或地区提供教育资源、技术支持和资金帮助，旨在改善受援国或地区的教育条件，提升其教育水平。教育援助可以通过多种形式实现，如援建学校、提供奖学金、培训教师等，这些措施有助于缓解教育资源不足的问题，促进教育公平和可持续发展。

国际合作办学与教育援助的紧密结合，能够推动教育资源的优化配置和共享，提升全球教育的整体水平。通过合作办学，可以引进国外先进的教育理念和教学方法，促进本国教育的改革和创新；通过教育援助，可以改善发展中国家的教育条件，提高其教育水平，为培养更多的人才提供有力支持。

然而，国际合作办学与教育援助也面临一些挑战和困难，如文化差异、教育体制差异、资金问题等。因此，在推进国际合作办学与教育援助的过程中，需要充分考虑不同国家的实际情况和需求，制定切实可行的合作方案和政策措施，确保合作取得实效。

二、合作项目的申请与实施

（一）合作项目的前期准备与策划

合作项目的前期准备与策划是确保项目顺利进行并取得成功的关键步骤。以下是一些关于合作项目前期准备与策划的重要方面：

（1）明确项目目标和宗旨。明确项目的核心目标，这将指导整个项目的方向和决策。同时，也要明确项目的宗旨和预期成果，以便所有参与者都能对项目有清晰的认识。

（2）制订详细的项目计划。项目计划是整个项目实施过程中的指导文件，包括时间表、预算、里程碑、任务分配和进度控制等关键要素。制订详细的计划有助于确保项目按计划进行，并及时应对可能出现的问题。

（3）组建合适的项目团队。根据项目需求，组建一支具备相关技能和经验的项目团队。确保团队成员明确了解项目目标和计划，并知道自己的角色和任务。同时，团队内部应建立良好的沟通和协作机制，以确保项目的高效执行。

（4）进行市场调研和需求分析。了解目标市场的需求和竞争情况，为项目提供有力的支持。通过市场调研和需求分析，可以更好地把握市场趋势，制定更具针对性的项目策略。

（5）风险评估与管理。识别潜在的项目风险，并制定相应的应对措施，这有助于降低风险对项目的影响，确保项目的顺利进行。在项目实施过程中，需要定期进行风险评估，以便及时调整项目策略。

（6）资源准备与协调。确保项目所需的各种资源，如人力、物力、技术等，得到充分的准备和协调。与相关部门和机构建立合作关系，为项目提供必要的支持和保障。

（7）制定合作策略与协议。与合作方进行充分的沟通和协商，明确双方的权利和义务，制定具体的合作策略与协议。确保合作双方对项目目标和计划有清晰的认识，并共同为项目的成功努力。

总之，合作项目的前期准备与策划是一个复杂而关键的过程，需要充分考虑各种因素，制订详细的计划和策略。只有这样，才能确保项目的顺利进行并取得成功。

（二）项目申请书的撰写与提交

项目申请书的撰写与提交是项目合作中至关重要的环节，它不仅是获取资助和认可的关键，也是展示项目价值和研究团队能力的重要机会。以下是关于项目申请书撰写与提交的一些关键步骤和注意事项。

在撰写项目申请书之前，需要仔细研究资助机构或合作方的申请指南和要求，确保对申请目标、申请范围、申请条件等有清晰的认识。这有助于在撰写过程中更加精准地定位项目内容，提高申请成功率。

项目申请书应包含以下板块：

（1）项目概述：简要介绍项目的背景、目标、意义及预期成果，让读者对项目有一个整体了解。

（2）研究内容与方法：详细描述项目的研究内容、方法、技术路线等，突出项目的创新性和实用性。

（3）预期成果与贡献：阐述项目完成后可能取得的成果和对相关领域的贡献，展示项目的价值。

（4）研究团队介绍：介绍项目团队成员的学术背景、研究经历和能力特长，体现团队的实力和协作精神。

（5）预算与进度安排：提供详细的预算计划和进度安排，说明资金使用的合理性和项目实施的可行性。

项目申请书应遵循一定的格式要求，如字体、字号、行间距等。排版要清晰、整洁，便于阅读。同时，注意申请书的逻辑性和条理性，避免出现内容重复或遗漏。

在提交申请书之前，务必进行仔细的审查和修改。检查申请书的内容是否完整、准确，语言表达是否清晰、流畅。可以请同行或专家进行审阅，提出宝贵的意见和建议。

最后，按照资助机构或合作方的要求，按时提交项目申请书。注意提交方式、截止日期等细节，避免因疏忽而错过申请机会。

（三）项目实施的步骤与管理

项目实施的步骤与管理是确保项目顺利进行和达成预定目标的关键环节。

1. 项目实施步骤

（1）启动阶段。制定项目章程，明确项目的初步范围、目标、预期成果和关键里程碑。组建项目团队，分配角色和责任，确保团队成员对项目有清晰的认识和共同的目标。

（2）规划阶段。制订详细的项目管理计划，包括时间管理、成本管理、质量管理、风险管理等方面的规划。进行需求分析和规划，确保项目需求被充分理解和满足。

（3）执行阶段。根据项目管理计划，指导和管理项目的执行活动，包括资源调配、任务分配、进度监控等工作。确保项目按照计划进行，并及时解决执行过程中出现的问题。

（4）监控与控制阶段。通过定期的项目审查、进度报告和绩效评估，监控项目的执行情况。如果发现偏差或问题，及时采取纠正措施，确保项目能够回归正轨。

（5）收尾阶段。在项目完成后，进行项目收尾工作，包括总结项目成果、评估项目绩效、整理项目文档等。确保项目能够顺利结束，并为未来的项目提供经验和教训。

2.项目管理

（1）建立有效的沟通机制。确保项目团队成员之间、与利益相关方之间的信息流通畅通，及时分享项目进展、问题和解决方案。

（2）严格控制项目变更。任何项目变更都需要经过严格的评估和审批流程，确保变更不会对项目的目标、范围、时间和成本产生不利影响。

（3）风险管理。识别项目潜在的风险因素，制定相应的风险应对策略和措施，降低风险对项目的影响。

（4）质量管理。确保项目交付的成果符合预定的质量标准和要求，通过质量检查、测试等手段，保证项目质量。

（四）项目评估与总结

项目评估与总结是项目执行完毕后至关重要的环节，它们不仅有助于全面审视项目的成果与不足，还能为未来的项目提供宝贵的经验和教训。

1.项目评估

项目评估是在项目结束后，对项目进行全面的技术经济论证和评价，以确定项目未来发展的前景。这主要包括对项目的结构、功能、环境匹配性、可操作性、可持续性进行系统的价值研判。具体步骤包括：

（1）确定评估目标。明确评估的目的和需要评估的内容和范围，确保评估目标与项目目标相一致。

（2）收集项目信息。通过项目文档、会议记录、团队讨论等方式，获取项目的背景、目标、计划、预算、资源分配等全面信息。

（3）确定评估指标。根据项目的特点和需求，明确评估指标，确保指标具有可衡量性和可比较性。

（4）制订评估计划。制订详细的评估计划，包括评估的时间、方法、人员、工具等，确保评估工作有序进行。

（5）实施评估。按照评估计划，通过问卷调查、访谈、观察、检查项目文档等方法，对项目进行全面的评估。

2.项目总结

项目总结旨在梳理项目过程中的经验和教训，为后续项目提供借鉴。具体步骤包括。

（1）回顾目标。从项目背景、市场影响、项目归属等方面，对项目进行全面的回顾，确保对项目有全面的了解。

（2）总结规律。分析项目过程中的成功与失败因素，总结经验和教训，提出改进措施。

（3）应用改进。将总结出的经验和教训应用到实际工作中，形成闭环，确保项目总结的成果得到落实。

在进行项目评估与总结时，需要注意以下几点：

（1）保持客观公正的态度，避免主观臆断和偏见。

（2）充分利用数据和信息支持评估和总结，确保结论具有说服力。

（3）将评估与总结的结果与项目目标进行对比，分析差距及原因。

（4）及时反馈评估与总结结果给相关利益方，促进项目持续改进和优化。

第三节　教师国际视野与跨文化能力的培养

一、国际视野的内涵与培养方法

（一）国际视野的定义及其重要性

国际视野是指人们能从世界的高度了解世界历史和当今国际社会，是一个人在全球化背景下具有的意识、知识、能力的综合体现。它要求人们将全球范围内的经济、政治、文化等方面的事件和问题联系在一起，形成一个多元、综合的认识和理解。

国际视野的重要性主要体现在以下几个方面：

首先，随着全球化的深入发展，国际交流与合作日益频繁，具备国际视野的人才能够更好地适应这一趋势，具备更强的竞争力。无论是在国际商务、文化交流，还是科研合作等领域，具备国际视野的人才都能更加得心应手。

其次，国际视野有助于拓宽人们的思维方式和观念，从而拓展认知边界。通过了解不同文化、历史和传统，人们可以更加全面和多角度地看待问题，做出更加明智的决策。

最后，国际视野对于国家的发展和进步也至关重要。在全球化的今天，任何一个国家或地区的发展都离不开与其他国家的交流与合作。具备国际视野的人才可以推动国家在国际舞台上发挥更大的作用，促进国家的繁荣与进步。

（二）培养学生国际视野的有效途径

培养学生国际视野的有效途径多种多样，以下是几种常见且有效的方法：

（1）出国留学是最直接且有效的培养国际视野的方式。通过在国外的学习和生活，可以深入了解当地的文化、社会制度和经济状况，与不同背景的人进行交流，从而拓宽自己的视野。

（2）如国际夏令营、文化交流节等，这些活动通常包括参观、学习、体验当地文化等环节，有助于增进对不同文化的理解和尊重。

（3）掌握一门或多门外语是理解其他文化的基础。通过学习外语，可以更好地阅读国外的书籍、新闻、网站等，获取一手的国际资讯。

（4）阅读有关国际政治、经济、文化等方面的书籍和新闻，可以了解世界各地的动态和发展趋势，增强对全球问题的认识。

（5）定期关注国际新闻，了解国际形势和重大事件，有助于增强对全球问题的敏感度和分析能力。

（6）通过参与在线或线下的国际议题讨论，可以锻炼自己的批判性思维和跨文化沟通能力。

（7）现在有许多在线平台提供国际课程，涵盖各种领域，如政治、经济、文化等。通过在线学习，可以深入了解不同领域的国际知识。

（8）通过社交媒体关注国际知名人士、机构或话题，获取最新的国际资讯和观点。

（9）通过参与跨国公司的项目合作或国际组织的实习，可以亲身体验跨文化的工作环境和团队协作，提高自己的国际竞争力。

（10）参与国际志愿服务活动，如支教、环保等，不仅可以为国际社会作出贡献，还可以拓宽自己的国际视野和人生经历。

（三）教师在培养学生国际视野中的角色

教师在培养学生国际视野中扮演着至关重要的角色，他们不仅是知识的传授者，更是学生国际视野培养的引路人和推动者。

首先，教师自身需要具备深厚的国际素养和宽广的视野。他们应该不断更新自己的知识体系，了解国际前沿的教育理念和方法，并将其融入教学中。通过分享国际先进的教育资源、案例和实践经验，教师可以激发学生对国际问题的兴趣，引导他们主动关注和思考全球性问题。

其次，教师应该积极为学生创造国际交流的机会。例如，组织国际文化交流活动、参与国际教育项目、与国外学校建立合作关系等，让学生有机会亲身体验不同文化背景下的学习和生活。这些实践经历不仅能够增强学生的跨文化沟通能力，还能够加深他们对国际社会的理解和认识。

最后，教师在课堂教学中也应该注重培养学生的国际视野。可以通过引入国际案例、分析国际事件、讨论全球性问题等方式，引导学生从多个角度思考和理解世界。同时，教师还可以鼓励学生利用课余时间进行自主学习和探究，通过阅读国际书籍、浏览国际网站、参加国际竞赛等途径，拓宽自己的国际视野。

二、跨文化能力的构成与提升途径

（一）跨文化能力的基本要素

跨文化能力的基本要素主要包括以下几个方面：

（1）语言能力。这是跨文化交流的基础。它要求个体不仅能够熟练掌握和运用自己的母语，还需要对目标语言有深入的理解和流利的表达能力。这包括听、说、读、写四个方面，以便在跨文化交流中能够准确、有效地传达和接收信息。

（2）文化理解能力。理解不同文化背景下的价值观、信仰、习俗和行为规范是跨文化能力的核心。通过学习和体验不同文化，个体能够更好地适应和融入新的文化环境，避免误解和冲突。

（3）沟通技巧。在跨文化交流中，有效的沟通技巧至关重要。这包括主动倾听、清晰表达、尊重对方观点、灵活回应以及处理冲突和分歧的能力。

（4）情绪管理能力。面对文化差异和冲突时，个体需要具备良好的情绪管理能力，能够在压力下保持冷静和理智，有效处理问题和解决冲突。

（5）适应能力。跨文化能力还包括对不同文化环境的适应能力。这要求个体能够迅速适应新的文化环境，包括生活方式、社会规范、工作方式等，以便在新的文化背景下顺利生活和工作。

（6）全球视野和多元文化意识。具备全球视野和多元文化意识的个体能够更好地理解和欣赏不同文化，以开放和包容的态度面对全球化带来的挑战和机遇。

这些要素共同构成了跨文化能力的基础，帮助个体在跨文化交流中有效地传递信息、建立关系、解决问题并实现目标。在全球化日益加速的今天，培养和提高跨文化能力对个人和组织都具有重要的意义。

（二）提升跨文化能力的实用方法

提升跨文化能力是一个持续学习和实践的过程，以下是一些实用的方法：

（1）学习外语并深入了解目标文化。通过语言学习，能够更好地理解和表达不同文化背景下的思想和情感。同时，深入了解目标文化的历史、价值观、习俗等也是提升跨文化能力的关键。可以通过阅读相关书籍、观看纪录片、参加文化交流活动等途径来加深对目标文化的了解。

（2）参与跨文化交流活动。实践是提升跨文化能力的最佳方式。可以积极参与国际学生交流、国际志愿者项目、国际实习等活动，与来自不同文化背景的人进行交流与合作。通过亲身体验和互动，能够更好地了解不同文化的特点和差异，提升跨文化沟通和合作的能力。

（3）培养批判性思维。在跨文化交流中，需要学会客观分析和评价不同文化的优劣和差异。通过培养批判性思维，能够更加深入地理解不同文化的内在逻辑和价值观，从而更加有效地进行跨文化沟通和合作。

（4）尊重和包容不同文化。尊重和包容是跨文化交流的基本原则。我们需要学会尊重不同文化的差异和多样性，避免将自己的价值观强加给他人。同时，也要学会包容不同文化的缺点和不足，以开放和包容的态度面对文化差异和冲突。

（5）反思和总结跨文化经验。每次跨文化交流后，都应该进行反思和总结，分析自己在交流中的表现和不足之处，并思考如何改进和提升。通过不断反思和总结，能够不断完善自己的跨文化能力，更好地适应全球化时代的挑战和机遇。

（三）跨文化沟通中的挑战与对策

跨文化沟通中确实存在诸多挑战，这些挑战主要源于文化差异、语言障碍、价值观冲突以及非语言沟通差异等方面。针对这些挑战，可以采取以下对策：

首先，深入了解并尊重文化差异是跨文化沟通的基础。每个文化都有其独特的价值观、信仰和行为规范，需要通过学习和研究来增进对不同文化的理解。在沟通过程中，要尊重对方的文化习俗和观念，避免以自己的文化标准来评判对方。

其次，提高语言能力是克服跨文化沟通障碍的关键。除了熟练掌握基本的外语词汇和语法，还需要了解目标文化的语言习惯、俚语和表达方式。此外，学习一些行业术语和专业词汇也是非常必要的，这有助于更准确地传达信息。

再次，针对价值观冲突，应保持开放和包容的心态。在跨文化沟通中，要意识到不同文化背景下的价值观差异，并尝试理解对方的价值观。同时，也要学会表达自己的观点和立场，但要注意以尊重和理解为基础，避免产生不必要的冲突。

最后，在非语言沟通方面，需要关注姿势、表情、眼神等非语言信号在跨文化沟通中的作用。不同的文化对这些非语言信号可能有不同的解读方式，因此需要通过观察和实践来掌握这些差异。同时，也要善于运用非语言沟通手段来传达自己的意图和情感，增强沟通效果。

另外，建立信任关系、适应对方的沟通风格以及善于倾听等也是跨文化沟通中的重要策略。通过建立信任关系，我们可以降低沟通中的不确定性和风险；适应对方的沟通风格则有助于我们更好地融入对方的文化环境；而善于倾听则能够让我们更好地理解对方的需求和期望，从而作出更准确的回应。

三、国际视野与跨文化能力的实践应用

（一）在课堂教学中融入国际元素

在课堂教学中融入国际元素是培养学生国际视野的重要途径。以下是一些具体的方法和建议，以帮助学生更好地理解和适应全球化时代的挑战。

首先，选择具有国际视野的教材和教学资源。教师在备课过程中，应优先选择包含国际案例、跨文化比较和全球议题的教材和教学资源。这些资源能够为学生提供更加广阔的视野，帮助他们了解不同文化背景下的知识和观点。

其次，设计具有全球意识的课堂讨论和互动活动。教师可以设置一些与全球议题相关的讨论话题，鼓励学生从不同角度进行思考和分析。同时，可以组织学生进行小组合作，共同研究某个国际问题或文化现象，培养他们的团队合作和跨文化交流能力。

再次，利用现代教育技术拓宽国际视野。教师可以利用多媒体教学、在线资源和虚拟实验室等现代教育技术，为学生呈现更加丰富和生动的国际知识。例如，可以播放国际纪录片、展示国际艺术作品或进行在线国际交流，让学生更加直观地了解不同文化的魅力。

然后，注重培养学生的批判性思维和国际理解能力。在授课过程中，教师应鼓励学生对国际议题进行深入思考，培养他们的批判性思维和分析能力。此外，还可以通过角色扮演、模拟演讲等方式，帮助学生提高跨文化交流和国际合作的能力。

最后，建立与国际教育接轨的评价体系。教师应将学生的国际视野和跨文化能力纳入评价体系中，通过作业、测试和项目等方式来评估学生的国际素养。这有助于激发学生的学习动力，促进他们全面发展。

通过在课堂教学中融入国际元素，教师可以为学生提供一个更加开放和包容的学习环境，帮助他们培养全球意识和跨文化能力，以适应全球化时代的挑战和机遇。

（二）组织学生参与国际交流活动

组织学生参与国际交流活动是培养他们国际视野和跨文化能力的有效途径。这样的活动能够让学生直接接触到不同文化背景的人，了解不同的价值观和生活方式，从而拓宽他们的视野并增强他们的跨文化沟通能力。

首先，学校可以积极与国外学校建立合作关系，开展学生互访、短期留学等交流项目。这些项目能够让学生亲身体验不同国家的教育和文化，增强他们的国际意识。同时，学校也可以组织国际文化节、国际论坛等活动，邀请来自不同国家的学生、教师和专家参与，为学生提供与不同文化背景的人交流的机会。

其次，教师可以利用国际教育资源，设计并实施具有国际元素的课程和活动。例如，可以引入国际案例、组织国际主题的研究项目，或者利用在线平台进行国际合作学习。这些活动可以让学生从多个角度了解国际议题，培养他们的全球意识和跨文化思考能力。

再次，鼓励学生参与国际竞赛和志愿服务活动也是提升他们国际视野和跨文化能力的有效方式。国际竞赛能够让学生接触到更广阔的知识领域和来自不同国家的同龄人，而志愿服务活动则能够让他们深入了解不同文化背景下的社会问题，培养他们的社会责任感和同理心。

最后，在组织学生参与国际交流活动的过程中，学校和教师还需要注意一些关键因素。要确保活动的安全性和可行性，充分考虑学生的年龄、兴趣和需求；要提供必要的支持和指导，帮助学生克服语言和文化障碍，提高他们的跨文化适应能力；要注重活动的评估和反馈，及时总结经验教训，为今后的活动提供改进的方向。

总之，组织学生参与国际交流活动是培养他们国际视野和跨文化能力的重要措施。通过这些活动，学生可以更加深入地了解不同文化背景下的知识和观点，增强他们的国际意识和跨文化沟通能力，为未来的全球化发展做好准备。

（三）利用网络资源拓宽国际视野

利用网络资源拓宽国际视野已经成为当代学生不可或缺的学习方式。网络资源具有丰富性、多样性和便捷性等特点，能够帮助学生轻松获取全球范围内的信息和知识，从而加深对不同文化的理解和认知。

首先，学生可以通过在线课程平台学习国际课程。这些平台提供了大量来自世界各地的优质课程，涵盖了不同学科和领域。通过选修这些课程，学生可以深入了解不同国家的教育体系、文化特色和发展动态，从而拓宽自己的国际视野。

其次，学生可以利用社交媒体和网络论坛与来自世界各地的人进行交流和互动。这些平台为学生提供了一个跨越国界的交流空间，让他们能够与不同文化背景的人分享经验、探讨问题、建立友谊。通过这种交流，学生可以更加深入地了解不同文化的价值观和生活方式，提高自己的跨文化沟通能力。

再次，学生还可以通过网络资源获取国际新闻和时事动态。网络新闻具有实时性和广泛性的特点，能够让学生及时了解全球范围内的重大事件和热点问题。通过阅读和分析这些新闻，学生可以了解不同国家的政治、经济、文化等方面的发展状况，增强自己的全球意识和国际素养。

最后，学生还可以利用网络资源进行在线学术研究和合作。通过访问国际学术网站、参与在线研讨会和合作项目等方式，学生可以接触到最新的研究成果和学术观点，与国际同行进行交流和合作，提高自己的学术水平和国际竞争力。

当然，在利用网络资源拓宽国际视野的过程中，学生也需要注意一些问题。例如，要确保信息的真实性和可靠性，避免受到虚假信息的误导；同时，也要注意保护个人隐私和安全，避免在网络交流中泄露个人信息或参与不良活动。

利用网络资源拓宽国际视野是一种高效且便捷的学习方式，通过合理利用网络资源，学生可以更加深入地了解不同文化背景下的知识和观点，提高自己的国际素养和跨文化沟通能力，为未来的全球化发展做好准备。

第四节 教师国际学术影响力的提升

一、国际学术影响力的评价标准

（一）学术论文的引用率与影响因子

学术论文的引用率与影响因子是学术领域中两个重要的指标，它们各自具有一定的含义和评估价值，同时也存在一定的关联。

引用率主要衡量的是学术论文被其他学者引用的频率，通常通过计算引用字数与论文总字数的比值来得出。引用率的高低可以反映论文在学术界的影响力，高引用率的论文往往具有重要贡献、创新性研究成果或广泛的实际应用。学校为了防止学生过多引用文献内容，通常会设定引用率的标准。

影响因子则是衡量学术期刊影响力的指标，它通常基于某一年份内该期刊上发表的论文在接下来几年内被引用的总次数除以该期刊在那一年的论文篇数来得出。影响因子越高，说明该期刊的学术水平和影响力越大，也越容易吸引高质量的稿件。此外，影响因子在学术评价中也具有重要意义，学术机构、基金会在评估研究者的学术成果时，影响因子是一个重要的参考指标。

从某种程度上讲，引用率与影响因子具有一定的正相关性。那些发表在高影响因子期刊上的论文更容易得到其他学者的关注和引用，从而提高其引用率。同时，学术论文的引用率也是影响一个期刊的影响因子的重要因素之一。因此，提高学术论文的质量，增加其创新性和实用性，有助于提升论文的引用率，进而可能影响到期刊的影响因子。

（二）国际会议的发言与参与程度

国际会议的发言与参与程度是评估个人或机构在国际舞台上影响力与贡献的重要指标。以下是对这两个方面的详细分析：

首先，国际会议的发言不仅体现了发言者的专业水平和学术素养，更是其观点和理念得以传播的重要途径。一个高质量的发言能够引起与会者的共鸣，推动相关领域的讨论和发展。因此，能在国际会议上发言通常被视为一种荣誉和肯定。同时，这也为发言者提供了一个展示自身研究成果、分享经验和见解的平台，有助于增强其在国际学术界或行业内的知名度和影响力。

其次，参与程度涵盖了从会议筹备到会议结束的全过程，包括参与会议议题的讨论、提交论文或报告、参与小组讨论或工作坊、建立人际关系等。一个高参与度的个体或机构能够更好地融入国际会议的学术氛围，与来自世界各地的同行进行深入交流和合作。这种参与不仅有助于获取最新的研究成果和行业动态，还能促进不同文化背景下的相互理解和尊重，推动国际合作与共同发展。

最后，国际会议的发言与参与程度也反映了个人或机构在国际合作中的活跃度和贡献度。通过在国际会议上积极发言和参与讨论，个人或机构能够展示自己的实力和成果，吸引更多的合作伙伴和资源。同时，这也是建立国际声誉和扩大影响力的有效途径。

（三）国际合作项目的数量与质量

国际合作项目的数量与质量是衡量一个国家或机构在国际合作领域表现的重要指标。以下是对这两个方面的详细分析：

首先，国际合作项目的数量反映了一个国家或机构参与国际合作的活跃度和广泛性。数量众多的国际合作项目意味着该国或机构与多个国际伙伴建立了合作关系，开展了多样化的合作活动。这不仅有助于扩大国际影响力，还能促进资源共享、经验交流和知识创新。

其次，仅仅追求国际合作项目的数量是不够的，项目的质量同样重要。国际合作项目的质量体现在多个方面，如项目的创新性、实用性、可持续性以及对合作双方的贡献等。高质量的国际合作项目通常具有明确的目标和计划，能够产生显著的成果和影响，促进合作双方的共同发展。

为了提升国际合作项目的质量，需要注重以下几个方面：一是加强项目的前期调研和规划，确保项目符合双方的利益和需求；二是优化项目管理和执行流程，确保项目能够高效、有序地推进；三是加强项目成果的评估和反馈，及时总结经验教训，为未来的合作提供参考。

最后，国际合作项目的数量与质量也受到多种因素的影响，如国际政治经济形势、科技发展水平、文化差异等。因此，在推进国际合作项目时，需要充分考虑这些因素，制定灵活多样的合作策略，以应对各种挑战和风险。

二、提升国际学术影响力的策略

（一）发表高质量学术论文的技巧

发表高质量学术论文的技巧涉及多个方面，以下是一些关键步骤和策略：

首先，选题与定位至关重要。一个优秀的研究课题应具备深度、广度和创新性。在选择课题时，要关注当前的研究热点和领域趋势，确保所选课题既有研究价值，又有足够的参考文献和实证数据支持。

其次，深入研究与文献综述是不可或缺的环节。通过阅读和分析相关领域的文献，可以了解研究现状、研究方法和理论框架，为论文的写作提供坚实的基础。在综述文献时，要注意批判性思考，找出已有研究的不足和潜在的研究空间。

再次，在论文写作过程中，要注意论文的结构和逻辑。一般来说，论文应包括引言、文献综述、研究方法、研究结果和讨论等部分。各部分之间应紧密相连，逻辑清晰，表述精练。同时，论文的语言表达也非常重要，应确保语法正确、用词准确、表达流畅。

然后，创新性和原创性是高质量学术论文的关键要素。在论文中，应提出新的观点、新的方法或新的发现，以推动学术领域的发展。同时，也要注意避免学术不端行为，如抄袭、捏造数据等。

最后，在论文投稿前，应进行多次修改和润色。这包括检查论文的逻辑性、语言表达、格式规范等方面。同时，也可以寻求同行或导师的意见和建议，以提高论文的质量。

除了以上技巧外，还有一些其他策略可以帮助提高论文的发表成功率。例如，关注学术期刊的投稿要求和审稿周期，选择适合的期刊进行投稿；积极参加学术会议和研讨会，与同行建立联系和交流；不断提高自身的学术素养和研究能力。

（二）积极参与国际学术会议与研讨

积极参与国际学术会议与研讨对提升个人或机构的学术影响力、拓展国际视野以及促进国际合作与交流具有重要意义。以下是关于如何积极参与国际学术会议与研讨的建议：

首先，了解会议主题和议题是关键。在选择参与的学术会议时，应关注会议的主题是否与自己的研究方向和兴趣相符，以及会议议题的前沿性和创新性。通过了解会议主题和议题，可以更好地准备自己的发言内容和参与讨论的话题。

其次，提前准备并发表高质量的学术论文是参与国际学术会议的基础。通过深入研究、精心撰写和反复修改，确保论文的质量和创新性。同时，关注会议的截稿日期和投稿要求，按时提交论文并积极参与审稿过程。

再次，在会议期间，积极参与讨论和交流是提升个人影响力的有效途径。可以通过提问、发表观点、分享研究成果等方式与其他与会者进行互动。同时，关注会议中的主题演讲和专题报告，认真倾听并思考，从中获取新的知识和灵感。

然后，建立人际关系也是参与国际学术会议的重要收获之一。通过与来自不同国家和地区的学者进行交流和合作，可以拓宽自己的学术视野和人际资源。可以主动与其他与会者交换联系方式、建立学术合作关系，并邀请他们参加自己未来的学术活动。

最后，关注会议的后续活动和成果也是参与国际学术会议的重要环节。可以关注会议的官方网站或社交媒体平台，了解会议的最新动态和后续成果。同时，也可以将自己在会议中的收获和体会进行整理和总结，形成学术论文或报告进行发表和分享。

（三）寻求国际合作与交流的机会

寻求国际合作与交流的机会是提升个人或机构国际影响力、推动创新发展的重要途径。以下是一些建议和策略，有助于更好地寻找和把握这些机会：

首先，参加国际学术会议和展览是获取国际合作机会的直接途径。在这些场合，可以结识来自不同国家的同行和专家，了解他们的研究方向和成果，探讨合作的可能性。同时，通过展示自己的研究成果和实力，也能吸引潜在的合作伙伴。

其次，利用网络平台和国际组织资源也是寻找国际合作机会的有效方式。例如，可以关注国际学术交流平台、科研项目数据库等，了解国际上的研究动态和合作需求。此外，加入相关的国际组织或协会，参与其组织的活动和项目，也能拓宽国际合作的渠道。

再次，与国外的教育机构和研究机构建立联系也是寻求国际合作机会的重要途径。可以通过学术访问、交流项目等方式，与国外的学者和专家进行深入交流，探讨合作的可能性。此外，还可以关注国外教育机构和研究机构的合作项目，积极申请参与，以此建立更广泛的合作关系。

然后，在寻求国际合作机会的过程中，还需要注意提升自身的专业素养和语言沟通能力。通过不断学习新知识、掌握新技能，提高自己的研究水平和影响力。同时，加强外语学习，提高与国际同行交流的能力，也是实现国际合作的基础。

最后，要注意保持开放和包容的心态，尊重不同文化和学术观点。在国际合作中，难免会遇到文化差异和观念冲突，需要以开放的心态去理解和接纳这些差异，寻求共同点，推动合作顺利进行。

三、国际学术影响力提升的案例

（一）从国内走向国际的学者成长之路

从国内走向国际的学者成长之路是一条充满挑战与机遇的旅程。以下是一些关键的步骤和策略，有助于学者在国际舞台上取得成功：

（1）在国内阶段，学者应致力于建立深厚的学术根基。这包括深入研究自己的专业领域，发表高质量的学术论文，参与重要的研究项目，并在学术界建立初步的声誉。通过在国内积累丰富的学术经验和成果，为将来的国际发展奠定坚实的基础。

（2）语言是学者走向国际的重要工具。学者应努力提升自己的外语能力，尤其是英语这一国际通用语言。通过参加语言培训课程、阅读国际学术期刊、参与国际会议等方式，提高自己的外语水平和国际交流能力。这将有助于学者更好地融入国际学术环境，与国际同行进行有效的交流与合作。

（3）参与国际学术会议和项目是学者走向国际的重要途径。通过参加国际会议，学者可以展示自己的研究成果，与国际同行建立联系，了解国际学术前沿动态。同时，积极申请和参与国际合作项目，可以拓宽研究视野，提高研究水平，并与国际团队共同推动学术进步。

（4）与国际同行建立广泛的合作关系是学者在国际舞台上取得成功的关键。通过与国际学者共同开展研究项目、发表合作论文、互访交流等方式，可以深化合作关系，共同推动学术领域的发展。这些合作关系不仅有助于提升学者的国际影响力，还能为未来的学术发展带来更多的机遇。

（5）学者应时刻关注国际学术界的最新动态和政策环境。了解国际学术界的热点话题、发展趋势和政策变化，有助于学者把握国际学术发展的脉搏，及时调整自己的研究方向和策略。同时，关注国际学术政策的变化，可以为学者申请国际项目、参与国际合作等提供更多的机会和便利。

（6）从国内走向国际的学者成长之路需要学者在学术基础、外语能力、国际交流、合作网络以及国际动态与政策环境等方面不断努力和提升。通过持续的努力和积累，学者可以逐步在国际舞台上取得成功，为学术界的繁荣和发展作出贡献。

（二）通过国际合作提升学术地位的案例

通过国际合作提升学术地位的案例不胜枚举，以下是一些典型的例子：

（1）南京邮电大学近年来积极与美国著名高校和研究机构如麻省理工学院、加州大学伯克利分校和康奈尔大学等建立了密切的合作关系。这些合作不仅有助于南京邮电大学吸收国际先进学术成果，提高学术水平，还推动了学校在全球范围内的学术影响力。通过合作，南京邮电大学在多个学科领域取得了显著的研究成果，进一步提升了其在国际学术界的地位。

（2）日本与欧洲国家在科研领域也有广泛的合作交流。例如，日本的高能物理研究所（KEK）与欧洲核研究中心（CERN）一直保持着紧密的合作关系。CERN是欧洲最大的粒子物理研究机构，双方在粒子物理等领域共同开展了许多前沿研究项目，取得了重要的科研成果。这种合作不仅提升了双方的学术地位，也为国际科研合作树立了典范。

（3）中国某大学与美国某大学开展了合作项目，允许学生在中国大学完成前两年的学习，然后转到美国大学继续学业。这种合作模式为学生提供了国际交流的机会，使他们能够接触到国际一流的教育资源，拓宽学科知识和研究能力。同时，这种合作也提升了中国大学在国际学术界的知名度和影响力。

（4）中国某大学与德国某大学合作开展跨国联合研究项目，共同解决环境保护和可持续发展等领域的重大挑战。在合作过程中，两校的教师和学生可以进行互访和交流，共同开展研究项目。这种合作不仅推动了双方在相关领域的学术进展，也提升了双方在国际学术界的地位。

这些案例都展示了国际合作在提升学术地位方面的重要作用。通过与国际知名机构或学者建立合作关系，共同开展研究项目、交流学术成果，可以有效地提升学术水平和影响力，进而在国际学术界获得更高的地位。

（三）在国际会议中获得认可的学者经历

在国际会议中获得认可的学者经历，通常伴随着深入的研究、精心的准备和与同行的广泛交流。以下是一些学者在国际会议中获得认可的典型经历：

首先，学者通常会在自己的研究领域内深耕多年，积累丰富的学术成果和经验。他们可能会发表多篇高质量的学术论文，参与多个研究项目，并在学术界建立起一定的声誉。

其次，当学者收到国际会议的参会邀请或主动选择参加某个国际会议时，他们会针对会议主题和议题进行深入的研究和准备。这可能包括撰写论文、准备报告或展示研究成果的幻灯片。在准备过程中，学者会反复修改和完善自己的内容，以确保其学术性和前沿性。

再次，在会议期间，学者会积极参与讨论和交流。他们可能会与其他与会者分享自己的研究成果和经验，听取他人的意见和建议，并与其他学者建立联系和合作关系。通过与其他同行的交流，学者不仅可以获得新的启示和灵感，还可以拓展自己的学术视野和影响力。

然后，学者还可能在会议上发表演讲或报告，展示自己的研究成果和观点。这需要他们具备扎实的学术基础、良好的表达能力和一定的演讲技巧。通过精彩的演讲或报告，学者可以赢得其他与会者的认可和尊重，提升自己的学术地位和影响力。

最后，学者还可以通过参与国际会议的评审工作来进一步提升自己的学术地位。作为评审专家，他们可以评估其他学者的研究成果和水平，为学术界的发展贡献自己的力量。

第五节　教师国际化发展的政策支持与保障

一、政策支持体系的建设与完善

（一）国家层面对教师国际化的政策支持

国家层面对教师国际化的政策支持主要体现在以下几个方面：

首先，政府会设立专项拨款用于支持教师国外交流项目，旨在推动教师参与国际交流与合作，提升教师的国际视野和跨文化交流能力。这些项目可能包括教师赴国外访学、参加国际学术会议、开展合作研究等，通过亲身体验和深入交流，教师能够获取国际前沿的教育理念和教学方法，进而提升自身的教育教学水平。

其次，政府还会制定国际化发展战略，引导教师参与高等教育的国际化进程。这包括鼓励教师参与国际合作办学、跨国教育研究等项目，推动教育资源的跨国流动和共享。同时，政府还会支持教师参与国际学术交流活动，如国际研讨会、学术论坛等，为教师提供展示研究成果、交流学术思想的平台。

再次，政府还会通过提供培训、资助等方式，帮助教师提升国际化能力。例如，开展针对教师的国际化培训项目，提供外语能力培训、国际文化教育等课程内容，帮助教师提高跨文化交流能力和教育教学水平。同时，政府还会为教师提供国际交流的奖学金、补助等资金支持，降低教师参与国际交流的经济压力。

最后，政府还会加强与国际教育组织的合作，为教师提供更多的国际交流机会和资源。例如，与国际教育组织建立合作关系，共同开展教师交流项目、研究合作项目等，推动教师国际化的深入发展。

（二）地方政府及教育部门的配套措施

地方政府及教育部门在教师国际化的进程中，通常会采取一系列配套措施来支持并推动这一进程。以下是一些可能的配套措施：

（1）资金扶持。地方政府可能会设立专项资金，用于资助教师参与国际交流项目、海外研修或参加国际学术会议等。这些资金可以减轻教师的经济负担，使他们更积极地参与国际化活动。

（2）培训与发展。教育部门可能会定期组织教师培训，特别是针对国际化方面的培训，如跨文化交流、国际课程与教学方法等。这些培训旨在提升教师的国际化素养和教育教学能力。

（3）建立国际合作与交流平台。地方政府和教育部门会积极与国外的教育机构、学术组织建立合作关系，为教师提供国际交流的平台。这些平台可以包括学术研讨会、教师互访、合作项目等，为教师提供与国际同行交流的机会。

（4）评价与激励机制。为了鼓励教师积极参与国际化活动，地方政府和教育部门可能会建立相应的评价和激励机制。例如，将教师的国际化成果纳入职称评定、绩效考核等评价体系中，对在国际交流中表现突出的教师进行表彰和奖励。

（5）优化国际化环境。地方政府和教育部门还会努力优化学校的国际化环境，如提升学校的国际化办学水平、加强国际学生的招生与管理、推动校园文化的国际化等。这些措施可以为教师提供更好的国际化教学和研究环境。

通过这些配套措施，地方政府和教育部门可以为教师国际化提供有力的支持和保障，推动教师国际化进程的深入发展。这不仅有助于提升教师的教育教学能力，也有助于提升整个教育系统的国际竞争力。

（三）高校内部对教师国际化的激励机制

高校内部对于教师国际化的激励机制是多样化的，旨在鼓励教师积极参与国际交流与合作，提升个人的国际化水平和教育教学能力。以下是一些常见的高校内部对教师国际化的激励机制：

首先，高校会设立专门的国际化发展基金，用于资助教师参与国际交流项目、海外研修、参加国际学术会议等。这些资助措施可以减轻教师的经济负担，使他们能够更积极地参与国际化活动。

其次，高校会制定明确的评价和晋升机制，将教师的国际化成果纳入职称评定、绩效考核等评价体系中。例如，教师在国际期刊上发表的论文、参与的国际合作项目、获得的国际奖项等，都可以作为评价其学术水平和贡献的重要依据。这种机制可以激励教师更加努力地提升自己的国际化水平。

再次，高校还会为国际化成果突出的教师提供额外的奖励和荣誉，如设立"国际化优秀教师"等奖项，对在国际交流中表现突出的教师进行表彰和奖励。这些荣誉和奖励可以进一步增强教师的自信心和归属感，激励他们继续为学校的国际化事业作出贡献。

然后，高校还会为教师提供国际化培训和发展机会，如组织教师参加国际研讨会、学术论坛等，帮助他们了解国际前沿的教育理念和教学方法，提升他们的国际化素养和教育教学能力。

最后，高校还会通过优化工作环境和氛围，为教师的国际化发展提供良好的支持。例如，建立国际化师资队伍交流平台，促进教师之间的经验分享和合作；提供国际化的教学资源和服务，为教师开展国际化教学和研究提供便利条件。

二、国际化发展的保障机制

（一）建立教师国际化发展的专项基金

建立教师国际化发展的专项基金，对推动教师国际交流与合作、提升教师的国际化水平具有重要意义。以下是关于建立这一专项基金的一些主要内容和目的：

首先，专项基金的主要目的是为教师的国际交流与合作提供资金支持。这些资金可以用于教师公派留学、出国专业培训、参加国际会议和出国研究等，也可以用于教师在国外出版专著、开展学术研讨等活动的资助。通过提供这些资金支持，可以有效减轻教师参与国际化活动的经济负担，鼓励更多的教师积极参与到国际交流与合作中来。

其次，专项基金还可以用于聘请国外高水平专家到校给教师进行系统化的专业发展培训。这不仅可以为教师提供与国际顶级专家交流学习的机会，还能够引进国际先进的教育理念和教学方法，促进教师教育教学能力的提升。

最后，为了确保专项基金的使用合理、规范，高校需要严格监督专项基金的使用情况。这包括设立专门的基金管理机构，制订详细的使用计划和预算，并设立考核指标对基金的使用效果进行评估。通过有效的管理和监督，可以确保专项基金能够真正用于推动教师的国际化发展，实现其最大化效益。

总体来说，建立教师国际化发展的专项基金是一项有益的举措，它能够为教师的国际交流与合作提供必要的资金保障，推动教师的国际化发展，进而提升整个教育系统的国际竞争力。

至于具体的基金来源、申请流程以及管理细节等，可能需要结合不同高校或地区的实际情况来制定和执行。如需更多信息，建议咨询所在高校或地区的相关部门或机构。

（二）提供国际交流与合作的平台与资源

为教师提供国际交流与合作的平台与资源，是推动教师国际化进程中的关键环节。以下是一些具体的措施和平台，可以为教师提供国际交流与合作的机会和资源：

（1）国际学术会议与研讨会。高校可以积极组织或参与国际学术会议和研讨会，为教师提供与国际同行交流的机会。这些会议和研讨会通常汇集了来自世界各地的专家学者，是教师了解国际前沿研究动态、分享研究成果、建立合作关系的绝佳平台。

（2）国际合作项目。高校可以积极寻求与国外高校或研究机构的合作项目，鼓励教师参与其中。这些项目可以是学术研究、课程开发、联合培养等多种形式，通过合作可以共同推进学科发展，提升教师的国际影响力。

（3）教师互访与交流。高校可以建立与国外高校的教师互访机制，定期组织教师出国访问、讲学或进行合作研究。同时，也可以邀请国外优秀教师来校交流，分享他们的教学经验和研究成果。

（4）国际教育资源库。高校可以建立国际教育资源库，收集并整理国际优质教育资源，包括课程资料、教学案例、学术期刊等。这些资源可以为教师提供丰富的教学参考和学习材料，有助于他们提升教学质量和国际化水平。

（5）在线交流平台。利用现代信息技术，高校可以建立在线交流平台，为教师提供便捷的在线交流和合作机会。这些平台可以支持教师进行远程学术研讨、课程共享、教学资源互换等活动，打破地域限制，促进国际交流与合作的深入开展。

通过这些平台和资源的提供，教师可以更加便捷地参与国际交流与合作，拓宽国际视野，提升国际化素养和教育教学能力。同时，这些措施也有助于提升高校的国际化水平，增强学校的国际影响力和竞争力。

（三）加强教师国际化能力的培训与指导

加强教师国际化能力的培训与指导，是提升教师国际化水平、推动教育国际化的重要举措。以下是一些具体的建议和实践方法：

首先，开展系统的国际化教育培训。高校或教育部门可以组织专门的国际化培训课程，内容涵盖国际教育政策、跨文化交流、国际教学方法等。这些课程旨在帮助教师全面理解国际化的内涵和要求，掌握必要的国际化教育技能。

其次，实施导师制度。为每位有志于提升国际化能力的教师配备一位具有丰富国际化经验的导师，进行一对一的指导和帮助。导师可以分享自己的国际化经验，提供具体的建议和指导，帮助教师解决实际工作中遇到的问题。

再次，鼓励教师参与国际交流与合作项目。高校可以积极与国外高校、研究机构等建立合作关系，共同开展国际交流与合作项目。教师通过参与这些项目，可以深入了解国际前沿的教育理念和实践，拓宽国际视野，提升国际化能力。

然后，建立国际化能力评估与反馈机制。定期对教师的国际化能力进行评估，包括教学、科研、国际交流等方面的表现。根据评估结果，为教师提供个性化的反馈和建议，帮助他们有针对性地改进和提升国际化能力。

最后，提供丰富的国际化教育资源。高校可以建立国际教育资源库，为教师提供丰富的国际化教育资料和学习材料。这些资源可以帮助教师了解国际教育动态，学习先进的国际教育理念和方法，促进他们的专业成长和国际化发展。

三、政策与保障措施的实施效果

（一）教师国际化水平的整体提升情况

教师国际化水平的整体提升情况在近年来呈现出积极的态势。随着全球化进程的加速和教育国际化的推进，越来越多的高校和教育机构开始重视教师的国际化素养和能力培养。

首先，从数量上看，参与国际交流与合作的教师数量明显增加。许多教师通过参加国际会议、访学研修、合作研究等方式，积极融入国际学术圈，与国际同行建立了广泛的联系和合作。这不仅拓宽了教师的国际视野，也提升了他们的学术水平和影响力。

其次，从质量上看，教师的国际化能力得到了显著提升。许多教师已经具备了较高的外语水平，能够熟练地进行国际学术交流与合作。同时，他们也更加注重跨文化交流能力的培养，能够更好地理解和适应不同文化背景下的教育环境和需求。

最后，高校和教育部门也采取了一系列措施来推动教师国际化水平的提升。例如，设立国际化发展基金，资助教师参与国际交流与合作项目；建立国际交流与合作的平台与资源，为教师提供更多的国际化机会；加强教师国际化能力的培训与指导，提升教师的国际化素养和能力；完善教师国际化的考核与评价体系，激励教师积极参与国际交流与合作等。

尽管教师国际化水平的整体提升情况较为积极，但仍存在一些挑战和不足。例如，部分教师的国际化意识还不够强，参与国际交流与合作的积极性不高；一些高校在推动教师国际化方面还缺乏足够的资源和支持；同时，教师国际化的考核与评价体系也需进一步完善和优化。

（二）国际合作项目的数量与质量变化

关于国际合作项目的数量与质量变化，目前没有明确的最新统计数据来源，因此难以给出具体的数量和质量变化。然而，可以从全球经济合作的一些趋势和事件中，间接推测国际合作项目的数量和质量可能发生的变化。

全球经济合作在不断发展变化，其中贸易保护主义的消退、技术合作的加强以及跨国公司的全球化战略等因素，都可能对国际合作项目的数量和质量产生影响。例如，随着自由贸易协定的签署和全球经济一体化的推进，国际合作项目的数量可能会增加，同时项目的质量也可能因为更多的资源共享和技术交流而得到提升。

此外，一些具体的国际合作事件也能反映出项目的数量和质量变化。例如，2024 年全球豫商大会在郑州举行，初步达成合作项目 89 个，总金额达到 810.9 亿元。这些合作项目涉及多个领域，包括装备制造、电子信息、新能源等，显示出国际合作项目的多样性和高质量。

　　总体来说，虽然没有直接的数据来展示国际合作项目数量与质量的确切变化，但从全球经济合作的趋势和具体事件中，可以推测出国际合作项目的数量可能在增加，同时项目的质量也在不断提升。如需更具体的数据和信息，建议查阅相关官方统计或咨询国际经济合作领域的专家。

参考文献

[1] 张东平. 求索：上海市区办高校教师论文集（第十七期）[M]. 上海：复旦大学出版社, 2019.

[2] 张玲，赵鸣. 新时代高校大学生思想政治工作体系构建与质量提升[M]. 天津：南开大学出版社, 2020.

[3] 李罡. 高校艺术类专业实践教育模式创新研究与实践[M]. 石家庄：河北美术出版社, 2016.

[4] 王晞. 新时代职业教育教师队伍专业化建设与发展[M]. 北京：北京理工大学出版社, 2019.

[5] 宁夏师范学院教师教育研究中心. 教师教育研究（第二辑）[M]. 银川：阳光出版社, 2016.

[6] 黄瑞宇. 新时代高校学生工作的创新研究与实践探索[M]. 北京：中国政法大学出版社, 2020.

[7] 上海政法学院. 改革与思考：高校教育发展研究[M]. 上海：上海社会科学院出版社, 2009.

[8] 赵长林，王桂清，李友雨. 大学课程与教学研究[M]. 北京：北京理工大学出版社, 2020.

[9] 李俊修. 学校艺术教育的探索研究：上海艺术教育论文选[M]. 上海：上海教育出版社, 2007.

[10] 董康成，王健，刘珏. 美学视域下提升高校思想政治教育教学实效性研究[M]. 长春：吉林人民出版社, 2016.